人身保险

综合实验教程

罗　吉／编著

周　璐　王靖雯　甘　源／参编

西南财经大学出版社

中国·成都

图书在版编目(CIP)数据

人身保险综合实验教程/罗吉编著.—成都:西南财经大学出版社,2023.11
ISBN 978-7-5504-6022-5

Ⅰ.①人… Ⅱ.①罗… Ⅲ.①人身保险—高等学校—教材
Ⅳ.①F840.62

中国国家版本馆 CIP 数据核字(2023)第 218188 号

人身保险综合实验教程
RENSHEN BAOXIAN ZONGHE SHIYAN JIAOCHENG

罗吉 编著

策划编辑:高小田
责任编辑:高小田
责任校对:王甜甜
封面设计:墨创文化
责任印制:朱曼丽

出版发行	西南财经大学出版社(四川省成都市光华村街 55 号)
网　　址	http://cbs.swufe.edu.cn
电子邮件	bookcj@swufe.edu.cn
邮政编码	610074
电　　话	028-87353785
照　　排	四川胜翔数码印务设计有限公司
印　　刷	郫县犀浦印刷厂
成品尺寸	185mm×260mm
印　　张	22
字　　数	456 千字
版　　次	2023 年 11 月第 1 版
印　　次	2023 年 11 月第 1 次印刷
书　　号	ISBN 978-7-5504-6022-5
定　　价	59.80 元

前言

QIANYAN

人身保险是中国保险行业中的重要组成部分，随着国民经济的快速发展和国民收入水平的提高，人们对人身保险的需求也在不断增加。近年来，我国人身保险平稳较快发展，目前商业人身保险已在全国达到一定覆盖面。

党的二十大报告提出，必须坚持在发展中保障和改善民生，鼓励共同奋斗创造美好生活，不断实现人民对美好生活的向往。报告明确提出了完善基本养老保险全国统筹制度，发展多层次、多支柱养老保险体系；促进多层次医疗保障有序衔接，完善大病保险和医疗救助制度，落实异地就医结算，建立长期护理保险制度，积极发展商业医疗保险。因此，为广大人民群众提供更加全面、更加优质的服务，增强人民对美好生活的信心和安全感，成为人身保险业的首要任务。

我国人身保险市场存在巨大发展空间，已经成为社会共识。随着外部环境的改变和行业转型，保险业对人才招聘的要求也越来越高，需求越来越多样化，渴求高素质、复合型的人才。在此背景下，为培养适应经济社会发展的应用型、创新型高素质保险人才，推动保险业的健康发展，我们编写了这本《人身保险综合实验教程》，以满足人身保险专业教学与实践需求，培养学生的实践能力和创新思维能力。

本教材以习近平新时代中国特色社会主义思想为指导，以全面贯彻“党的领导”为编写标准，结合人身保险行业的现状、发展趋势以及相关政策法规的引导与落实，通过情景设置、问题引入、案例分析、模拟操作等方式来深入探讨人身保险的相关问题，培养应用型本科院校保险学专业学生理论知识和实操技能。

本教材以实践为主导，内容由人身风险与风险管理、人身保险规划、人身保险合同解读、人身保险产品分析和人身保险业务操作流程五个模块构成。其中人身保险业务操作流程模块，依托以渔有方保险综合实训软件平台，结合行业发展动态，通过模拟人身保险核保、承保和理赔等业务的操作流程，力图使学生较全面掌握人身保险业务的基本知识及实践技能，从而更加深入地认识人身保险的实质和重要性。本书由罗吉担任主编，周璐、王靖雯、甘源参编。具体分工为：模块一由甘源编写，模块二由罗吉编写，模块三由周璐编写，模块四由王靖雯和罗吉编写，模块五由罗吉编写。

本书的编写得到了贵州商学院和西南财经大学出版社的大力支持，在此一并表示感谢。

由于时间仓促和编者水平有限，书中不足之处在所难免，恳请广大读者批评指正。

罗吉

2023 年 11 月

目录

CONTENTS

模块一

人身风险与风险管理

项目一 认识人身风险

情景描述

俗话说：天有不测风云，人有旦夕祸福。人的一生当中面临着各种各样的风险，这些风险可能会给我们带来人身以及经济等方面的损害。我们通过认识风险的含义以及风险类别，可以选择合适的方法进行风险管理。

学习目标

- 掌握人身风险的含义、特点。
- 掌握人身风险的主要分类。

能力要求

- 能够对人生不同阶段所面临的人身风险类别进行分析。

知识准备

一、人身风险的定义

引导问题 1：日常生活中存在哪些人身风险？

____

____

____

____

____

知识要点：

人身风险是指由人的生、老、病、死所引起的风险以及在物质生产或日常生活中由各种自然灾害、意外事故、人为灾难所引起的人身伤亡风险。

人身风险包括两个方面：一是作为自然人，受生、老、病、死这一自然规律的支配而导致的人身风险，如自然死亡、疾病死亡、身体伤残等；二是作为社会人，在物质生产或日常生活中遭遇各种自然灾害、意外事故、人为灾害而导致的人身风险，如地震、车祸、火灾等造成的死亡或残疾。

【专栏 1-1-1】

人一生发生风险的概率

人一出生，就开始有风险，但人遭受风险概率是不同的。一般说来，如果遭遇某种风险的概率低于十万分之一，我们还能坦然视之，可以忽略；如果风险概率提高到万分之一，就必须小心谨慎了；如果只有几百分之一甚至几分之一，我们还会无动于衷吗？你能确定这样的事不会发生在你的身上吗？请思考这个问题：这种可能发生的风险所带来的利益损失，是否可以让保险公司来分担？每年都可能遇到的危险有：

✓ 受伤：危险概率是 1/3。
✓ 难产：危险概率是 1/6。
✓ 车祸：危险概率是 1/12。
✓ 心脏病突然发作（如果您已超过 35 岁）：危险概率是 1/77。
✓ 在家中受伤：危险概率是 1/80。
✓ 受到致命武器的攻击：危险概率是 1/260。
✓ 死于心脏病：危险概率是 1/340。
✓ 家中成员死于突发事件：危险概率是 1/700。
✓ 乳腺癌（女性）：危险概率是 1/1 000。
✓ 死于中风：危险概率是 1/1 700。
✓ 死于突发事件：危险概率是 1/2 900。
✓ 死于车祸：危险概率是 1/5 000。
✓ 染上艾滋病：危险概率是 1/5 700。
✓ 自杀：危险概率是 1/20 000（女性）；1/5 000（男性）。
✓ 死于工伤：危险概率是 1/26 000。
✓ 走路时被汽车撞死：危险概率是 1/40 000。
✓ 溺水而死：危险概率是 1/50 000。
✓ 自己不吸烟而配偶吸烟，二手烟污染而死于肺癌：危险概率是 1/60 000。
✓ 因中毒而死（不包括自杀）：危险概率是 1/86 000。

✓ 吃东西时噎死：危险概率是 1/160 000。
✓ 死于飞机失事：危险概率是 1/250 000。
✓ 被空中坠落的物体砸死：危险概率是 1/290 000。
✓ 触电而死：危险概率是 1/350 000。
（资料来源：http://www.360doc.com/content/10/0803/12/1639546_43347797.shtml.）

引导问题 2：面对生活当中各种各样的人身风险，我们应当如何进行风险规避？

二、人身风险的特征

引导问题 1：人身风险可能完全消除吗？

知识要点：

人身风险的特征

● 客观性

人身风险是客观存在的，人的生、老、病、死是自然规律，任何人都无法抗拒。随着科学技术的进步和医疗水平的提高，一些过去对人类来说会致命的疾病得到了彻底的根治或有效控制；随着人类认识风险、管理风险和控制风险能力的提高，一些自然灾害、意外事故导致的人身风险也部分得到了控制，虽然旧的风险消除了，但是新的风险又会产生。

引导问题 2：人身风险会造成哪些损失？

知识要点：

人身风险的特征

● 损失性

无论是何种原因导致的人身风险，都会造成损失。人身风险损失主要表现在两个方面：一是收入的终止或减少，如家庭收入来源者的死亡、残疾、患病、失业或退休都会导致家庭收入的终止或减少，从而对家庭生活造成不同程度的影响；二是额外费用的增加，如因死亡而发生的丧葬费用以及因疾病、受伤而支出的医疗费用、护理费用，这些都会导致家庭额外费用的增加。

引导问题3：人身风险会必然发生吗？发生的时间、地点确定吗？

____

____

____

____

____

知识要点：

人身风险的特征

● 不确定性

人身风险的发生具有不确定性，其不确定性通常包括以下四个方面：

（1）损失是否发生的不确定。

（2）损失发生时间的不确定。

（3）损失发生地点的不确定。

（4）损失程度的不确定。

引导问题4：人身风险的发生可以预料吗？

____

____

____

____

____

知识要点：

人身风险的特征

● 可测性

对于某一个体而言，人身风险的发生是无法预知的，但是就某一群体或者某一地区人口总体而言，人身风险的发生具有一定的规律性，它服从于某种概率分布，运用概率论原理对这种概率分布加以统计和研究，就能测定出一个比较准确的风险发生率，如死亡率、生存率。

引导问题5：人身风险的类型和程级会有变化吗？

知识要点：

人身风险的特征

- 发展性

随着人类社会自身进步和科技的发展，虽然一些旧的风险已经消除或得到良好的控制，但是同时也产生了新的风险，尤其是高新科技的开发和运用使人身风险的发展性表现得更为突出。例如，飞机作为交通工具带来的飞机失事风险、核试验带来的核污染、生化武器的研究及其创造的新病毒等都已成为新的人身风险，威胁着人类的生命安全。

【专栏1-1-2】

2018年的自然灾害与人为灾难

2018年，全球自然灾害和人为灾难造成的总经济损失约为1 550亿美元。其中，自然灾害造成的损失为1 460亿美元，人为灾难造成的损失为90亿美元。

2018年，全球范围内超过11 000人因灾害事件而死亡或失踪。其中，9月份在印度尼西亚苏拉威西岛发生的地震造成的伤亡人数最多，超过3 500人死亡或失踪。

（资料来源：瑞士Sigma杂志。）

引导问题6：生活当中我们每个人的身边存在很多风险，为什么绝大多数人没有通过购买保险来规避风险呢？

【专栏 1-1-3】

危难时刻彰显保险温情

投保人王女士的儿子吴某作为留守儿童一直被留在湖北农村老家由年迈的父母照看，吴某家境贫寒，仅靠王女士每月不固定的微薄收入艰难支撑。2018 年 6 月，吴某开始出现不爱动的症状，因王女士不在身边，耽误了最佳治疗时间，后来情况越来越严重，当王女士接到消息把孩子接到合肥来检查时，孩子被最终诊断为“假肥大型肌营养不良症”。高昂的医疗费用和康复费用压垮了本就不富裕的一家人，村委会和学校也积极为其家庭募集捐款。长城人寿安徽分公司在收到王女士的理赔报案后，第一时间进行了探视与慰问，在了解到其家庭情况后，一方面，协助客户进行司法伤残鉴定，另一方面，向总公司进行了汇报，启动异地快速调查程序，快速结案，短短几日将 25 万元理赔款打入客户的账户中，为孩子的后续治疗提供了强有力的经济保障。本次重疾理赔后，保险合同继续有效。

2018 年 3 月，中国人寿某地市公司与当地政府合作，为当地扶贫干部定制扶贫干部保险组合，保费为 300 元/人，保险期间为一年，其中意外身故保额 100 万元，意外医疗保额 10 万元。2018 年 8 月 8 日，该地市扶贫干部在工作期间因意外交通事故不幸身故。2018 年 8 月 15 日，受益人申请理赔，中国人寿第一时间安排专人提供理赔服务，协助客户收集相关资料。8 月 20 日，给付身故保险金 100 万元。

2018 年，长期在缅甸做生意的 42 岁的 M 先生投保了“泰康卓越财富终身寿险”。2018 年 9 月 26 日，M 先生在缅甸住所洗手间门口摔倒昏迷，送到当地医院抢救无效身亡。收到 M 先生家属的报案信息后，泰康人寿分公司高度重视。因该案件属于境外出险，在总公司的指导下，联动代理人积极协助申请理赔。2018 年 11 月 5 日，泰康人寿云南分公司将 760 万元的理赔款支付到指定账户。

（资料来源：2018 年中国保险十大典型理赔案例，中国新闻网。）

三、人身风险的分类

引导问题 1：个人和家庭面临哪些风险？根据风险的特征，该如何分类？

知识要点：

人身风险的分类

● 生命风险

生命风险是指与人的生存与否有关的风险，包括死亡风险和生存风险。

● 健康风险

健康风险是指对身体健康或健全程度有影响的风险，包括疾病风险和残疾风险。这类风险对个人或家庭经济方面的影响主要表现在两个方面：一是医疗费用风险，疾病和伤害都可能会给个人及其家庭带来灾难性的医疗费用负担；二是收入损失风险，疾病或者残疾不但会减少收入来源，而且病人在生病期间和残疾者在残疾期间对收入的需求还会提高。

引导问题2：对于家庭而言，主要收入来源者的死亡会对家庭造成什么损失？

____
____
____
____
____

知识要点：

死亡风险——早逝风险

早逝风险主要是指死亡风险，即死亡发生时还有其他人依赖死者收入的风险。早逝之所以会带来收入损失风险，主要原因是那些因为死者死亡而承受损失的人还活着。如果一个人没有家庭负担，其死亡就不会对别人造成影响，那么他就不存在经济损失风险，也就无所谓采取什么防范经济损失的保护措施。但在现实生活中，这种情况毕竟是少数，人生活在家庭、社会之中，一个人生命的终结往往意味着相关人的悲哀与损失。具体来说，死亡可以导致两方面的经济损失：一是与死亡本身相关的费用，主要包括丧葬费用、死者所欠债务以及死亡传递成本（如遗嘱查验费用和遗产税）；二是死者生前所获收入的丧失，这是一种潜在的损失。此外，还有与死者相关的人的精神和心理上的损伤，这种损失是无法用金钱来衡量的。

【专栏1-1-4】

不同年龄的男性未来死亡的概率如表1-1-1所示。

表 1-1-1　不同年龄的男性未来死亡的概率　　单位:%

男性	不同年龄的人未来死亡的概率				
年龄	5 年内	10 年内	15 年内	20 年内	30 年内
20 岁	0. 27	0. 61	1. 06	1. 71	4. 25
25 岁	0. 34	0. 79	1. 44	2. 42	6. 38
30 岁	0. 45	1. 10	2. 09	3. 66	9. 44
35 岁	0. 65	1. 64	3. 22	5. 64	14. 44
40 岁	1. 00	2. 59	5. 02	8. 43	21. 64

不同年龄的女性未来死亡的概率如表 1-1-2 所示。

表 1-1-2　不同年龄的女性未来死亡的概率　　单位:%

女性	不同年龄的人未来死亡的概率				
年龄	5 年内	10 年内	15 年内	20 年内	30 年内
20 岁	0. 14	0. 29	0. 48	0. 75	1. 86
25 岁	0. 15	0. 34	0. 61	1. 03	2. 82
30 岁	0. 19	0. 46	0. 88	1. 57	4. 30
35 岁	0. 27	0. 69	1. 39	2. 48	6. 79
40 岁	0. 42	1. 12	2. 22	3. 86	11. 42

（资料来源：中国保监会发布的“中国人身保险业经验生命表（2010—2013）”。）

引导问题 3：通过中国人身保险业经验生命表（2010—2013），总结不同性别在不同年龄死亡率的特征。

引导问题 4：人们在退休之后要考虑哪些开销和花费？

知识要点：

生存风险——养老风险

生存风险主要是有关老有所养的风险，具体是指那些退休时没有积蓄或者没有足够的积蓄来满足退休期间个人或家庭生活费用之需的风险。人都会面临退休，退休意味着收入来源的减少。同时，人在走向衰老的过程中，身患疾病或者遭受伤残的风险程度也相应地不断提高。因此，人们在收入充裕的时候需要积累一部分积蓄以备老年退休生活所需。

【专栏 1-1-5】

我国人口老龄化发展趋势的综合影响分析

人口老龄化是经济社会发展的重要趋势，是人类文明进步的重要体现，也是今后较长一段时期我国的基本国情。"十四五"时期，我国 60 岁及以上老年人口总量将突破 3 亿人，占总人口的比重超过 20%，进入中度老龄化阶段。到 2035 年，我国老年人口总量将增加到 4.2 亿人左右，占比超过 30%，进入重度老龄化阶段。到 21 世纪中叶，我国老年人口规模、老龄化率将相继达到峰值。人口老龄化给经济社会发展带来风险挑战的同时，也蕴含着发展机遇。

人口老龄化发展带来的风险挑战：

一是影响潜在经济增长率和创新能力。人口老龄化对劳动力供给、资本积累以及劳动生产率都会产生不利影响，进而阻碍经济增长潜力的提升。在减少劳动力供给方面，老年人口比重上升意味着非老年人口比重下降，如果劳动参与率及人口出生率相对稳定，人口老龄化的结果必然是劳动力供给下降，潜在经济增长率面临下行的压力。在减少资本积累方面，老年人口是不再从事职业性生产活动的纯粹"消费型"人口，老年人口占总人口的比重越大，则意味着其分享产出成果的比例越大，经济产出可用于生产投资的比例相对越小，从而不利于资本积累，降低经济潜在产出水平。在放缓创新方面，随着劳动者年龄的增长，其身体机能也会随之退化，体力、脑力都处于衰退状态，不仅难以胜任现有的工作，而且年长的劳动者一般也需要更长的时间来接受新技术、熟悉新设备，从而导致劳动生产率提升速度放缓，影响经济保持较快增长。大量研究表明，成年人的创新创造性随年龄的增长呈现出"倒 U 形"，创新创造能力的顶峰期在 30~40 岁，基础创新的发明大多发生在中青年阶段。

二是加大社会保障和公共服务压力。在养老保障体系方面，人口老龄化带来老年人口抚养比持续攀升，养老金的供需矛盾日益尖锐，基金可持续性问题不容忽视。在卫生健康服务体系方面，老年人对医疗服务的需求远高于其他人群，随着老年人口增多和老龄化率提高，家庭、政府为老年人在医疗健康方面支付的费用越来越高。医疗费用的增长速度将明显快于国内生产总值（GDP）增长速度，给医保基金的长期支付带来巨大压力。在养老服务体系方面，我国养老服务床位总量、服务质量均难以满足庞大老年人口的养老服务需求。2021年年末我国养老服务床位813.5万张，而同期我国失能半失能老年人约4 000万，加上空巢、留守、高龄老年人等都急需照护，社会化养老供需缺口较大。居家社区养老服务供给不足，社区实现养老服务设施覆盖的比例非常低，专业服务向居家社区延伸的能力还比较有限，无法充分匹配家门口的养老需求。优质普惠养老服务供给不足，与养老事业进入普惠型发展新阶段、人民群众对养老服务的支付能力不相匹配。农村养老服务水平不高，与农村人口转移流出问题相互强化，给巩固拓展脱贫攻坚成果、实现乡村振兴战略带来挑战。

三是影响家庭功能和代际和谐。我国在人口老龄化的进程中，同时还伴随着家庭结构小型化、空巢化、家庭观念淡化的现象，导致家庭养老保障功能快速弱化。传统的家庭观念正在逐渐淡化，社会上出现一些重小轻老、淡漠老年人、远离老年人，甚至歧视老年人的现象，老年人的物质和情感需求得不到相应满足，传统的家庭养老面临着严峻的考验。代与代之间的经济和伦理关系也发生着变化，年轻人将更多的时间和精力用在工作和学习上，注重生活品质、休闲娱乐和自我发展，用来照顾老人的时间和精力有限。此外，现代生活节奏加快、人们的生活压力逐渐增大，年轻人形成普遍的“物质至上”的价值观，导致养老从以往的“用心”模式逐渐转变为“用钱”模式，传统家庭观念中赡养父母的思想逐渐异化为用物质、金钱供养老人的思想。

四是威胁农村地区社会稳定。随着新型城镇化的稳步推进，农村青壮年劳动力持续向城市迁移，农村人口老龄化程度不断加重，空巢、高龄、失能老年人问题更加突出。“七普”数据显示，我国60岁、65岁及以上农村老年人口分别为1.31亿人、0.9亿人，占农村地区总人口的比重为23.8%、17.7%，分别高出城镇8.0个百分点、6.6个百分点。养老问题的重点在农村，难点也在农村。目前，我国城乡居民养老保险保障水平较低，月养老金不足200元，绝大部分农村老年人没有可观、体面的收入来源和财富储备，加上农村地区医疗卫生资源相对缺乏、医养结合条件差，农村老年人养老短板比较突出，甚至出现“农村留守老人无人照料”“农村老年人自杀率偏高”等社会问题，冲击社会道德底线，给农村地区社会稳定带来潜在威胁。

五是诱发坑老、损老、伤老等现象。在社会生活中，老年人群体通常处于弱势地位，一方面其知识更新不足，对层出不穷、花样翻新的欺诈手段了解不全面，普遍存在智能技术运用困难的现象。另一方面其反应慢、辨别能力不强，给欺诈行为以可乘之机。随着我国老年人口规模的不断扩大，“欺、瞒、骗”等坑老、损老、伤老现象时有发生，需要引起高度关注。当前，我国养老诈骗手段和方式主要集中在：涉老食品、保健品领域虚假宣传、消费欺诈；以“养老房”坑骗老年人；以养老服务为名非法集资；以“免费游”“低价游”为诱饵强迫老年人高价购物；以“艺术品收藏”为幌子诈骗老年人财物；以“黑诊所”“假白大褂”祸害老人问题；利用网站平台、手机

APP 设置“套路”，骗取老年人钱财；违规改变养老服务设施用地用途，挤压老年人生活休闲场地。

（资料来源：国家信息中心经济预测部。）

【专栏 1-1-6】

长寿风险及应对

20 世纪初以来（除第二次世界大战期间外），所有国家的预期寿命均持续上升。过去半个世纪以来，死亡率（特定期间内死亡人数占总人口的比例）整体持续下降，发达经济体在 1850 年后预期寿命开始持续上升，这在很大程度上得益于生活条件、医学和健康科技等方面的进步。第二次世界大战后发达国家的死亡率每年平均下降 1~2 个百分点，发达经济体的预期寿命仍高于发展中国家，但差距缩小。

近年来，有迹象表明若干发达国家死亡率下降趋势放缓。2011 年以来，虽然美国、英国、德国的年龄标准化死亡率仍在下降，但降速低于此前数十年。在大多数国家，老年女性人群的放缓趋势更为明显。

虽然很难准确确定近期的死亡率下降放缓只是短期波动还是较长期趋势性变化，但过去一个多世纪，死亡率持续下降是不争的事实。因此，准确把握未来死亡率下降假设至关重要。

首先，公共和私人给付养老金以及保险年金有助于避免个人退休后入不敷出。即使死亡率下降放缓，预期寿命仍将继续增长，至少人们的健康寿命将更长。

其次，寿命增加趋势的不确定性是难以分散的总体风险。对于代替个人承担长寿风险的政府、公司或私人金融机构能否区分死亡率基本趋势的转变是否为暂时变动至关重要。

最后，保险公司必须管理上述总体风险，如通过人寿保障保险进行对冲。

如果保单持有人的寿命超过预期，保险公司必须持有更多储备金和资本。养老金机构和保险公司必须拨付储备金，以满足对保单持有人的未来义务，并最终持有金融资本以备死亡率下降导致的意外延长给付。在许多国家，监管机构要求年金机构和养老金计划规定最低死亡率水平，并对未来死亡率改善做出明确假设。在非强制使用生命表的市场中，行业机构往往会制定行业标准。

（资料来源：本专题内容节选自瑞士再保险公司的《死亡率改善：了解过去，塑造未来》。）

引导问题 5：人口老龄化给经济社会发展带来风险挑战的同时，也蕴含着哪些发展机遇？对保险业又有哪些机遇？

引导问题6：疾病风险会给个人和家庭带来哪些困难和损失？

知识要点：

疾病风险

疾病风险是指由疾病、生育及意外事故等方面引起的人身风险。疾病风险是一种危害严重、涉及面广、复杂多样且直接关系到每个人基本生存利益的风险。首先，疾病风险具有严重性。疾病风险既会对人体健康造成伤害，也可能会造成暂时性或永久性劳动能力的丧失甚至死亡。其次，疾病风险具有普遍性。疾病风险对于每个人或每个家庭而言都是无法避免的，发生频率也高。再次，疾病风险具有复杂性。人类已知的疾病种类繁多，每一种疾病又因个体差异而表现各异。此外，环境污染、社会因素、生活方式、精神心理因素等各种原因也可能导致一些未知疾病或潜在疾病。最后，疾病风险具有社会性。由于有些疾病具有传染性，这类疾病风险不仅会直接危害个人健康，而且会波及整个地区乃至全球。

【专栏1-1-7】

中国癌症发病率

2017年2月，国家癌症中心发布了中国最新癌症数据，汇总了全国347家癌症登记点的数据。由于此统计一般滞后3~4年，所以这次最新公布的是2013年的发病和死亡数据。2017年的报告显示，2013年每天约有1万人被确诊为癌症患者，平均每分钟就有7人被确诊。与2012年相比，2013年中国癌症新发人数继续上升，从358万人增至368万人，增幅为3%；同年，世界新发癌症病例约1 409万人，中国新发癌症病例占比为1/4。其中，城市/地区前10位高发癌症种类以及大城市死亡率前10位癌症种类分别见表1-1-3和表1-1-4。

表1-1-3　城市/地区前10位高发癌症种类

排序	名称（男性）	名称（女性）
1	肺癌	乳腺癌
2	胃癌	肺癌
3	肝癌	肠癌
4	食管癌	胃癌

表1-1-3(续)

排序	名称（男性）	名称（女性）
5	肠癌	甲状腺癌
6	前列腺癌	肝癌
7	膀胱癌	宫颈癌
8	胰腺癌	食管癌
9	淋巴癌	子宫癌
10	脑癌	脑癌

表 1-1-4　大城市死亡率前 10 位癌症种类　　单位:%

排序	名称	死亡率
1	肺癌	54.19
2	肝癌	21.80
3	胃癌	19.33
4	肠癌	19.08
5	乳腺癌	12.78
6	胰腺癌	8.96
7	食管癌	8.56
8	淋巴癌	4.71
9	白血病	4.60
10	胆囊癌	4.44

（资料来源：国家癌症中心网站。）

【专栏 1-1-8】

重疾发生率走向何方

中国精算师协会在 2019 年 3 月正式启动重疾表修订项目。通过两年的数据收集与分析工作，“中国人身保险业重大疾病经验发生率表（2020）”于 2020 年 11 月 5 日发布。

2020 版重疾表除了更新 2007 版重疾定义的发生率表外，还新编制了 2020 版重疾定义的发生率表。针对 2007 版重疾定义的发生率表，更新后与更新前的发生率比值曲线呈现钟形。

对于男性，0~17 岁的重大疾病发生率新表低于旧表，平均下降 24%；18~43 岁新表高于旧表，其中 27~38 岁涨幅超过 30%，最高为 49%；44 岁后新表低于旧表，平均下降 14%。

对于女性，0~17 岁新表低于旧表，平均下降 36%；18~57 岁新表高于旧表，其中 24~36 岁涨幅超过 100%；58 岁后新表低于旧表，平均下降 13%。

通过分析2010—2018年的重大疾病发生率（图1-1-1、图1-1-2），可以发现：

男性重大疾病发生率增长速度最快的病种是急性心肌梗死，平均每年增加6.2%；恶性肿瘤恶化速度相对较慢，但2016年后恶化加速，上升至5.7%/年；脑中风后遗症发生率在持续下降中；其他重疾病种发生率相对稳定。

女性重大疾病发生率增长速度最快的病种是恶性肿瘤，平均每年增幅6.7%，其中2016年后恶化加速，上升至10.0%/年；急性心肌梗死发生率近期也增长较快，2016年后达到6.6%/年；脑中风后遗症和其他重疾病种发生率在缓慢下降中。

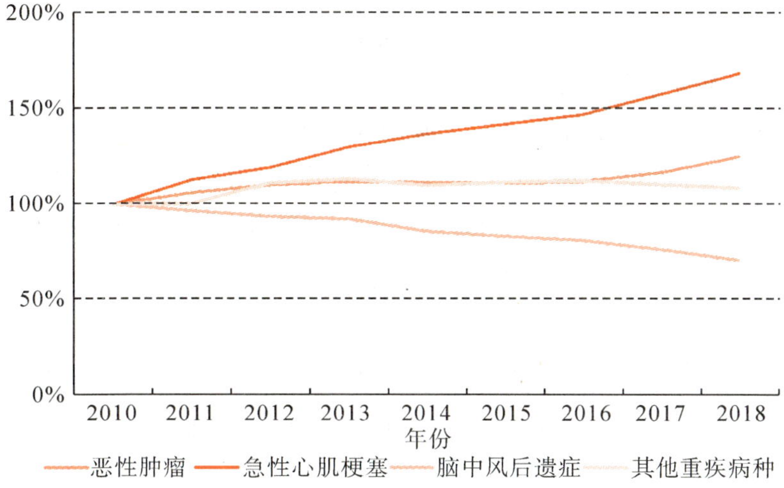

图1-1-1　不同重疾病种发生率定基比：男性

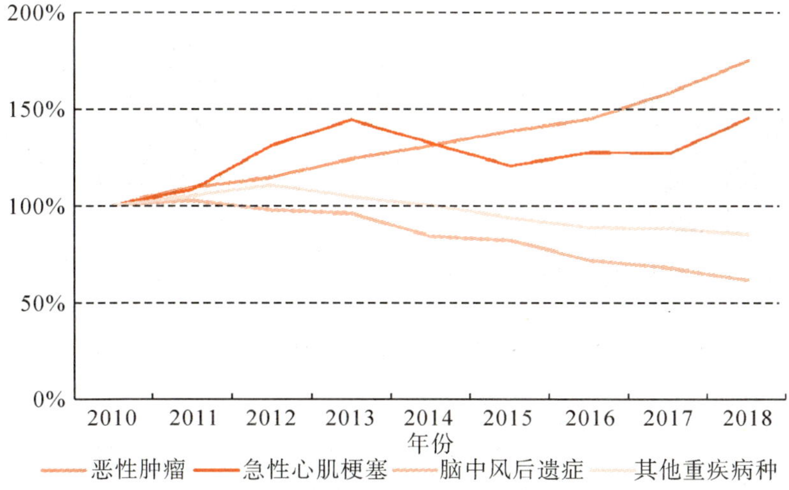

图1-1-2　不同重疾病种发生率定基比：女性

（资料来源：李霖《重疾发生率走向何方》。）

引导问题 7：残疾风险会给个人和家庭带来哪些困难和损失？

____

____

____

____

____

知识要点：

残疾风险

残疾风险是指由疾病、意外事故等导致人的机体损伤、组织器官缺损或出现功能障碍等的可能性。从经济的角度看，残疾所带来的问题可能比真正的死亡更为严峻，因为如果是家庭收入主要来源者残疾，那么其家庭的部分收入来源不仅中止，而且家庭总体消费支出还会增加（如残疾者的医疗费用、生活自理辅助设备的购置等），残疾给残疾者家庭所带来的经济问题显然比较严重。

【专栏 1-1-9】

意外伤害伤残与身故风险排名前十如表 1-1-5 所示。

表 1-1-5　意外伤害伤残与身故风险排名前十

前十位意外伤残原因		前十位意外死亡原因	
无生命机械力量	45.5%	25.0%	跌倒坠落
跌倒坠落	25.5%	15.4%	机动车驾乘人员交通事故
非机动车驾乘人员交通事故	9.3%	14.6%	非机动车驾乘人员交通事故
机动车驾乘人员交通事故	7.9%	12.9%	意外溺水或水灾
行人交通事故	4.0%	8.3%	无生命机械力量
有生命机械力量	1.5%	8.0%	行人交通事故
烟、火和火焰的损伤	1.2%	3.5%	电流、辐射和极端气温损害
电流、辐射和极度气温损害	1.1%	2.3%	中毒或者在有毒的环境中
其他陆地运输事故	0.8%	2.0%	其他陆地运输事故
接触热的液体、气体、固体	0.8%	1.6%	有生命机械力量

（资料来源：中国保险人群意外伤害风险研究报告，2017 年 9 月。）

引导问题 8：对比疾病风险和残疾风险对家庭财务带来的压力和影响。

____

____

____

____

____

任务要求及步骤

任务一

分析你生活的环境中会遇到的人身风险，分组调查周围人对这些风险是如何处理的，对调查结果进行对比分析。

任务二

以自己和家人为例，对所面临的人身风险进行分类，并分析这些风险会带来哪些损失。以思维导图的形式完成。

小组计划与分工

小组计划与分工如表 1-1-6 所示。

表 1-1-6　小组计划与分工

任务内容	组员姓名	任务分工	评价

分析与总结

项目二　人身风险管理

情景描述

现代风险管理理论一般认为，风险是某一事件发生的不确定性。而在保险中，风险是指损失发生的不确定性，即损失发生与否、发生的时间及结果的不确定性。风险的存在是保险存在的前提。

人的一生中会面临许多风险，人身风险事故的发生不仅会导致个人或家庭经济收入的减少或中断，而且会导致相关家庭成员精神上的痛苦和创伤。因此，自古以来，如何管理人身风险成为人们一直在探讨的问题。

学习目标

- 掌握人身风险的风险管理流程。
- 熟悉各类风险管理技术。

能力要求

- 能够识别、评估个人和家庭面临的人身风险。
- 能够利用不同风险管理技术和工具管理人身风险。

知识准备

一、人身风险管理的含义及意义

引导问题 1：如何根据人身风险类别进行风险管理？应该通过什么样的方式进行人身风险管理？

____

____

知识要点：

风险管理是经济单位通过对风险的识别和衡量，采用必要且可行的经济手段和技术措施对风险加以管理，以一定的成本实现最大安全保障的一种管理活动。

人身风险管理则是专指利用风险管理技术和方法来处理人身风险的管理活动。在人身风险管理中，管理主体可以是企业，可以是个人或家庭，也可以是其他团体乃至国家和社会。以下我们主要针对个人/家庭的人身风险管理进行介绍。

引导问题2：我们在不同阶段会面临不同的风险，可以按照重要紧急程度把风险分为三类：基础性风险、中端风险和高端风险。请思考人生风险的金字塔该如何分类？

知识要点：

人生风险金字塔

1. 基础性风险

基础性风险就是指一些意外、疾病风险，所以对应的险种就是意外险、重疾险、医疗险，或叫损失型风险。

2. 中端风险

中端风险又叫支出型风险，比如说教育、养老，都属于支出型风险，我们要用养老金和教育金来应对这样的风险。

3. 高端风险

高端风险就是所有型风险，一般是对于中小企业主来说，他们的资产保全、财富传承这方面的风险。

这是人生风险管理的一个金字塔，先做基础保障后做中端保障和高端保障，这是一个顺序，应该这样来规划。

引导问题3：对个人和家庭的人身风险进行管理有什么作用？

二、人身风险管理的目标

引导问题 1：人身风险管理的目标是什么？

____

____

____

____

____

知识要点：

人身风险管理的目标主要是对个人和家庭的人身风险进行管理，其管理目标是最大限度地满足个人或家庭的效用，即以较小成本获得尽可能大的安全保障。个人/家庭的风险管理目标可以分为损前目标和损后目标。

引导问题 2：对比人身风险管理的损前目标和损后目标。

____

____

____

____

____

知识要点：

损前目标是指在损失发生前，比较各种风险处理工具、各种安全计划以及各种防损技术，并进行全面、细致的财务分析，以谋求最经济、最合理的处置方式，实现以最小的成本，获得最大的安全保障的目标。风险管理计划可以保障个人/家庭的安全、避免个人/家庭的风险损失，帮助承担家庭责任，同时减轻个人/家庭生活中对风险的担忧，使得个人/家庭都能保持平和的精神状态。

损后目标是指当损失一旦出现时，风险管理者应及时采取有效措施予以抢救和补救，防止损失的扩大和蔓延，将已出现的损失降到最低限度。当实际损失发生后，风险管理措施应能够及时向个人/家庭提供经济补偿，以维持家庭的生活秩序，实现个人/家庭收入的稳定性，并在最大限度内保持家庭关系的连续性，防止家庭的破裂。

三、人身风险管理流程

在人身风险管理目标明确后，一般可以通过以下四个步骤来实施：风险识别、风险评估、制订风险管理计划和实施风险管理计划。这四个步骤构成一个风险管理流程

（见图 1-2-1），并且动态循环、周而复始。

图 1-2-1　人身风险管理流程图

引导问题 1：人身风险识别前作为保险从业人员我们需要做什么？从个人和家庭的角度分别思考。

【专栏 1-2-1】

2022 中国家庭健康风险调研白皮书（节选）

——当下较乐观，未来很担忧

生命时报、工银安盛人寿联合推出了《2022 中国家庭健康风险调研白皮书》（以下简称《白皮书》）。

《白皮书》在线调研了 29 个城市 1 577 位 25～55 周岁的受访者，对其家庭健康管理现状进行了调研分析。

《白皮书》从中国家庭的健康风险管理意识、健康管理与疾病预防、就医现状、如何应对重大疾病风险、商业保险需求几个方面进行了详细的分析。

其中，受访者对自身和家庭成员的当下健康水平较为乐观，但对未来 10 年的健康风险相对悲观。

从不同代际来看，“一老一小”最牵动家庭成员的心。调查显示，受访者对父母的健康水平和健康风险最为担忧。究其原因，主要是大多数受访者不与父母居住在一起，无法提供及时的照顾，加之老人随着年龄增长，抵抗疾病的能力会下降，更容易患上不同程度的基础疾病或慢性疾病。而且，生活中不少老年人生病后总觉得“扛一扛就过去了”，无法做到及时就医，甚至日常还可能存在滥用药物的问题，这些因素都会让老人处于健康风险之下。

同时，大多数有子女的家庭，对孩子的健康关注度较高，即便父母们认为孩子患重大疾病的风险较低，也会为孩子从小做好全面的健康规划和管理。尤其是大部分作为独生子女成长起来的"80后"和"90后"，对子女的健康无论是从思想上还是从行动上都更为关注，比如注重均衡营养，培养运动习惯，从小坚持全面体检，在孩子出生后即为其配置商业健康保险，期望孩子的未来少一些负担和风险。

从生活的城市来看，或许受到生活成本低、压力小、对健康风险的认知差异等方面的影响，二、三线城市家庭对家庭成员健康水平的评价，以及未来十年家庭成员健康风险的担忧程度，都比一线城市更乐观。

（资料来源：《2022中国家庭健康风险调研白皮书》。）

引导问题2：人身风险识别的目的是什么？识别的内容包括哪些？

____

____

____

____

____

知识要点：

风险识别

风险识别是风险管理的第一步，它是指对风险管理主体面临的和潜在的风险加以判断、归类并对风险性质进行鉴定的过程。存在于个人/家庭周围的风险多种多样、错综复杂，风险识别即对尚未发生的、潜在的和客观存在的各种风险系统地、连续地进行识别和归类，并分析产生风险事故的原因。如个人/家庭面临的风险既包括财产风险、人身风险等纯粹风险，也包括市场风险、信用风险等投机风险，而具体到人身风险管理时，人身风险又可细分为死亡风险、健康风险等。我们一般可以应用针对个人/家庭设计的风险调查表来识别个人/家庭风险。

【专栏1-2-2】

你存在健康风险吗？

生活本身处处存在着各种各样的风险。

风险是人们在生活中经常经历的一种状况。广义而言，人们使用"风险"来描述结果不确定的状况。当实际结果与预期结果存在差异的时候，风险就产生了。生活本身是充满风险的，健康风险又是生活中最常见的风险之一。人类始终在寻求保障。这种对安全保障的寻求推动着人类不断认识风险、规避风险，直至有意识地建立制度，使用管理技术，逐步实现风险管理。可以说，认识风险、规避风险、管理风险伴随着人类进化和发展的整个过程，没有对风险的认识和有效的防范，就没有人类今天的昌盛。

为了获得基本的生活保障，我们必须运用更多的手段来减少失业、健康受损、死亡、老龄、法律诉讼和财产破坏所带来的负面影响。为了使我们使用的手段更加有效，我们必须认识风险。

健康相关危险因素也称健康危险因素，是指机体内外存在的使疾病发生和死亡概率增加的诱发因素，包括个人特征、环境因素、生理参数、疾病或亚临床疾病状态等。个人特征包括不良的行为（如吸烟、身体运动不足、膳食不平衡、酗酒、吸毒、迷信、破坏生物节律等），疾病家族史，职业等；环境因素包括暴露于不良的生活环境和生产环境等；生理参数包括有关实验室检查结果（如血脂紊乱）、体型测量（如超重）和其他资料（如心电图异常）等。

慢性病的危险因素由不可改变和可改变的危险因素组成。不可改变的危险因素主要包括：家族遗传史、老龄化、性别、环境等。

以目前的医学发展情况，慢性病仍是无法治愈的，但其危险因素却是可以规避的。特别是早期的预防可极大地减少慢性病的发生和死亡。慢性病的主要风险因素是不健康的生活习惯，如不健康的饮食、缺乏运动和体力活动、吸烟和无节制的饮酒等。世界卫生组织推测，如果消灭了这些风险因素，就可以减少80%心脏病的发病，同时可以预防脑卒中和2型糖尿病，并且减少40%癌症的发生。由此可见危险因素都和人们的生活方式密切相关。

众多研究表明，不良生活方式和行为对健康直接或间接的影响巨大，例如吸烟与肺癌、慢性阻塞性肺病、缺血性心脏病及其他心血管疾病密切相关；吸烟、膳食不合理、身体活动不足，成为造成多种慢性病的三大行为危险因素。据美国调查，只要有效地控制行为危险因素：不合理饮食、缺乏体育锻炼、吸烟、酗酒和滥用药物等，就能减少40%~70%的早死，1/3的急性残疾和2/3的慢性残疾。

（资料来源：微信公众号“精准大健康”，2023年3月31日。）

引导问题3：可以参考哪些信息和数据对个人和家庭进行风险评估？

____

____

____

____

____

知识要点：

风险评估

识别个人/家庭面临哪些可能的损失或风险后，需要进一步对收集到的个人/家庭信息进行分析，以便能够估计特定损失事故发生的概率以及会对个人/家庭造成的可能的经济后果。

风险事故是指引起损失的直接或外在的原因。个人可能因意外事故、疾病等原因出现残疾或死亡。风险评估主要针对不同风险的一般发生概率来估测。例如，死亡风险可以参考人口统计的生命表数据，同时联系个人职业及健康状况、经济收入状况来评估；健康风险可以参考一般的疾病发生概率和疾病治疗费用进行估测；意外风险则可以参考主要意外事故的发生概率估计。

在各种风险事故中，有的可能造成轻微的后果，有的可能造成严重的后果，在对个人/家庭风险进行评估时，我们可以将风险分为损失概率高/低和损失程度高/低等不同的类型进行评价。

【专栏 1-2-3】

健康风险评估

健康风险评估（health risk appraisal，HRA）也称为健康危害评估，是一种分析方法或工具，用于描述和估计某一个体未来可能发生的某种特定疾病或因为某种特定疾病导致死亡的可能性。这种分析的目的在于估计特定事件发生的可能性，而不在于做出明确的诊断。健康风险评估，是指根据个人的生活方式、生理特点、心理素质、社会环境、遗传因素与健康状况，来预测个人的寿命与其慢性病、常见病的发生率或死亡率，并通过数理模式，对上述可变因素做出定量调整，而重新估测人的寿命与发病率。因此，健康风险评估可以定义为：“对个人的健康状况及未来患病和（或）死亡危险性的量化估计。”

我们为什么要做健康风险评估呢？

（1）研究看起来健康而且没有任何疾病症状的人，其可能具有未来发生某种疾病或导致死亡的潜在风险。

（2）研究如何将导致风险的危险因素识别出来。

（3）研究如何消灭或控制这些致病因素，以达到预防疾病或延迟疾病发生的作用。

常见的健康风险评估指标及其意义

（1）体重与体质指数（BMI）。超重（肥胖）的人罹患高血压、高血胆固醇或其他脂质代谢紊乱、2 型糖尿病、心脏病、脑卒中和某些癌症的风险较高。减肥不仅有助于预防这些疾病，而且也会延缓病情的进展。保持适宜体重，不仅要关注体重，还要关注多余体脂储存的部位，假如您的体型属于苹果型，则您体内多余的脂肪将主要储存在腹部，这时您罹患心脏病和 2 型糖尿病的风险就比较高。

一个人的体重受多种因素影响，包括遗传、激素代谢以及膳食和身体活动等。许多人都有超重的问题，几乎每个人都在为减肥而努力。超重者一般来说都不爱运动，但这究竟是肥胖的原因还是结果目前还无法确定。关于体重的一般性建议是，将自己的体重控制在理想体重的120%以内。判断是否超重或肥胖的常用指标是BMI，即体质指数（体重和身高平方的比值）。中国人肥胖控制指南中设定的男、女性超重标准为BMI≥24。

（2）血压。中国目前有将近2亿高血压患者。高血压是一种严重疾病，它会导致脑卒中、心脏病、肾衰和其他疾病。血压是血流经过动脉时为抵御动脉壁的压力而形成的一种作用力。测量血压时，第一次测量的结果是收缩压，它是血液在泵出心脏时所达到的最大值。舒张压是在两次心跳之间测定的结果。通常，血压以分数表示，分子为收缩压，分母为舒张压，比如“110/71”。收缩压超过140mmHg，或舒张压超过90mmHg，就可以诊断为高血压。改变生活方式，如经常运动、减少食盐和钠的摄入、减肥以及避免酗酒通常就能有效地降低血压。如果改变生活方式还无法使血压下降，就只有使用药物治疗了。

（3）总胆固醇（total cholesterol，TC）。胆固醇是一种类似于脂肪的物质，它由肝脏经脂肪、碳水化合物和蛋白质合成，是一种“结合剂（cement）”，在它的作用下，细胞膜相互接合。它还是肾上腺素和维生素D合成的原料。总胆固醇是低密度脂蛋白（LDL）、高密度脂蛋白（HDL）和极低密度脂蛋白（VLDL）的总和。总胆固醇的量由人体对脂肪的代谢途径决定，而代谢途径又受多种因素的影响，比如遗传、膳食以及肝脏、肾脏和甲状腺的功能等。尽管证据表明，高血胆固醇并不足以使每个人都发生心脏病，但绝大多数专家都认为，即高胆固醇与心脏病之间的联系强度可以与吸烟和癌症的关系相提并论。这种联系的强度在55岁以下男性人群中最高，但在妇女和55岁以上人群中也很高。研究人员发现，总胆固醇的水平降低1%，就意味着死于心脏病的危险性下降2%。美国的研究表明，过去30年里，心脏病的死亡率已经下降了50%，很大程度上是因为人们了解了降低胆固醇水平及其对改善心脏病发作治疗效果的价值。尽管如此，在美国，心脏病死亡人数仍然占总死亡人数的40%，在死因顺位上仍然高居榜首。

（4）高密度脂蛋白胆固醇（HDL-C）和低密度脂蛋白胆固醇（LDL-C）。通常我们不仅仅关注HDL的水平，更要看TC/HDL的比值，用这一比值来衡量一个人发生心脏病的风险。假如某人的TC水平为200mg/dl，HDL水平为50mg/dl，则TC/HDL=200/50=4.0。一般来说，就妇女而言，偏低的HDL水平比偏高的LDL水平对预测心脏病发作更有价值。LDL水平偏高对于预测男性发生心脏病发作极为重要。

（5）TC/HDL的比值。总胆固醇/HDL的比值是将总胆固醇浓度除以HDL-C浓度计算求得。假如某人的TC为200mg/dl，HDL-C为50mg/dl，则其TC/HDL的比值为200/50=4.0。采用TC/HDL的比值这样一个指标的目的是衡量发生心血管疾病的危险性，因为这一指标同时包括了两项生物学指标的信息。这一比值越高，说明罹患心血管疾病的风险越高。

（6）甘油三酯。甘油三酯是血液中另外的一种脂质。甘油三酯经血液转运后可在多种组织中储存。膳食胆固醇的来源仅限于肉、蛋或乳制品等动物性食品，而甘油三酯的来源既可以是动物性食物（饱和脂肪），也可以是植物油（不饱和脂肪）。油脂和动物性食物中各种类型的脂肪酸的主要成分就是甘油三酯。其他的甘油三酯由肝脏合成，合成所需原料为碳水化合物、蛋白质和酒精。这一合成途径的最初目的是储存能量。甘油三酯从总量来说占人体脂肪组织的95%以上。一般来说，甘油三酯水平高的人罹患心脏病的风险就高。不过，假如总胆固醇水平保持正常，仅是单纯性的甘油三酯升高，则风险就要低得多。甘油三酯水平升高还与糖尿病有密切关系，尤其是对已经有心脏病的人而言。饮酒和胰腺疾病也会使甘油三酯的水平升高。当一个人的膳食由动物性食物为主转为以植物性食物为主的时候，其总胆固醇水平会大幅度下降。但是在某种情况下，其甘油三酯水平不降反升，这是因为膳食中的碳水化合物被转化为甘油三酯而运往身体各部位，这种情况一般不会增加心脏病的风险。

（资料来源：微信公众号“精准大健康”，2022年4月6日。）

引导问题3：可以应用哪些风险管理技术来制订风险管理计划？

____

____

____

____

____

知识要点：

制订风险管理计划

完成了对风险的识别和评估等工作后，风险管理的下一个步骤就是研究各种风险管理工具。根据风险评价结果，选择最佳的风险管理技术，是风险管理中最为重要的环节。一般可以使用的风险管理技术主要包括控制型和财务型两大类。

引导问题4：控制型风险管理技术是在风险评估的基础上，针对存在的风险因素采取控制技术以消除风险因素，或降低风险因素的危险性。主要表现为：在事故发生时______事故发生的概率；在事故发生时将________降到最低限度。

引导问题5：控制型风险管理技术主要包括哪些方法？

____

____

____

____

知识要点：

控制型风险管理技术主要包括下列三种方法：

（1）风险回避；

（2）损失预防；

（3）损失抑制。

引导问题6：对风险回避方法的应用举例说明。

知识要点：

风险回避是指设法回避损失发生的可能性，是从根本上消除特定风险的措施。风险回避的方法一般用于以下两种情况：①某特定风险所致损失概率和损失程度相当高；②处理风险的成本大于其产生的效益。

引导问题7：举例说明人身风险的损失预防措施。

知识要点：

损失预防是指在损失发生前为了消除或减少可能引起损失的各种因素而采取的处理风险的具体措施，其目的在于通过消除或减少风险因素而降低损失发生的概率。

引导问题8：举例说明人身风险的损失抑制措施。

知识要点：

损失抑制是指在损失发生时或发生后，为降低损失影响而采取的各项措施，它是处理风险的有效技术。

引导问题9：财务型风险管理技术主要包括哪些方法？

知识要点：

由于种种因素的制约，人们对风险的预测不可能绝对准确，防范损失的各项措施都具有一定的局限性，所以需要在某些风险事故发生前做出财务安排，为解除事故发生后给人们造成的经济困难和精神忧虑，恢复家庭财务、维持正常生活提供财务基础。其主要方法包括以下三种：

（1）风险自留；

（2）财务型非保险转移风险；

（3）保险。

引导问题10：什么样的人身风险可以采用风险自留的方法？

知识要点：

风险自留是指对风险的自我承担，即风险管理主体自我承受风险损害后果的方法，它是一种非常重要的财务型风险管理技术。风险自留有主动自留和被动自留之分。风险自留通常是在风险所致损失概率和程度低，损失在短期内可以预测，以及最大损失不影响个人/家庭财务稳定时采用的一种方法。风险自留的成本低，方便、有效，可减少潜在损失，节省费用，取得自留基金运用收益，但有时会因自我承受能力的限制而无法实现其处理风险的功效，即当风险发生时因财务调度上的困难而失去作用。

引导问题10：财务型非保险转移风险有哪些转移方式？

____

____

____

____

____

知识要点：

转移风险是指个人/家庭为避免承担风险损失，而有意识地将损失或与损失有关的财务后果转嫁给另一些人或企业去承担的一种风险管理方法。

引导问题11：把保险作为风险转移方式，有哪些好处？举例说明。

____

____

____

____

____

知识要点：

从风险管理角度来说，保险是单位或个人通过订立保险合同，将其面临的财产风险、人身风险和责任风险等转移给保险人的一种风险管理技术。保险作为风险转移方式之一，有很多优势，在社会上得到了广泛运用。

个人/家庭可以利用保险将损失的经济后果转移给商业保险公司或政府机构承担。个人/家庭的保险保障一般包括社会保险计划、团体福利计划和个人商业保险三个层面。

第一个层面是社会保险计划，其通常为个人因早逝、疾病、伤残、退休、失业等特殊事件而发生的经济损失提供基本的保障。社会保险的覆盖面比较广，在发达的工业化国家，社会保险几乎覆盖全体国民。我国因受经济发展的制约，社会保险虽然基本做到全覆盖，但广大的非城镇居民所享受的社会保险水平较低。我国的社会保险包括养老保险、医疗保险、失业保险、工伤保险和生育保险五大险种。

第二个层面是团体福利计划，企业或工作单位因劳动关系而以团体形式为员工提供不同的福利保障，通常包括团体寿险计划、团体意外保险计划、团体健康保险计划和退休计划等，为个人/家庭经济安全提供必要的补充。

第三个层面是个人商业保险，这是个人/家庭保险保障的最后一道防线。个人可以通过购买商业保险来弥补以上两个层面的保障缺口。个人可以自主选择保险公司、保险产品和保险金额。商业人身保险的介绍正是本书的主要内容。如上所述，人身风险管理技术是多种多样的，保险只是人身风险管理技术中的一种，而不是唯一的技术。因此，在日常个人/家庭风险管理中，应适当地根据风险的类型和特性合理选择风险管理技术，避免忽视保险制度在家庭财务规划中的保障功能的现状，但也要避免过度保险，忽视其他风险管理技术的问题。事实上，在一般情况下，选择风险管理技术的原则包括：对于损失程度小的风险可以综合运用风险自留、损失预防、损失抑制技术；对于损失概率低而损失程度大的风险可以综合运用非保险转移风险、保险和损失预防、损失抑制技术；对于损失概率高且损失程度大的风险则尽量运用风险回避的技术。

【专栏 1-2-4】

保险业应积极参与个人养老金建设（节选）

2022 年 4 月 21 日，国务院办公厅印发《关于推动个人养老金发展的意见》（以下简称《意见》），揭开了个人养老金时代的大幕，进一步夯实了中国构建多支柱养老保障体系的制度基础；同年 11 月 4 日，人力资源和社会保障部等五部门联合发布《个人养老金实施办法》，个人养老金制度正式落地，以银行个人养老金账户为基础，包括银行及理财公司、保险公司、基金公司、证券公司等多方参与的个人养老金体系开始加速发展。数据显示，截至 2022 年年底，个人养老金参加人数已达 1 954 万人。

保险业助力个人养老金高质量发展

作为完善民生保障的“市场解”，个人养老金制度着眼于满足群众多层次、多样化的需求，对于经济发展、社会稳定、民生改善等多方面具有重要意义。保险业作为“多种产品”的供给者之一，可以发挥自身独特优势，助力个人养老金制度建设全面、健康、快速发展。

一方面，丰富个人养老金配置选择，助力满足多样化需求。个人养老金被定义为自愿参加、个人承担缴费责任的补充性养老保障。根据制度安排，个人养老金账户资金封闭运行，只能在达到领取基本养老金年龄、完全丧失劳动能力或出国（境）定居等指定情形下才能领取，以激励个人进行长期储蓄。也正是因为个人养老金账户资金封闭期较长，“先天”流动性不足，所以市场对资金“三性”的关注必然会重点放在收益性和安全性上。从目前政策架构来看，个人养老金账户资金可以用于购买符合规定的银行理财、储蓄存款、商业养老保险、公募基金等风险收益特征不同的多种产品，给予了参加者充分的自主选择权，用以适应不同风险承受能力，满足参加者多元化的、伴随生命周期转换动态变化的风险偏好。在这一众产品中，保险产品的不同之处在于可以提供满足超长期直至终身持续领取需求的养老年金，稳健性和保障性更强。也正因为此，保险资金配置对收益率双向波动的容忍度较低，相对于公募基金等更强调投资属性的产品，更偏好稳健性与安全性，适合风险厌恶水平高的个人。保险业的积极加入，对于丰富配置选择、满足多元化需求具有重要意义。

另一方面，协助整合个人医养服务，提高养老综合保障质量和效果。面对快速进入老龄社会的趋势，未来养老工作势必会包括两个主要方面：一是积累好管理好养老的“钱”，解决养老的资金需求；二是构建好有效的养老服务体系，解决老年人的服务需求。经验表明，日益“壮大”的老年群体既需要更多的健康咨询、检查、疾病预防、诊治和护理等健康照料服务（health care），也需要更多的生活照护、精神慰藉、文化娱乐等社会照料服务（social care）；既要“医”，也要“养”。在“老”还是趋势的时代，我们更关注积攒养老要用的“钱”；但如果“老”已经是进行时，我们会更关注养老钱还够不够，这时候，对第二个“战场”的关注度就会越来越高。原因也很简单——如果服务体系准备不足、供给相对短缺，养老的综合成本就会持续上涨，严重侵蚀养老“钱”的购买力；如果居民手中空有养老钱，却买不到价格和质量都适当、数量也充足的养老服务，那么所谓的老年经济安全就是空谈。保险业作为重要的人身风险“付款人”，有条件延伸触角、延长产业价值链，通过战略合作、资本联合、集中带量采购等多种渠道，形成与医养等服务供给者的互动、融合，不仅有利于实现范围经济、提升经营效率，而且有利于取得关联服务的定价话语权，帮助消费者抵御养老综合成本上涨的风险。特别值得关注的是，保险业为了化解长寿风险，也有动力把各类服务协调起来，通过积极预防、早诊早治、助力康复等全链条、全生命周期的干预，促成风险“减量”。保险行业近年来在养老社区、医养融合等方面积极探索、打造“保险+服务”的新型长寿风险管理模式，积攒了一定的经营经验和打下了一定的服务网络基础。

（资料来源：锁凌燕，《中国金融杂志》，2023 年 6 月。）

引导问题 12：风险管理计划有两大类：控制型和财务型，在家庭中遇到的风险问题哪些需要用财务型？哪些需要用控制型？比较应对人身风险各种对策的优劣。

引导问题 13：对于企业而言是否需要进行人身风险管理呢？为什么？

引导问题 14：作为保险从业人员，我们该如何帮助客户进行风险管理计划的制订呢？

____

____

____

____

____

知识要点：

实施和调整风险管理计划

制订了风险管理计划后，个人/家庭就应当及时实施既定的计划，如联系购买保险，执行锻炼和饮食计划，安装灭火器、防盗门和报警器等。风险管理计划的实施要求个人有足够的执行力和自我约束感，尤其是保持良好的饮食和锻炼计划等，以保证实现自己的目标。

随着环境、职业、财务状况和社会制度的变化，我们即使已经制订了风险管理计划，也需要定期关注自身面对的风险状况和承受能力的重大改变、新的风险控制和风险转移技术等。在情况发生变动时，原来的风险管理计划可能不再是最合适、最有效的，需要根据新的形势进行必要的调整。因此，风险管理的四个步骤是一个周而复始、循环往复的过程。

【专栏 1-2-5】

减轻重疾“痛感”，消费者健康风险管理可以“两步走”

近期，《宏利大湾区健康保障度调查》出炉。调查显示，73%受访者担心自己难以承担可能的重疾治疗费用。为了从容应对潜在的重疾风险，中宏保险建议公众大致可分“两步走”：第一步先从个人健康方面着手，养成健康的饮食习惯，搭配适度的运动，同时定期做健康检查和健康咨询。根据中国精算师协会发布的《国民防范重大疾病健康教育读本》，从保险行业的经验数据来看，在 60 岁之前累计罹患至少一种重大疾病的概率，男性约为 16%，女性约为 14%；如果到 80 岁，那么累计至少罹患一种重大疾病的概率会迅速增加，男性达到 58%，女性达到 45%。可见，随着年龄的增长，重大疾病的发病率显著提升。

这就需要加强对自我健康状况的关注，比如合理地调节饮食，有助于降低心脑血管疾病、高血压、脑中风等的发病风险。适度运动，同样有助于提高机体免疫力，世界卫生组织将运动誉为“最好的抗病良药”。除此之外，还可借助外界的力量来提升健康管理水平。2019 年 11 月，银保监会正式发布修订后的《健康保险管理办法》，该办法鼓励保险公司开展健康管理服务，通过提供健康风险评估和干预、疾病预防、健康体检、健康咨询、健康维护、慢性病管理、养生保健等服务，降低人们的健康风险，减少疾病损失。因此通过保险机构加强消费者健康风险管理成了一个重要选项。在保险机构的帮助下，消费者可以得到更有效、更及时、更专业、更精准的健康关怀和医疗服务，最大限度降低重疾发病率。

第二步可适度增配覆盖能力更强的商业保险，提高消费者抵御重疾风险的能力。几十万元至上百万元的重疾费用，对普通消费者来说是一笔不菲的开销，也会给家庭财务带来较大风险。据“重疾险冰山理论”，一个人罹患重疾后，看得见的费用包含手术费、医疗费、住院费等直接损失，但是患者损失的并不只是这些治疗费用，还包括很多看不见的潜在损失，这部分损失往往比治疗费用更多。

除了常规的职工医保、城乡居民医保等保障之外，重疾险、百万医疗险等商业保险或能再增加一道抵御重大疾病风险的屏障。“两步走”策略，或能大大减轻重疾带来的“痛感”，第一步致力于降低重疾发病率，第二步能够提高重疾风险抵御能力，从健康和财务两方面带给消费者更多“从容感”。

（资料来源：《新民晚报》，2023 年 3 月 14 日。）

任务要求及步骤

任务一

选择三个不同类型的职业，分组分析每个职业面临的人身风险，并对相应人身风险选择合适的风险管理工具进行管理。

任务二

根据项目一所做的人身风险的思维导图，设计制作一份人身风险管理计划书。

小组计划与分工

小组计划与分工如表 1-2-1 所示。

表 1-2-1　小组计划与分工

任务内容	组员姓名	任务分工	评价

表1-2-1(续)

任务内容	组员姓名	任务分工	评价

分析与总结

模块二

人身保险规划

项目一 人身保险需求分析

情景描述

小张作为一名专业保险经纪人，在面对不同年龄群体和不同家庭结构的客户时，该通过客户哪些信息去分析客户的保险需求呢？

学习目标

- 掌握客户信息的收集项目。
- 掌握影响消费者人身保险规划的因素。
- 熟练掌握人生不同阶段保险需求的侧重点。

能力要求

- 能够对不同客户所面临的风险进行分析和评估。
- 熟练掌握个人寿险需求测算的方法。

知识准备

一、了解客户信息

引导问题 1：对客户信息的了解主要指了解包含客户个人及哪些家庭成员的基本信息？

知识要点：

客户个人及家庭基本信息表见表2-1-1。

表2-1-1 客户个人及家庭基本信息

项目	本人	家庭成员1，2，3……
姓名		
出生日期		
受教育程度		
参加工作时间		
工作单位		
职业		
职称		
婚姻状况		
健康状况		

引导问题2：了解客户财务信息（收支状况和资产负债状况等）对制订保险规划方案有什么帮助？

____

____

____

____

____

知识要点：

客户收入支出表见表2-1-2。

表2-1-2 客户收入支出表

收入（税后）		支出	
月工资收入		贷款	
其他收入		伙食费	
		其他费用	
合计		合计	
每月结余			
每年结余			

客户家庭资产负债表见表 2-1-3。

表 2-1-3　客户家庭资产负债表

资产				负债			
类别	项目	金额		类别	项目	金额	
金融资产	现金 存款 其他			短期负债	信用卡 分期付款 其他		
实物资产	住宅 汽车			长期负债	房屋贷款 汽车贷款 其他		
其他资产							
合计							
	总资产						
资产净值=总资产-总负债							

引导问题 3：列出客户风险保障信息的内容及其对保险规划的作用。

（1）社会保障信息。社会保障信息主要是指政府举办的社会保障计划和企业举办的补充养老保险计划，政府举办的社会保障计划包括____和社会救济、社会福利计划；企业举办的补充保险计划主要包括________________和企业补充医疗保险。

（2）商业保险信息。商业保险信息主要是指客户向商业保险公司购买保险产品的相关信息，主要包括__________________________等，主要涉及的保险种类有____________________________。通过了解客户已有的商业保险信息，在此基础上可以进一步补充和完善客户的保险理财规划。

知识要点：

客户社会保障信息表见表 2-1-4。

表 2-1-4　客户社会保障信息表

保险类别	本人	配偶
社会基本养老保险		
社会基本医疗保险		
失业保险		

表2-1-4(续)

保险类别	本人	配偶
工伤保险		
生育保险		
企业补充养老保险		
企业补充医疗保险		

客户商业保险信息表见表 2-1-5。

表 2-1-5　客户商业保险信息表

被保险人	保险产品名称	保险金额	保险费
本人			
配偶			
未成年子女			
家庭其他成员			

【专栏 2-1-1】

强化保险保障功能，服务经济高质量发展——由党的二十大报告引发的思考（节选）

党的二十大报告明确，完善基本养老保险全国统筹制度，发展多层次、多支柱养老保险体系。发展包括个人养老金在内的多层次、多支柱养老保险体系是我国的既定方针。商业养老保险在第三支柱养老保险中占有重要地位。此前，我国已经通过推进延税型养老保险、养老理财产品、养老目标基金等业务试点的方式开展了个人养老金探索。保险行业的特点是长期负债经营，可发挥风险保障的功能优势，开发更多的活到老、领到老的具有长寿风险兜底功能的商业养老保险产品，通过长期终身保障等方式，帮助参保人合理安排养老金收入，有效达到资金安全性、收益性、长期性管理要求。在产品供给方面，第三支柱养老保险产品在功能性上应充分体现养老属性，在领取阶段对客户领取年龄、周期等各方面提供便利，实现与预期生命周期等长的养老现金流匹配，真正通过时间价值来实现养老资金稳健增值。

党的二十大报告还提出，要扩大社会保险覆盖面，通过商业保险与社会保障共同发力，努力提高风险保障能力，让我国全体人民拥有幸福感。我国社会保险制度体系日趋完善，2012 年以来，我国基本养老保险参保人数从 7.88 亿人增加到 10.07 亿人，失业保险参保人数从 1.52 亿人增加到 2.18 亿人，工伤保险参保人数从 1.9 亿人增加到 2.67 亿人，我国建立了世界上最大的社会保障体系。但是，灵活就业人员、平台经济就业者等部分群体仍面临参保项目较少、保障不全、水平低等难题。同时，企业年金、职业年金覆盖面有待扩大，第三支柱发展有待提速，围绕全民覆盖、人人享有、公平正义的目标，精准推进特殊群体参保。加快扩大社会保险覆盖面是完善我国社会保障体系和商业保险的重大举措，是符合我国国情、实现可持续发展的内在要求，是实现共同富裕，巩固脱贫成果的有力保障和全面完善劳动力市场的重要保证，对于改善民生、促进社会公平具有重要意义。

（资料来源：郝演苏. 强化保险保障功能 服务经济社会高质量发展［J］. 中国外汇，2022（22）：32-33.）

引导问题4：不同年龄客户对于未来生活发展预期有较大差异，该如何帮助客户勾勒出未来生命中几个重要阶段的预期？

知识要点：

家庭生活发展预期目标见表2-1-6。

表2-1-6　家庭生活发展预期目标

项目		内容
短期目标	家庭保障计划	完善家庭保障体系：为父母准备养老金以及医疗保障；为自己购买相应的人寿保险
	自身教育规划	参加在职培训，提升职业竞争力
中期目标	储备结婚经费	购房首付款项的积累；完成新房装修款的储备
长期目标	房贷归还计划	按规定及时还款
	新组家庭理财规划	组建家庭后，对家庭成员的保障和子女教育费用做出安排
长远目标	为退休后的安逸晚年做计划	购买商业养老保险作为补充，为自己和老伴的退休生活做安排

【专栏2-1-2】

洞悉中国家庭结构及财富变迁，“三化”趋势显著、资产负债均上升

《中国家庭风险保障体系白皮书》中披露的数据显示，过去10年，中国家庭户数量持续增加但未来增势将放缓；单个家庭人口结构从2000年的3.46人降至2020年的2.62人，户均规模不断下降且降幅有扩大态势；一代户的比例从21.7%攀升至49.5%，二代户的比例则从59.32%下降至36.72%。与此同时，伴随着人口老龄化进程加速，

老年人家庭户在2020年达1.74亿户，其中独居老人户和空巢老夫妇家庭户占比超四成，未来还会继续增加。

中国家庭结构正呈现出小型化、老年化、独居化的趋势。中国人民大学社会与人口学院张航空副教授表示，家庭结构变化意味着在保障方面，过往传统的家庭成员互帮互助的形式进一步弱化，亟须通过市场化的手段应对潜在风险，尤其是老年人家庭的商业养老、健康与护理等需求将不断增加。

针对中国家庭财富情况变迁，首都经济贸易大学副校长尹志超教授介绍说，基于2011年到2021年的中国家庭金融调查数据，总体来看，中国家庭财富和负债水平同步增长，从2011年到2021年，家庭财富均值从61.65万元增加到119.77万元，家庭负债均值从3.07万元增加到7.40万元。

从中国家庭资产配置上看，房产占比整体偏高，但近年来，金融资产占比呈上升趋势，配置形式以储蓄为主。整体而言，随着房地产政策、税制改革等变化，中国家庭财富配置将越来越多地从住房资产转向金融资产，金融资产配置则由以储蓄为主转向多元布局。

（资料来源：http://www.jpm.cn/article-153496-1.html，2023年4月23日。）

二、家庭保险需求分析

引导问题1：

早亡者对其家庭的财务收入状况会造成一定的影响。如果一个人向其家庭成员提供全部或部分金钱的扶助、支持，那么他的早亡必将对家庭的财务收入状况造成巨大的影响，为了使依赖于其生存的其他家庭成员（如子女、配偶、父母）的生活不因其早亡而受到影响，人们便会产生______和__________保险需求。

引导问题2：

人们面临着各种各样的健康风险，一旦健康丧失则需要大笔的费用支出，如住院费、医药费、治疗费、看护费以及收入损失等。为了不因病致贫，同时得到更好条件的治疗，人们便会产生______保险需求。

引导问题3：

当人们因意外事故致残或者因病无法继续工作时，将导致收入损失，家庭生活会受到很大的影响。由此，人们便会产生______________保险需求。

引导问题4：

人到了一定的年龄就会退休，退休意味着经济收入的下降或减少，如果想要维持退休前的生活水平或者让退休生活过得舒适从容，仅仅靠社会养老是不够的。由此，人们便会产生______保险需求。

引导问题5：

子女是父母的未来，每个父母都希望子女能够受到最好的教育。由此，人们便会产生____________保险需求。

引导问题6：

对家庭来说，所处的人生阶段不同，其保险需求的侧重点也不同，因此在制定保险规划时，应考虑家庭所处的不同阶段，依据不同阶段的特点来制定合理的保险规划。请根据家庭所处不同阶段的特点，分析每一个阶段保险需求。

● 家庭准备期。家庭准备期是指从参加工作至结婚建立家庭前的时期，一般会有2~6年的时间。这个阶段的特点是：健康状况良好，无家庭负担，经济收入比较低且花销大；大部分的年轻人在此阶段要为创业和建立家庭准备基本的物质条件，也就是对未来家庭进行必要的资金积累；同时，由于经济能力非常有限，因此个人的风险承担能力不是特别强。

这一阶段的保险需求分析：这一阶段的保险需求不高，主要可以考虑______________________________，以减少意外或疾病导致的直接或间接经济损失；若父母需要赡养，需要考虑购买____________________________以最低的保险费获得最高的保障，确保一旦有不测时，保险金可以支持父母的生活。另外近年来随着我国自然环境不断恶化，人们的工作压力越来越大，我国的重大疾病的发病率越来越高，对于经济水平有限的年轻人来说，可以选择保费相对便宜的______________，这样既能够拥有保障，又不会造成太大的经济压力。

引导问题7：

● 家庭形成期。家庭形成期是指从结婚到新生儿诞生的时期，一般为结婚后的1~5年。这一阶段的特点是：个人组建了家庭，并伴随子女的出生，经济负担加重；对于双职工家庭，经济收入有了一定的增加而且生活稳定，但此时也是家庭的主要消费期，家庭虽然已经有一定的财力和基本生活用品，为了提高生活质量往往还需要较大的家庭建设支出，如贷款买房，每月还须一大笔开支用于还贷；同时，此期间夫妻双方年纪较轻，健康状况良好，保险意识和需求有所增强。

这一阶段的保险需求分析：这一阶段，夫妻双方可购买__________________，并以配偶和子女为______________。这样的话，家庭收入者之一若因保险事件的发生而丧失收入，家庭可依靠保险公司提供的保险金维持原有的生活水平。为保障一家之主遭受意外后，房屋还贷不会中断，可以选择缴费较少的定期寿险，如_________________________。这样当保险事故发生时，保险公司就会把保险金（一般为还款金额）支付给受益人，受益人一般为发放购房贷款的金融机构（投保人或被保险人另有指定的除外）。由于有了家庭责任，夫妻双方还应该注重对疾病的防范，可以考虑购买______________________________。

引导问题 8：

● 家庭成长期。家庭成长期是指从小孩出生到小孩完成学业这段时间，有 18～22 年的时间。这一阶段的特点是：家庭成员不再增加，随着夫妻双方工作经验的增加、工作技能的提高，收入也随之提高，生活处于基本稳定的状态；在此时处于中青年的夫妻正面临“上有老、下有小”的阶段，家庭责任较重，子女上大学后，随着高等教育费用支出的增加，家庭支出也会有较大幅度的上升。

这一阶段的保险需求分析：这一阶段是购买保险的重点阶段，因为该阶段责任重大，所以夫妻双方首先需要考虑自己的安全和健康保障，在安全保障方面可以购买______________________，在健康保障方面可以购买______________________。另外，子女的教育也是这一阶段的重点，可以用____________的方式储备子女教育费用。此阶段家庭收入基本稳定，应设法提高家庭资产中投资资产的比重，逐年累计净资产，可购买________________________，即非传统寿险，这样可以在享有保险保障的同时获取投资收益。

引导问题 9：

● 家庭成熟期。家庭成熟期是指从子女参加工作到家长退休为止这段时间，一般为 5～10 年。这一阶段的特点是：夫妻双方自身的工作能力、工作经验、经济状况都达到高峰状态，子女在经济上已部分或完全自立，债务已逐渐减轻或已消除；夫妇双方年龄增大，身体机能明显下降。

这一阶段的保险需求分析：该阶段的保险需求主要是为老年生活做好安排，应重点购买______保险，还可以购买________________________。

如果要实现资产传承，可以考虑购买__________，并以________作为指定受益人。

引导问题 10：

● 家庭享受期。家庭享受期是指退休以后直至死亡的时期。这一阶段的特点是：进入退休期后，家庭责任减轻，但收入也有所减少，生活、医疗费用在总支出中所占的比例越来越大；同时抗风险能力也下降，保险意识增强，对资金________的要求往往高于收益性，所以在资产配置上要进一步降低风险。

这一阶段的保险需求分析：这一阶段的最主要目标是安度晚年，并有计划地安排“身后事”。在______周岁之前，应通过合理的规划解释自己已经拥有的____________，并进行适当的调整，可以考虑将____________转为即期年金。

知识要点：

家庭生命周期不同阶段特点及保险规划模式见表2-1-7。

表2-1-7　家庭生命周期不同阶段特点及保险规划模式

项目	家庭准备期	家庭形成期	家庭成长期	家庭成熟期	家庭享受期
家庭周期持续时间	2~6年	1~5年	18~22年	5~10年	退休以后
夫妻年龄	—	25~35岁	30~55岁	50~65岁	60~90岁
家庭周期起点—终点	单身—结婚	结婚—子女出生	子女出生—子女独立	子女独立—夫妻退休	夫妻退休—一方身故
家庭开支	看个人情况，有人“月光”有人能完成财富的原始积累	消费期支出增加	支出高峰期：生活费用、医疗费用、教育和父母赡养费用	支出逐渐降低	生活费用支出、健康医疗支出和休闲支出
家庭风险	意外 重大疾病 短寿风险	意外 重大疾病 短寿风险	意外 重大疾病 子女教育 短寿风险 长寿风险	重大疾病 健康医疗 长寿风险	健康医疗 长寿风险
家庭收入	较低	经济收入增加	收入达到巅峰，家庭财富进入快速积累阶段	收入持续处于高峰，家庭财产达到最高水平	收支相抵，以领取退休金等固定收益为主
社会责任	较低，仅承担部分赡养父母的责任，此时父母尚年轻，身体健康，经济能力强	较低，仅承担双方老人的赡养责任	逐渐升高达到最高点，上有老，下有小，通常孩子不能自理，父母身体病痛逐渐增多	较低，孩子可以自立，并偶有回馈家庭。此时通常父母已身故	达到最低点，照顾好夫妻两个人即可
保险规划重点	意外险 重疾险 定期寿险	在上一阶段的基础上增加保险金额	在上一阶段的基础上增加子女教育金的保险 养老险	健康医疗险 养老险	减少意外险的保额，维持其他险种的保额，不必买新险种的保险

（资料来源：中国金融理财标准委员会. 金融理财原理［M］. 北京：中信出版社，2010.）

【专栏2-1-3】

六大类型风险最受家庭关注，商业保障存在缺口

中国家庭普遍对疾病、意外伤残、死亡、养老、财富保值增值、财富安全六类风险的关注度较高，但在健康、医疗与养老方面存在较大缺口。月收入1万元以上的受访者的预期退休金水平，低于未来长期养老所需资金；近6成的受访家庭每年自费医疗金额超过1万元，73.4%的家庭自费医疗比例在30%以上；60.7%的家庭认为抵御意

外伤残/身故风险的心理安全金额为125.4万元。

大多数中国家庭现有风险管理模式以社会保险为主，商业保障不足，同时家庭财富中房产占比偏高、金融资产中储蓄占比偏高。这种模式未来会面临三大挑战：一是人口老龄化下社会保险面临较大压力，基本养老和医疗保险的保障水平有限且未来难有大幅提升；二是由于房地产及税制改革等政策调整，未来房产增值空间变小，资产再配置需求提升；三是国民储蓄当前均以短期为主，无法满足长期养老储备需求。

（资料来源：http://www.jpm.cn/article-153496-1.html。）

引导问题11：表2-1-8是中国人寿保险股份有限公司聘请麦肯锡顾问公司以生命周期、收入、教育程度这三个基本因素为依据，将家庭划分为20个类型，制定的与之相适应的人身保险需求组合的内部优先顺序。请试分析收入与教育程度对制定人身保险需求组合的内部优先顺序的影响。

____

____

____

____

____

____

____

知识要点：

确定家庭保险需求优先顺序

不同个人或家庭不仅需要的保险种类不同，而且需要的保险种类的优先顺序也不同。个人或家庭财物资源的有限性，决定了需要根据个人或家庭人身保险需求的优先顺序来分配资源，保证最重要的人身保险需求得到优先满足。人身保险需求优先顺序取决于诸多因素，其中最基本的是生命周期、收入水平和教育水平。

表2-1-8　家庭人身保险需求组合的内部优先顺序

家庭类型	单身期	二人世界	三口之家	成熟家庭	退休生活
高收入 高教育程度	意外 健康 重大疾病 父母医疗保险 养老	健康 重大疾病 意外 投资/储蓄 父母医疗保险	自身保障 子女 健康意外 教育资金 投资/储蓄 养老	健康 一般疾病 重大疾病 住院医疗 意外 养老	健康 保本储蓄/投资 孙辈教育 意外

表2-1-8(续)

家庭类型	单身期	二人世界	三口之家	成熟家庭	退休生活
高收入 普通教育程度	意外 投资/储蓄 健康 重大疾病	投资/储蓄 健康 重大疾病 意外	子女 教育资金 健康意外 投资/储蓄 自身保障 养老	稳健型投资 健康 一般疾病 重大疾病 住院医疗 意外	保本储蓄/投资 健康 孙辈教育
平均收入 高教育程度	意外 健康 重大疾病 父母医疗保险	健康 重大疾病 意外 投资/储蓄	自身保障 子女 健康意外 教育资金	健康 一般疾病 重大疾病 住院医疗 储蓄 意外	保本储蓄/投资 孙辈教育 健康 意外
平均收入 普通教育程度	意外 健康 重大疾病	健康 重大疾病 意外 投资/储蓄	子女 教育资金 健康意外 自身保障	储蓄 健康 一般疾病 重大疾病 住院医疗	保本储蓄/投资

（资料来源：赵立航. 保险理财规划理论与实践［M］. 北京：中国财政经济出版社，2010.）

【专栏 2-1-4】

“后浪”购险潜力更大，更拥抱互联网保险

2020 年，水滴保险研究院发布用户调研报告显示，“90 后”新一代保民的投保量增速已经超过“70 后”“80 后”“90 后”保民的投保量增速，成为真正的“险一代”。比较“前浪”和“后浪”的保险消费观，“后浪”（1990 年后出生的人群）的保险消费观已经不同于“前浪”，他们会认为买保险是为了省钱，而不是花销。越来越多的“后浪”会主动去了解保险，更准确地为家庭购买保险，增加保障。

水滴保险商城的数据显示，尽管“80 后”仍然是购买保险的主力，但“90 后”平均保单增速较“70 后”“80 后”的增速更为明显。三、四、五线城市“90 后”保民增长速度加快明显，2020 年 2 月水滴保险商城“90 后”用户的订单量比 2019 年 12 月增长超过一倍，“后浪”在互联网保险平台的用户中，占比不断提高。

面对工作的压力及日益不健康的生活方式，保险成为一种平衡，这是不少“90 后”选择通过购买保险来进行风险转移的原因。这意味着，“90 后”的风险意识较强，更加追求安全感，更愿意尝试新鲜事物。

从保险消费心态上来说，比起“前浪”更喜欢在线下购买保险，“后浪”会认为在网上购买保险更方便。“后浪”买保险的原因更多是抵御风险，一旦生病或发生意外

能够有足够的医疗资金，而“前浪”买保险更多是出于保障家人，会考虑如果出现重大疾病或意外，还能给家里保留一笔资金。同时，对于“后浪”来说，更重要的是保险对于他们不只是抵御风险的一种手段，他们也希望通过保险进行人生和财务规划配置。

“前浪”和“后浪”为家庭购置保险的顺序、选择保险的种类也有明显区别：“后浪”购买保险的顺序通常是先自己，后父母，最后才是子女；“前浪”购买保险的顺序通常是先子女，后父母，最后才是自己。而在保险产品的选择上，在四大保险（意外险、医疗险、重疾险、定期寿险）中，“前浪”会优先考虑传统的教育险和寿险，“后浪”会优先考虑医疗险、意外险。

水滴保险商城首席保险规划师张明表示，在家庭保险配置方面，“前浪”容易陷入“先孩子、再老人、最后自己”的错误逻辑。“80 后”这部分用户，很多都是传统的“421”家庭结构，也就是 4 位老人、夫妻 2 人和 1 位小孩，这样的家庭结构非常脆弱，应该遵循“先大人后小孩”“先保障后理财”的配比方案。

（资料来源：https://www.cet.com.cn/wzsy/ycxw/2549156.shtml。）

三、保障额度与保费的测算

人身保险的保险金额通常采用生命价值法、输入置换法和家庭需求法来确定。

引导问题 1：运用生命价值法确定人身保险金额存在哪些缺陷？

____

____

____

____

____

知识要点：

生命价值法

生命价值理论是由美国宾夕法尼亚大学保险系教授休伯纳于 1924 年提出的。该理论认为，人的生命价值是指个人未来收入或个人服务价值扣除个人生活费用所剩余部分的资本化价值。人的生命价值可能因为早逝、疾病、伤残失业或年老退休而受到影响，任何影响个人收入能力的事件都会影响人的生命价值。从某种意义上讲，购买人身保险的根本目的就是谋求生命价值的保障，因此人身保险的保险金额可以根据生命价值的大小来确定。

测算原理：家庭主要收入来源者不幸死亡后，其家庭收入减少金额的测算方法。

计算方法：

步骤 1：确定个人的工作或服务年限。

步骤 2：估计未来工作期间的年收入。

步骤 3：从预期年收入中扣除个人衣食住行等生活费用，得到净收入。

步骤 4：选择适当的通货膨胀率计算预期净收入现值，得到个人经济价值即保险需求。

步骤 5：安排购买与个人寿险需求相当的寿险金额。

引导问题 2：同生命价值法相比较，收入置换法确定人身保险金额有哪些优点？

知识要点：

收入置换法

收入置换法类似于生命价值法，它根据家庭需求和收入来确定保险金额，同时还考虑了通货膨胀和社会保险因素，保险金额用家庭年收入的倍数表示。

在我国，通常在确定保险金额和保险费时，采用“双十原则”，即风险保额为家庭年收入的 10 倍，保险费支出为家庭年收入的 10%左右。

引导问题 3：家庭需求法在哪种情况下分析人身保险保额可能比生命价值法和收入置换法更加客观和全面？

知识要点：

家庭需求法

家庭需求法是根据家庭的主要收入来源者死亡后，家庭为恢复或维持原有的生活水平而产生的各种财务需求来确定保险金额。家庭需求包括现金需求和收入需求两部分。

现金需求是指家庭基于现金支出所需的资金需求，主要包括善后基金、抵押贷款基金、教育基金和应急基金等。善后基金是指死亡后需要立即清偿的各种费用和债务，以及死者生前的各种医疗费、住院费、护理费、银行借款或其他债务和各种应付税款，如丧葬费及遗产税等。抵押贷款基金是指为了确保家庭主要收入来源者意外死亡后，有足够的资金偿还商业贷款，使住房、汽车等免遭清算或拍卖而导致重大损失所需要的资金。教育基金是指子女的教育费用，包括未来求学阶段的学习费用和择校费用，教育基金的金额主要取决于子女的人数、预期完成的教育程度以及未来每年所需的教育费用。应急基金是指为了应对某些突发事件，避免使家庭陷入财务困境而设立的一定额度的资金。

收入需求是一个家庭每月的现金收入资金需求，包括用于缴付各项日常生活的费用。现金收入主要包括家庭调整期收入、子女独立前所需收入、配偶终身所需收入和赡养父母所需收入等。家庭调整期收入是指家庭主要收入来源者死亡导致家庭收入明显下降后，短期内无法改变原有的生活习惯和消费方式，只能逐渐调整和适应，在这一调整期间所需的收入。家庭调整期通常为1~2年。子女独立前所需收入是指家庭主要收入来源者死亡时子女尚未成年，经济上尚未独立，在子女经济独立之前抚养他们所需的收入。配偶终身所需收入主要是满足配偶的一般日常生活支出、医疗费用、养老金等所需要的收入。赡养父母所需收入是指家庭主要收入来源者死亡时父母还健在，为了赡养父母所需要的收入。

运用家庭需求法时，首先，应分析家庭财务总需求；其次，扣除可以用其他收入或资产满足的财务需求，如社会保险、企业职工福利、家庭拥有的动产和不动产、将来可能继承的动产和不动产等，得到必要的家庭财务净需求；最后，按照这个净需求来确定保险金额，购买人身保险，满足家庭因为被保险人死亡或伤残所引起的财务需要。

引导问题4：不同险种的保障额度要以哪些要素来测算？

____
____
____
____
____

知识要点：

不同险种保障额度的计算公式

（1）人寿保险。人寿保险额度 = 本人年收入占比（本人收入/家庭收入）×家庭年度支出总额× max（家庭期望保障年限，子女成人所需年限）+ 家庭总负债 − 已有寿险赔付额度

（2）健康保险。重疾险额度 = 大病平时花费 + 本人年收入×平均恢复年限 − 社保报销额度 − 已有商业保险额度

一般疾病医疗险额度 = 当地一般疾病的平均花费 − 社保报销比例×（理想额度 − 社保住院起付线）

住院津贴 = 本人年收入/365

（3）意外险。意外险额度 = 本人年收入×期望保障年限×舒适指数 - 已有意外险赔付额度

意外伤害医疗险额度 = 当地一般疾病的平均花费 ×风险程度系数 - 已有意外医疗赔付额度

其中，期望保障年限，是指因意外造成残疾或行动障碍失去劳动能力后，需要资金来维持基本生活的保障年限，通常最少设为 20 年。舒适指数是指在生产或失去劳动能力后期待的生活质量。如设为 1 就意味着赔偿额度为意外发生前自己的年收入，也就是生活水平基本不降低；但要注意意外发生后，每年的医药费会增加，且如果行动不便请人照顾，必定需要额外的费用，所以，建议所设值要比 1 大。风险程度系数是指发生风险对标的的破坏程度，因为意外伤害造成的事故通常情况下会比一般疾病程度要重，大多数情况下需要人的照顾，所以，总的费用也会多一些，因此在预估意外伤害的医疗费用时，一般应比当地一般疾病的平均花费多 1 倍，即风险程度系数通常设为 2。

（4）养老保险。养老保险要根据现有的基本生活支出、工资水平、社会养老保险的替代率和假定的通货膨胀率测算出退休时的基本生活支出和社会养老保险能领取的养老金，并测算出养老金的缺口，再依据所承受风险的程度选择适合的养老保险产品和缴费方式。

（5）子女教育金。子女教育金要依据家庭的经济状况制订出子女今后的教育方案，并考虑好一系列的问题。如中学的费用是否要现在储蓄？上什么样的大学？是否继续深造？也就是要根据现有的学费、每年上涨的比例、汇率的变化（出国留学）等测算出以后要用的额度，再依据所能承受的风险程度选择适当的教育金产品和缴费方式，以保证子女在不远的未来能够得到良好的教育。

合理的保障性费用占年总收入的 10% ~15%为宜，尽量不超过 20%。子女教育金、养老规划和利用保险作为投资方式的年支付费用，以不超过年收入的 20%为宜。

任务要求及步骤

任务一

案例分析

案例一

王某现年 30 岁，预计工作至 60 岁退休，当前年薪为 10 万元，个人消费支出为 5 万元，预计未来工作期间年收入和个人消费支出均按每年 5%递增。假定年贴现率也为 5%，请用生命价值法计算王某 30 岁时的寿险保额需求。

案例二

孙某某，35 岁，某金融机构中层管理人员，月收入 1 万元。其个人消费每年 5 万

元，如果他正常工作，预计将来每年收入增长率为5%，其预计在65岁退休。假定通货膨胀率为3%，请用生命价值法计算孙某某在36岁时的寿险保额需求。

任务二

以自己家庭某家庭成员为对象，试用家庭需求法（参照表2-1-9填写）测算其寿险保额需求。

表2-1-9 人身保险需求分析工作表

经济需求
1. 临终费用（因身故发生的费用，包括丧葬费、法律服务费用以及遗产税等）__________
2. 未结清的债务（身故是需要偿还的）__________
3. 调整费用（指在过渡期的花费，包括照顾孩子费用、保姆费用和健在配偶的培训费用）__________
4. 家庭生存者的花费（直到孩子们能自力更生为止） 4a. 估计家庭目前每年的花费__________ 4b. 计算分析对象个人的花费（通过将一家人目前每年的花费乘以下列相应的系数来得到） 0.30（家庭剩下一位生存者） 0.26（家庭剩下两位生存者） 0.22（家庭剩下三位生存者） 0.20（家庭剩下四位生存者） 0.18（家庭剩下五位生存者） __________（4a）×__________（上面对应系数）=__________ 4c. 生存配偶的年收入__________ 4d. 分析对象身故后家庭生活费用的缺口（4a-4b-4c）=__________ 4e. 确定未来的总花费（用4d乘以最小孩子到自力更生时的年数） __________（4d）×__________（年）=__________ 4f. 如果还要赡养父母，那么必须再加上这部分费用（用每年须提供的赡养费用乘以打算赡养老人的年数） __________×__________（年）=__________ 4g. 家庭未来所需总费用（4e+4f）__________
5. 教育费用 5a. 目前上大学每年所需费用 5b. 5a乘以大学教育年数和小孩数 __________（5a）×__________（年）×__________（小孩数）=__________
6. 期望生存配偶的年金补贴（自孩子都自力更生以后至生存配偶退休以前） 6a. 期望的年金补贴数__________ 6b. 生存配偶在这期间能够挣得的收入__________ 6c. 须提供的部分（上面两项的差额）__________ 6d. 再用6c乘以从最小孩子独立到配偶退休可以享受社会保障和其他退休收入时的年数 __________（6c）×__________（年）=__________

表2-1-9(续)

7. 期望生存配偶退休后的收入 7a. 每年期望的收入（除去社会保障及其他退休金）__________ 7b. 7a 乘以期望退休以后年数 __________（7a）× __________（年）= __________
8. 需要考虑的总费用：1+2+3+4g+5b+6d+7b = __________

小组计划与分工

小组计划与分工如表 2-1-10 所示。

表 2-1-10 小组计划与分工

任务内容	组员姓名	任务分工	评价

分析与总结

项目二　人身保险规划方案制订

情景描述

小张作为一名理财规划专业人士，已根据客户的基本信息及其对人身保险的需求，测算出保险金额和保险费，但针对不同家庭，应怎样将保险产品进行组合并撰写保险规划方案呢?

学习目标

- 了解人身保险规划方案的设计原则。
- 掌握人身保险规划制定的方法及应注意的问题。

能力要求

- 能够根据给定的背景资料为客户制订人身保险规划方案。
- 能对自己制订的人身保险规划方案分组进行说明。

知识准备

一、保险规划方案的设计原则

保险规划方案的设计是指在对准客户的具体情况大致了解，找到准客户的需求点和购买点之后，根据其适当的需要、所能负担的保险费等为其进行量身设计。

引导问题1：同样年龄段的客户是不是需求都一样?

____

____

____

知识要点：

保险规划方案的设计原则——适当需求原则

在为客户制定保险规划方案之前，应对客户个人及家庭面临的主要风险或未来的主要经济需求进行分析，帮助客户分析目前哪些风险或经济需求是客户必须优先考虑的，是可以通过购买人身保险产品来有效防范或有效解决的，所设计的产品必须符合客户的需求，尊重客户切实的经济风险状况。

引导问题2：如何按客户需求规划人身保险的险种？

知识要点：

保险规划方案的设计原则——全面保障原则

一个好的保险规划方案应在同样费率标准下使客户获得的保障更全面且保额更高，以充分体现全面保障原则。例如，烧伤、跌伤等意外事故有无医疗补贴，意外身故、疾病身故有无赔付等，这些都是衡量保障是否全面的标准。

引导问题3：客户的人身险保额可以只按自己的需求来确定吗？

知识要点：

保险规划方案的设计原则——合理保额原则

产品保额的设计一般应以客户的年薪为标准量入为出。在实务中通常可以采用前文所述的收入置换法或家庭需求法来测算合理的保险额度。

引导问题4：如何规划客户每年的保费支出？

知识要点：

保险规划方案的设计原则——适当保险费原则

应根据客户的收入状况来确定客户应缴的保险费。保险费过高会给客户的日常生活造成一定的影响，易发生退保现象；保险费太低，客户就不能享受到充分的保险保障。一般而言，保障性保险费支出应控制在家庭年收入的10%~15%为宜。至于新型的寿险产品，如投资连接保险、万能保险和分红保险等，此类保险产品主要是为了满足客户的理财需求，此类保险产品的保险费支出主要与客户的财务承受能力相关，没有一定标准。

引导问题5：如何安排客户家庭成员的保障顺序？

知识要点：

保险规划方案的设计原则——先大人后小孩原则

先大人后小孩原则是一个非常重要的原则，但常被保险营销员所忽视。许多客户因为疼爱和关心孩子，错误地认为应先给孩子买保障，殊不知若父母没有任何保障，一旦父母发生意外，孩子的保险费将会中断。因此在设计保险规划方案时，要依据家庭的具体情况充分考虑这个关键问题。

为了更好地满足客户的需求，在制定保险规划时需要对保险产品进行组合，以达到用最少的保险费获得最佳保障的目的。保险产品组合的主要方式有以下几种。

引导问题 6：

● **按保险条款功能组合**

按保险条款功能组合是指针对不同的保险条款所提供的不同保险责任进行组合，突出不同保险功能的互补作用，既注重保险面的拓展，又突出主要责任的比重，如"健康+意外"组合、"投资+健康"组合、"基本保障+医疗"组合、____组合等。

引导问题 7：

● **按时间段组合**

按时间段组合是指针对客户年龄段的不同需求设计出阶段鲜明、连贯互补、突出重点的组合方案。家庭准备期的年轻人，主要以保障自身为主，最好的组合是保险费低廉、保障高的产品，如"____________________"或"重大疾病保险+消费型医疗保险"；家庭享受期主要面临的是退休后生活水平上的保障和财富传承的问题，最佳组合是"养老保险+终身寿险+意外伤害保险+消费型医疗保险"。

引导问题 8：

● **按家庭责任组合**

按家庭责任组合是指根据家庭成员在家庭中扮演的角色和承担的责任，对其所需的保险产品进行组合。不同角色的家庭成员若发生意外给家庭带来的影响程度是不同的，如非经济支柱的家庭成员发生不幸所带来的主要是精神打击，而作为经济支柱的家庭成员发生不幸则会使整个家庭陷入困境。应该根据事先了解的客户信息，突出家庭中主要经济支柱的保障责任，例如，丈夫是家庭中的主要经济来源者，为他制订的保险产品组合方案是"定期寿险（或终身寿险）+意外伤害保险+重大疾病保险"；妻子是家庭中的非主要经济来源者，其保险产品组合方案可以是"____________________"。

引导问题 9：

● **按需要层次组合**

不同经济水平、不同文化素养、不同性格客户的保险需求是有层次差异的。根据保险需求层次的不同，保险产品组合也需要进行分层，以适应从____到____的需求渐进，由____层次组合转入____层次组合。目前，我国居民的总体收入水平还不高，大部分人的保险需求仍处于低层次，传统的________型产品组合市场很大，同时，大中城市的高收入者购买保险除了满足保障的需求之外，还有投资和财富传承的需求。

【专栏 2-2-1】

蚂蚁保上线行业首个 AI 保险规划师 解决保险配置个性化需求难题

近年来，AI 技术正不断推动保险业数字化转型。由于每个保险用户的需求都不尽相同，这意味着传统的代理人模式难以实现个性化的千人千险。在人工智能浪潮的席卷之下，保险规划这一代理人最擅长的领域开始被保险公司“玩出花样”。

2023 年 4 月 12 日，继 AI 核保或核赔、AI 保险顾问等一系列硬核 AI 服务陆续亮相后，保险业又出现了新的“AI 选手”——“AI 保险规划师”，它可以通过智能模型为用户量身定制合适的保险配置方案，供用户参考决策。

据蚂蚁保省心配项目负责人张程介绍，省心配团队研发了独创的“HRAAM 保险配置模型”。用户输入年龄、地区、收入等基本信息后，“HRAAM 模型”就会通过风险分析、保障评估、产品匹配三个步骤进行配置，免费生成推荐方案。

据介绍，“HRAAM 模型”会为每位用户模拟匹配几万种保险配置方案，最终选出最匹配用户需求的一组方案做推荐。

有业内人士曾指出，人工智能在保险行业具有显著的应用价值，其核心价值可以概括为“降本增效”，具体表现为降低成本、提高效率、改善用户体验、加强风险管控、提高销售业绩等。

随着这类产品的不断迭代，其自身的智能化和服务性能也在不断提高。中国人民大学中国保险研究所所长魏丽认为，选品、配置、理赔是保险服务的三个核心环节。由于保险产品的认知门槛高，这三个环节的服务优化，能极大节省消费者的决策精力和成本，有助于提升保险行业的消费者满意度和高质量发展。

（资料来源：http://www.nbd.com.cn/articles/2023-04-12/2756925.html。）

二、保险规划方案构成

（一）封面

封面内容主要包括保险计划名称、保险公司的司徽、客户的姓名、保险名句、方案设计人等。

（二）导言

导言应亲切而不肉麻、朴实而不失情感。例如，“每个人都希望在退休后能共赏金阳余晖，闲暇的日子仍然多姿多彩、充满欢乐。相信这份专为您设计的保险能够满足您心中的愿望。”

（三）公司简介

公司简介主要包括公司的历史、现状以及未来等。

（四）保险需求分析和设计思路

在设计保险方案之前，首先要对客户的需求做进一步分析，帮助客户明确其最迫切的保险需求是什么，同时让客户了解保险的设计思路，知道此份方案是专门为他量身定做的，从而产生信任感。保险方案的设计思路通常可以从家庭的角度出发，从主要收入来源者的角度出发，从弥补各产品缺陷的角度出发等。

（五）保险额度的测算

保险产品的保险额度可根据收入置换法或家庭需求法来测算。

（六）正文

1. 产品组合

保险规划方案应改善单一保险产品的不足，更好地满足客户的保险需求。

2. 保障利益说明

保障利益内容主要包括保险金额、保险费用、保险期限、缴费方式、各项保险利益的详细说明和效益分析的内容，让客户明白这份保险规划方案究竟能够为其解决什么问题，以及能够得到什么具体的利益。

3. 注释

注释主要包括专业术语的注释、客户特殊情况的注释、数据的注释等。

4. 落款

落款必须注明公司营业部、地址、营销员工号、姓名、资格证编号和联系电话等。

5. 结束语

结束语可以用一些美好的祝词体现对客户的关心和祝福，也可以写一些有关的名人名言，让客户觉得这份保险规划方案是有价值的。当然也可以套用格式化的结束语，如“本方案是根据您的家庭情况专门设计的，非常符合您的需求。”

6. 封底

封底设计的风格应同封面设计的风格相同。

总而言之，保险规划方案的格式和内容并不是一成不变的，在实际操作时可以根据具体需要进行取舍、调整，如有的方案还可以配上保险的意义和功能、客户投保指南、推荐本方案的理由、理赔服务、增值服务等内容，但总体上方案设计要求整齐、简洁明了、逻辑清楚、内容完整真实，不要过于追求形式上的特色而忽略了方案的本身内容。

引导问题：针对不同的人群和险种，举例说明保险规划方案中封面和导言可展示哪些要点？

三、保险规划的后续调整

通过与客户的沟通及一些努力，客户的保险规划得以确定和实施，但对于一个人或家庭来说，保险规划不是一成不变的，通常在购买了保险之后，一般每隔 5~10 年应该对自己的保险规划进行调整。另外，在生活中出现一些特殊时点时，也应该检查并调整自己的保险规划。

引导问题：举例说明生活中的特殊时点对保险规划的影响。

____

____

____

____

____

知识提示：

通常生活中的特殊时点包括如下几个：

1. 家庭组成发生变化。
2. 工作性质发生变化。
3. 经济状况发生变化。

任务要求及步骤

任务一

案例分析

一位私营企业主为儿子购买了年付保险费 3 万元的分红保险。儿子 3 岁时，不慎被严重烫伤，结果孩子住院花去了大量的医药费，保险公司不予赔付。这位私营企业主找到保险公司理论，保险营销员告诉他，不是保险公司不理赔，而是按规定无法赔偿。这位私营企业主听后十分气愤，当着保险营销员的面把保险单撕得粉碎。

请根据案例信息，结合人身保险规划方案的设计原则，分析该案中保险方案存在的问题。

任务二

根据客户基本资料分析其保险需求并为其制订保险规划方案。

客户 1 基本资料：王先生，35 岁，年收入 20 万元，某银行职员，有社保。王太太，33 岁，年收入 10 万元，某学校老师，有社保。王先生夫妇双方都在一线城市工作。家庭年收入 30 万元左右，有 150 万元房贷，家庭积蓄不多。每天自驾车上下班，育有一女，3 岁，上幼儿园，有社保。暂时不需要赡养父母。

客户 2 基本资料：林女士，27 岁，单身，在某外企工作，年收入 15 万元，无贷款，有社保，有企业补充医疗保险，现租房，房租每月 1 500 元，每月基本消费 3 000 元。林女士工作比较忙碌，经常需要坐飞机出差。自己有一辆车，平时自驾上班。父母身体健康，无须赡养父母。林女士未来两年有购房打算。

客户 3 基本资料：李先生，50 岁，国有企业办公室主任，月收入 6 000 元，单位有社保及大额门诊医疗保险、大额住院医疗保险。李先生有轻度脂肪肝，之前已配置重大疾病险（10 万元保险金额）、人身意外伤害险（10 万元保险金额）。李先生预计 60 岁退休。李太太，49 岁，某事业单位工作人员，月收入 5 000 元，身体健康，有社保，每年还有额外医疗报销费 8 万元，之前已配置人身意外伤害险（10 万元保险金额），预计 55 岁退休。家庭各类资产中，现金 3 万元，定期存款 20 万元，投资 10 万元，固定资产 80 万元，没有负债。家庭每年各项开支约 3.5 万元。孩子小李在一家 IT 公司工作，经济已独立。夫妻两人有 20 万元积蓄拟作为养老保障。

任务三

结合自己家庭情况，为自己家庭制订保险规划方案。

小组计划与分工

小组计划与分工如表 2-2-1 所示。

表 2-2-1　小组计划与分工

任务内容	组员姓名	任务分工	评价

分析与总结

模块三

人身保险合同解读

项目一 人身保险合同的要素

情景描述

2021 年 11 月 7 日，罗某为正在就读于某市中学的女儿芳芳投保了中国人寿保险公司的学生平安保险，投保手续通过保险代理人办理，并签订了保险合同，对双方姓名及住所、保险责任、保险金额、保费等内容进行了明确。请结合以上情景思考人身保险合同的要素构成包括哪些，在此情景中的具体体现是什么？除上述提到的内容，还有哪些内容会在合同中进行明确？

学习目标

- 了解人身保险合同的要素构成及法律意义。
- 掌握人身保险合同中主体的合法性。
- 掌握人身保险合同中的保险利益。
- 熟悉人身保险合同内容及相关条款规定。

能力要求

- 能够判定人身保险合同中主体、客体及内容的合法性。
- 能够明确人身保险合同当事人的权利义务关系。

知识准备

一、人身保险合同的主体

引导问题 1：人身保险合同的主体包括哪些？

知识要点：

人身保险合同的主体是参加人身保险这一民事法律关系，并享有权利和承担义务的人，包括合同当事人、合同关系人和合同中介人（见图 3-1-1）。

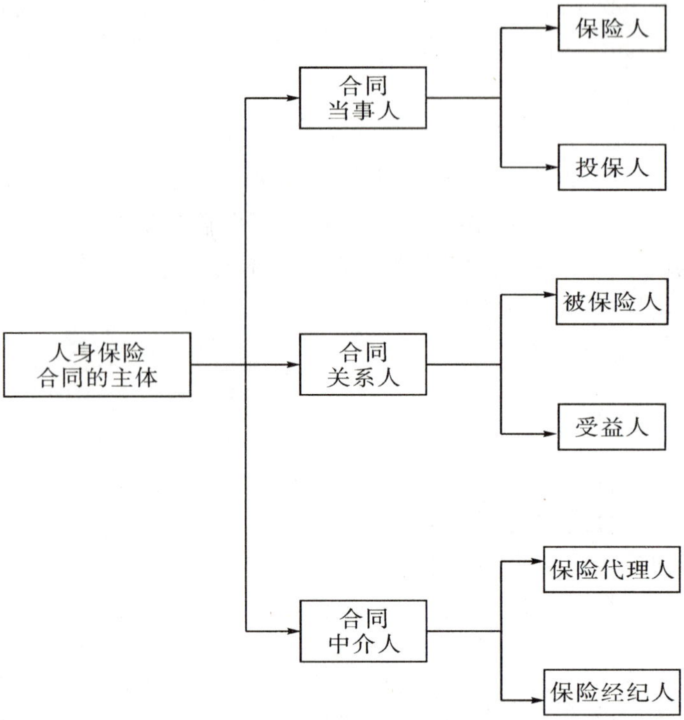

图 3-1-1　人身保险合同的主体

引导问题 2：人身保险合同当事人主体资格认定的依据是什么？

知识要点：

保险合同的当事人是指订立并履行合同的自然人、法人或其他组织。人身保险合同的当事人包括保险人和投保人。

● 保险人

保险人又称承保人，是与投保人订立保险合同，收取保险费，在保险事故发生时承担赔偿或给付保险金责任的人。保险人是保险合同的一方当事人，也是经营保险业务的人。我国法律规定，保险人经营保险业务必须事先取得政府有关部门的批准。保险公司的业务范围由保险监督管理机构依法核定，保险公司只能在被核定的业务范围内从事保险经营活动，同一保险人不得同时兼营财产保险业务和人身保险业务。因此，我国人身保险合同的保险人一般是专营人身保险业务的人寿保险公司，但是经营财产保险业务的保险公司经国务院保险监督管理机构核定可以经营短期健康保险业务和人身意外伤害保险业务。

【专栏 3-1-1】

《中华人民共和国保险法》对保险人资格的相关规定

《中华人民共和国保险法》(以下简称《保险法》) 第六十七条规定：设立保险公司应当经国务院保险监督管理机构批准。

国务院保险监督管理机构审查保险公司的设立申请时，应当考虑保险业的发展和公平竞争的需要。

第六十八条规定：设立保险公司应当具备下列条件：

(一) 主要股东具有持续盈利能力，信誉良好，最近三年内无重大违法违规记录，净资产不低于人民币二亿元；

(二) 有符合本法和《中华人民共和国公司法》规定的章程；

(三) 有符合本法规定的注册资本；

(四) 有具备任职专业知识和业务工作经验的董事、监事和高级管理人员；

(五) 有健全的组织机构和管理制度；

(六) 有符合要求的营业场所和与经营业务有关的其他设施；

(七) 法律、行政法规和国务院保险监督管理机构规定的其他条件。

第六十九条规定：设立保险公司，其注册资本的最低限额为人民币二亿元。

国务院保险监督管理机构根据保险公司业务范围、经营规模，可以调整其注册资本的最低限额，但不得低于本条第一款规定的限额。

保险公司的注册资本必须为实缴货币资本。

知识要点：

● 投保人

投保人又称要保人，是与保险人签订人身保险合同并承担缴纳保险费义务的人。作为直接参与保险合同订立的当事人，要求具备以下条件：

投保人必须具备完全的民事行为能力和民事权利能力。保险合同和一般合同一样，要求当事人具有完全的权利能力和行为能力，这对法人和自然人均相同。未取得法人资格的组织，不能成为保险合同的投保人，无民事能行为能力的自然人不能成为保险合同的投保人。对于限制民事行为能力的自然人，经其法定代理人同意，可以作为投保人订立保险合同。

【专栏 3-1-2】

民事权利能力和民事行为能力

民事权利能力，就是指法律所规定的，自然人或社会组织参加民事法律关系、享有民事权利和承担民事义务的资格。民事权利能力是自然人或法人享有民事权利的前提，但它不是具体的民事权利。《中华人民共和国民法典》(以下简称《民法典》)规定，自然人从出生时起到死亡时止，具有民事权利能力，依法享有民事权利，承担民事义务。自然人的民事权利能力一律平等。涉及遗产继承、接受赠予等胎儿利益保护的，胎儿视为具有民事权利能力。但是胎儿娩出时为死体的，其民事权利能力自始不存在。

民事行为能力是民事主体独立地以自己的行为为自己或他人取得民事权利和承担民事义务的能力。按照自然人的年龄和精神状态的不同情况，可将公民分为无民事行为能力人、限制民事行为能力人和完全民事行为能力人。《民法典》规定：

“十八周岁以上的自然人为成年人。不满十八周岁的自然人为未成年人。成年人为完全民事行为能力人，可以独立实施民事法律行为。十六周岁以上的未成年人，以自己的劳动收入为主要生活来源的，视为完全民事行为能力人。

八周岁以上的未成年人为限制民事行为能力人，实施民事法律行为由其法定代理人代理或者经其法定代理人同意、追认，但是可以独立实施纯获利益的民事法律行为或者与其年龄、智力相适应的民事法律行为。不能完全辨认自己行为的成年人为限制民事行为能力人。

不满八周岁的未成年人为无民事行为能力人，由其法定代理人代理实施民事法律行为。不能辨认自己行为的成年人为无民事行为能力人，由其法定代理人代理实施民事法律行为。”

知识要点：

投保人必须对被保险人具有保险利益；否则，不能申请订立该保险标的的人身保险合同，已订立的合同也视为无效合同。保险利益是要求投保人对被保险人应具有的合法经济利益，反映了被保险人与投保人存在着经济利害关系。投保人可以为自己或者他人利益投保，但当投保人为他人的利益投保时，应征得他人同意。

投保人应当具有缴纳保费的能力。人身保险合同中被保险人享有保险保障的权利是以投保人按期缴纳保险费为前提的。投保人如不按期缴纳保险费，保险人有权要求投保人交付保费及利息或终止人身保险合同。因此，投保人购买保险除了考虑被保险人的风险保障需求外，还需要考虑到自身的消费能力，量力而行。

引导问题3：投保人是否可以为被保险人投保以死亡为给付保险金条件的人身保险？以死亡为给付保险金条件的人身保险合同是如何规定的？

____

____

____

____

____

《保险法》第三十三条规定，投保人不得为__________投保以死亡为给付保险金条件的人身保险，保险人也不得承保。

父母为其未成年子女投保的人身保险，不受前款规定限制。但是，因被保险人死亡给付的保险金总和不得超过__________________________。

《保险法》第三十四条规定，以死亡为给付保险金条件的合同，未经______同意并认可保险金额的，合同无效。

按照以死亡为给付保险金条件的合同所签发的保险单，未经________书面同意，不得转让或者质押。

父母为其未成年子女投保的人身保险，不受本条第一款规定限制。

【专栏3-1-3】

关于父母为其未成年子女投保以死亡为给付保险金条件人身保险有关问题的通知

保监发〔2015〕90号

各保险公司：

为保护未成年人的合法权益，根据《中华人民共和国保险法》第三十三条规定，现就规范父母作为投保人为其未成年子女投保以死亡为给付保险金条件人身保险的有关问题通知如下。

一、对于父母为其未成年子女投保的人身保险，在被保险人成年之前，各保险合同约定的被保险人死亡给付的保险金额总和、被保险人死亡时各保险公司实际给付的保险金总和按以下限额执行。

（一）对于被保险人不满10周岁的，不得超过人民币20万元。

（二）对于被保险人已满10周岁但未满18周岁的，不得超过人民币50万元。

二、对于投保人为其未成年子女投保以死亡为给付保险金条件的每一份保险合同，以下三项可以不计算在前款规定限额之中。

（一）投保人已交保险费或被保险人死亡时合同的现金价值；对于投资联结保险合同、万能保险合同，该项为投保人已交保险费或被保险人死亡时合同的账户价值。

（二）合同约定的航空意外死亡保险金额。此处航空意外死亡保险金额是指航空意外伤害保险合同约定的死亡保险金额，或其他人身保险合同约定的航空意外身故责任对应的死亡保险金额。

（三）合同约定的重大自然灾害意外死亡保险金额。此处重大自然灾害意外死亡保险金额是指重大自然灾害意外伤害保险合同约定的死亡保险金额，或其他人身保险合同约定的重大自然灾害意外身故责任对应的死亡保险金额。

三、保险公司在订立保险合同前，应向投保人说明父母为其未成年子女投保以死亡为给付保险金条件人身保险的有关政策规定，询问并记录其未成年子女在本公司及其他保险公司已经参保的以死亡为给付保险金条件人身保险的有关情况。各保险合同约定的被保险人死亡给付的保险金额总和已经达到限额的，保险公司不得超过限额继续承保；尚未达到限额的，保险公司可以就差额部分进行承保，保险公司应在保险合同中载明差额部分的计算过程。

四、保险公司应在保险合同中明确约定因未成年人死亡给付的保险金额，不得以批单、批注（包括特别约定）等方式改变保险责任或超过本通知规定的限额进行承保。

五、保险公司应积极引导投保人树立正确的保险理念，在注重自身保险保障的基础上，为未成年人购买切合实际的人身保险产品。

六、保险公司应进一步完善未成年人人身保险的有关业务流程，强化投保、核保等环节的风险管控，在防范道德风险的同时，为未成年人提供更加丰富多样的保险保障，保护未成年人合法权益。

七、本通知自 2016 年 1 月 1 日起执行。中国保监会《关于父母为其未成年子女投保以死亡为给付保险金条件人身保险有关问题的通知》（保监发〔2010J95 号）自本通知执行之日起废止。

中国保监会

2015 年 9 月 14 日

引导问题 4：受益人的主体资格认定依据？受益人受益权享有的前提是什么？

____

____

____

____

____

知识要点：

人身保险合同中的受益人必须由被保险人或投保人指定，投保人可以为受益人。由投保人指定受益人的，须经过被保险人同意方才有效。《保险法》仅对保单中受益人指定有一条法律限定，即投保人为与其有劳动关系的劳动者投保人身保险的，不得指定被保险人及其近亲属以外的人为受益人。通常情况下，受益人如果不是投保人，则多为与其有亲属关系、利害关系的自然人，投保单与保单中也要求注明受益人与被保险人身份关系。由于婚姻关系存在变动的可能性，关于受益人与被保险人的身份关系发生变动的情况，在合同未做其他约定的时候，应按我国保险法律相关规定：受益人仅约定为身份关系。投保人与被保险人为同一主体的，根据保险事故发生时与被保险人的身份关系确定受益人；投保人与被保险人为不同主体的，根据保险合同成立时与被保险人的身份关系确定受益人；但是如果受益人的约定包括姓名和身份关系，保险事故发生时身份关系发生变化的，则认定为未指定受益人。

受益人的受益权以被保险人死亡时尚生存为条件，若受益人先于被保险人死亡，则受益权应回归被保险人，而不能由受益人的继承人继承受益权。但若被保险人先死亡，受益人后死亡，则受益权由受益人的继承人继承。为了解决因受益人和被保险人同时遇难而没有证据表明谁先死亡的情况下造成的保险金给付难题，国际上有通行的“共同灾难条款”，在我国，《保险法》第四十二条也做了相应规定：当受益人和被保险人共同遇难无法判断死亡顺序时，推定为受益人先死亡，身故保险金作为被保险人的遗产由保险人依照《中华人民共和国民法典》的规定履行给付保险金的义务，并按照保险法律的相关规定确定保险金归属。

【专栏 3-1-4】

部分受益人死亡，保险金应如何分配？

案情简介：

2000 年 5 月 17 日，林某为自己投保了人寿保险，约定受益人为自己的妻子和大儿子、二儿子。其中，妻子受益比例为 4/10，而两个儿子各为 3/10。（注：林某还有三儿子，没有被指定为受益人。）2001 年，林某的大儿子由于车祸去世，留下妻子和一个女儿。2006 年 8 月 11 日，林某从高处摔下死亡。林某的二儿子、妻子以及大儿子的妻子均向保险公司提出索赔，并就林某大儿子和三儿子是否能作为受益人，以及这一部分保险金应当如何分配产生争议，并诉至法院。

请问：保险合同中指定数个受益人，保险金应如何分配？如果保险合同存在数个受益人的情况，先于被保险人死亡的受益人的那部分保险金该如何分配？本案应如何处理？

案例分析：

（1）受益人可以为一人，也可以为数人。受益人为数人时，在保险合同中规定了三种分配方式：均分、比例和顺位。其中，均分是指保险单上所有列明的受益人平均分配保险金；比例是指保险单上指明的受益人领取保险金的比例；顺位是指只有在位于前面的受益人身故的情况下，后继受益人才有权领取保险金，如果排位在前的受益人生存，则保险金归他一人所有。一般来说，在保险合同中，通常可以约定多个受益顺位，每个顺位内部都有不同数量的受益人，每个受益人的受益比例可以单独指定，如不指定则按均分处理。

(2) 如果投保人选择了顺位的受益方式，则部分受益人先死亡并不产生什么影响，排位在前的受益人可以领取全部保险金。但是，当投保人选择的是按比例受益的情况时，如果部分受益人先行身故，那么他的那部分保险金是作为被保险人的遗产，由被保险人继承，还是由生存的受益人按一定比例领取，或者是由其他受益人均分其保险金呢？

根据我国《保险法》的规定，保险金作为被保险人的遗产，由被保险人的继承人请求保险金的情况有三种（参考《保险法》第四十二条），上述部分受益人丧失受益权，部分受益人享有受益权的情况不属于三种情况中的任何一种，因此，不能将丧失受益权的部分指定受益人的受益份额作为被保险人的遗产。本案法院一审认为，林某的大儿子因为先于被保险人死亡，该部分保险金应当作为林某的遗产，由其继承人按照相应关系获得继承的判决不合适。

(3) 如果选择的是均分的受益方式，那么当部分受益人先行死亡时，保险金由余下的受益人平均领取。但在本案中由于保险单上注明是按比例受益，则当部分受益人先于被保险人死亡时，他的那部分保险金在余下的受益人之间按照原来的受益比例分配。所以，本案中被保险人的大儿子与三儿子都不应获得保险金，而本该属于大儿子的那部分保险金应该在被保险人的妻子和二儿子之间进行分配。

【专栏 3-1-5】

指定受益人的常见误区及注意事项

一、指定受益人的常见误区

1. 未指定或指定不明。有的保单在受益人一栏为空白或虽然填写姓名但没有填写身份证号码导致无法认定，这种情况属于受益人未指定或指定不明。根据《保险法》第四十二条的规定，被保险人死亡后，有下列情形之一的，保险金作为被保险人的遗产，由保险人依照《中华人民共和国民法典》的规定履行给付保险金的义务：(一) 没有指定受益人，或者受益人指定不明无法确定的，在保单受益人未指定或指定不明的情况下，保险金将作为被保险人的遗产由被保险人的继承人按照《民法典》相关规定进行继承。在这种情况下，投保人和被保险人将面临两大风险：一是保险金将面临被保险人债务及税务（遗产税）的威胁，因为保险金作为被保险人的遗产须先清偿其税款和债务，《民法典》第一千一百五十九条规定："分割遗产，应当清偿被继承人依法应当缴纳的税款和债务；但是，应当为缺乏劳动能力又没有生活来源的继承人保留必要的遗产。"二是保险金有可能传承给被保险人并不愿意给予的继承人，同时由于面临多人分配可能导致家庭不和。因为按照《民法典》的规定，在这种情况下，保险金一般按照法定继承办理，由被保险人的法定第一顺位继承人继承。而被保险人的法定继承人按照《民法典》第一千一百二十七条的规定，遗产按照下列顺序继承：第一顺序：配偶、子女、父母；……本编所称子女，包括婚生子女、非婚生子女、养子女和有扶养关系的继子女。本编所称父母，包括生父母、养父母和有扶养关系的继父母。”也就是说被保险人的子女、养子女、继子女、父母、养父母、继父母、配偶都是第一顺位继承人，都有权继承该保险金。

2. 仅填写“法定”或“法定继承人”。在保单受益人一栏仅填写“法定”或“法定继承人”，保单一栏仅填写“法定”是否属于“未指定或指定不明”。对此很多人有误解，很多保险业务员会宣称如果仅填写“法定”属于“未指定或指定不明”，保险金将会作为被保险人的遗产进行分配。对此，《最高人民法院关于适用<中华人民共和国保险法>若干问题的解释（三）》第九条对此专门规定：“当事人对保险合同约定的受益人存在争议，除投保人、被保险人在保险合同之外另有约定外，按以下情形分别处理：(一) 受益人约定为‘法定’或者‘法定继承人’的，以民法典规定的法定继承人为受益人。”而继承法规定的法定继承人有明确的范围，因此，此种情况不属于“未指定或指定不明”，保险金应支付给法定继承人，而不是作为被保险人的遗产进行分配。

当然，此种情况下，对于投保人或被保险人来说很难实现其财富传承的真正意愿，一方面法定继承人众多，加上复杂的程序，可能导致保险金的领取难度很大、持续时间长；另一方面，保险金也很难按照被保险人的意愿指定传承。

3. 指定多人，未明确份额及顺序。在保单受益人一栏填写多人，但未明确份额及顺序，或仅明确份额未明确顺序，或仅明确顺序未明确份额。《最高人民法院关于适用〈中华人民共和国保险法〉若干问题的解释（三）》第十二条规定：“投保人或者被保险人指定数人为受益人，部分受益人在保险事故发生前死亡、放弃受益权或者依法丧失受益权的，该受益人应得的受益份额按照保险合同的约定处理；保险合同没有约定或者约定不明的，该受益人应得的受益份额按照以下情形分别处理：(一) 未约定受益顺序及受益份额的，由其他受益人平均享有；（二）未约定受益顺序但约定受益份额的，由其他受益人按照相应比例享有；(三) 约定受益顺序但未约定受益份额的，由同顺序的其他受益人平均享有；同一顺序没有其他受益人的，由后一顺序的受益人平均享有；（四）约定受益顺序及受益份额的，由同顺序的其他受益人按照相应比例享有；同一顺序没有其他受益人的，由后一顺序的受益人按照相应比例享有。”根据该条可以推论出，受益人为多人，份额和顺序均未明确的，由全部受益人平分保险金；只约定份额的，全体受益人按约定份额分配保险金；只约定顺序的，由同一顺位受益人平分保险金。因此，我们可以看出，要达到指定传承的目的，在受益人为多人时应根据家庭情况约定顺序及受益份额。

4. 受益人身份变化未及时变更或变更无效。在保单受益人一栏填写身份+姓名如"妻子王某某"或仅填写身份"妻子"。如果随后被保险人婚姻发生变化，即被保险人的妻子变成"谢某某"，则此时保单受益人究竟是"王某某"还是"谢某某"还是指定不明？如果保单受益人仅约定为身份关系，《最高人民法院关于适用〈中华人民共和国保险法〉若干问题的解释（三）》第九条规定："（二）受益人仅约定为身份关系的，投保人与被保险人为同一主体时，根据保险事故发生时与被保险人的身份关系确定受益人；投保人与被保险人为不同主体时，根据保险合同成立时与被保险人的身份关系确定受益人。"也就是说这种情况下，要确定谁为受益人，需看保单的投保人和被保险人是否为同一人，如果不是同一人，受益人为保单订立时被保险人的妻子即被保险人的前妻"王某某"；如果保单的投保人和被保险人为同一人，受益人为保险事故发生时被保险人的妻子即现任妻子"谢某某"。

如果保单受益人约定为身份+姓名，《最高人民法院关于适用〈中华人民共和国保险法〉若干问题的解释（三）》第九条规定："（三）约定的受益人包括姓名和身份关系，保险事故发生时身份关系发生变化的，认定为未指定受益人。"按照此条规定，后来身份发生变化的，视为未指定受益人，则保险金将作为被保险人的遗产按照《民法典》的规定进行法定继承。

二、指定受益人的注意事项

（1）在签订保单时需在保单上明确指定受益人。

（2）指定受益人时需考虑到受益人的人身风险，建议做好预案即约定好第二顺位、第三顺位受益人，如果想一次指定几位受益人，则可以同时约定几位受益人并约定好受益份额。

（3）明确填写受益人姓名及身份证号码，一般不建议在指定受益人时仅填写身份或身份+姓名，如填写身份的，要关注保单上受益人身份的变化；如因家庭变动受益人身份发生变化的，投保人及保险人要及时根据自己的意愿更改受益人。

（资料来源：https://www.lawtime.cn/article/lll1198681511198732450o512328。）

二、人身保险合同的客体

引导问题1：人身保险的保险利益是指什么？和财产保险的保险利益有什么区别？

____

____

____

____

____

知识要点：

人身保险的保险利益，是指投保人对于被保险人的寿命和身体所具有的利害关系。但是，这种利害关系，与财产保险的保险利益中的那种单纯经济利害关系是有区别的。人身保险的保险利益实际上并不直接体现为投保人对保险标的的利害关系，而更多体现为投保人和被保险人之间的人身依附关系或者信赖关系。因此，这种关系有时虽须顾及经济上的利益但并不单纯以金钱所能估计的利益为限。如果投保人与被保险人之间具有法律上认可的某种关系，即视为有保险利益，至于实际上的利害关系如何准确计算，则不予考虑。

人身保险合同的保险利益具有以下特征：

(1) 合法性，人身保险合同的保险利益必须是合法利益，包括依法律的直接规定所产生的利益和依当事人的约定所产生的合法利益。

(2) 确定性，人身保险合同的保险利益必须是确定的现有利益。

(3) 人身保险合同的保险利益不能用金钱来衡量，不存在代位追偿问题。

(4) 人身保险的保险利益必须在合同成立时存在，如果在订立合同时保险利益不存在，则订立的合同无效。

引导问题 2：投保人对哪些人员具有保险利益？你可以为哪些人购买人身保险？

____
____
____
____
____

知识要点：

人身保险按投保方式不同，一般可分为投保人以自己的生命或身体投保的人身保险和投保人以他人的生命或身体投保的人身保险两种。我国《保险法》第五十三条规定："投保人对下列人员具有保险利益：①本人；②配偶、子女、父母；③前项以外与投保人有抚养、赡养或者扶养关系的家庭其他成员、近亲属。④与投保人有劳动关系的劳动者。除前四项外，被保险人同意投保人为其订立合同的，视为投保人对被保险人具有保险利益。"

1. 本人对自己的生命和身体的保险利益

任何人都对自己的生命和身体具有无限的保险利益，这是各国法律都承认的一条原则。因此，任何人都可以为自己投保任何保险责任的人身保险合同，保险金额则一般根据投保人的缴费能力以及其实际需要确定。

2. 投保人对配偶、子女、父母的生命和身体的保险利益

因为配偶之间、父母与子女之间具有法律规定的扶养、抚养或赡养义务，被保险

人的死亡或伤残会造成投保人的经济损失，因而投保人对其配偶、父母、子女具有保险利益，可以作为投保人为他们投保。但是也需要被保险人同意。如果子女是未成年人，可以不需要被保险人本人签字。

3. 投保人对家庭其他成员、近亲属的保险利益

与投保人具有抚养、赡养或者扶养关系的家庭成员、近亲属的伤亡，可能会给投保人带来经济上的损失，因此，投保人对他们具有保险利益，可以为他们投保，但是，需要被保险人本人同意。例如，父母对于领养的孩子，就有保险利益。

4. 投保人对同意其订立合同的被保险人的保险利益

被保险人同意投保人为其订立合同的，视为投保人对被保险人具有保险利益。这主要限于投保人的合伙人、债务人以及雇员等。例如，对于合伙经营，一旦一方合伙人死亡，则可能导致合伙经营的事业难以为继，使另一方合伙人遭受损失，因此合伙人之间互有保险利益。

三、人身保险合同的内容

引导问题 1：人身保险合同的基本条款和特约条款由哪些事项组成？

根据所学知识完善如表 3-1-1 所示内容。

表 3-1-1　人身保险合同包含事项

人身保险合同包含事项	
基本条款	1. 保险人的名称和住所
	2. 投保人、被保险人、受益人的名称和住所
	3.
	4.
	5.
	6.
	7.
	8.
	9.
	10.
特约条款	1. 附加条款
	2.

任务要求及步骤

任务一

2018 年 5 月，刘女士通过某保险公司的代理人为自己和丈夫吴先生分别投保了一份保额为 10 万元的终身寿险。在保险单被保险人一栏签名时，吴先生正好出差在外，就由刘女士代签了，于是刘女士就代丈夫在保险单上签下了丈夫的名字。2019 年 10 月，吴先生不幸发生意外去世，刘女士向保险公司提出理赔。保险公司在核赔时对比签名的笔迹，发现被保险人一栏不是吴先生亲笔签名，而是刘女士代签，遂以保险公司需经被保险人同意为由，拒绝承担赔偿责任。

根据上述案例，讨论投保人代被保险人签名，保险合同是否有效？

任务二

根据所学知识完善如表 3-1-2 所示内容。

表 3-1-2　人身保险合同的主体构成及相关资格

人身保险合同主体	当事人	投保人	具有民事权利能力和民事行为能力的自然人、法人或非法人组织
		保险人	
	关系人	被保险人	
		受益人	
	中介人	保险代理人	
		保险经纪人	
		保险公估人	

任务三

在实训软件中完成定期寿险和终身寿险项目“条款文件”的学习，并结合条款规定分析“生活案例”，在笔记栏完成相关知识点学习的记录。

步骤1：登录以渔有方实训平台 www.iyyyf.com，进入“以渔有方保险综合实训软件V1.0”，可进入如图3-1-2所示“我的应用”界面。

图3-1-2 “我的应用”界面

步骤2：在图3-1-2的“我的应用”界面中点击“进入应用”按钮，可进入保险综合实训子系统“实训项目”界面。通过右方“目录”栏可切换实验项目，如图3-1-3所示。

图3-1-3 “实训项目”界面

步骤3：点击图3-1-3的下方“条款文件”和“生活案例”可进行学习和分析，如图3-1-4所示。

图3-1-4　理论学习

步骤4：点击图3-1-4“笔记栏”，完成相关理论知识点的学习笔记记录，如图3-1-5所示。

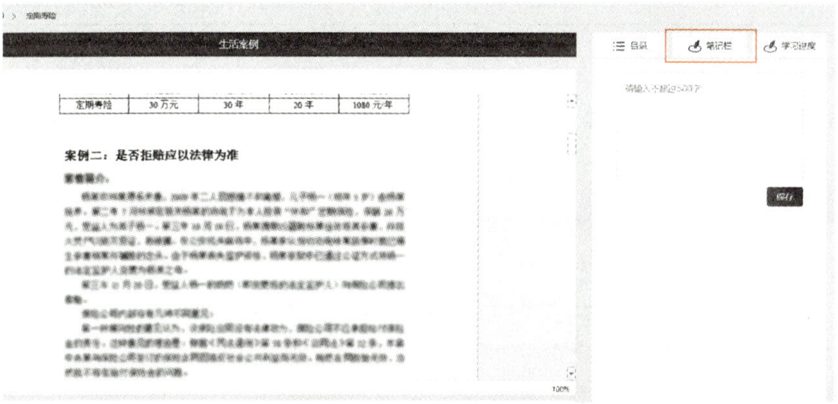

图3-1-5　进入笔记栏记录

小组计划与分工

小组计划与分工如表 3-1-3 所示。

表 3-1-3 小组计划与分工

任务内容	组员姓名	任务分工	评价

分析与总结

项目二 人身保险合同的订立与履行

情景描述

2015 年 9 月 29 日，某公司为全体职工投保了团体人身意外伤害保险，保险公司收取了保险费并当即签发了保险单。但是在保险单上列明的保险期间自 2015 年 10 月 1 日起至次年 9 月 30 日止。2015 年 9 月 30 日，该公司的职工赵某登山，不慎坠崖身亡，事故发生后，赵某的亲属向保险公司提出了索赔申请，但是保险公司却拒绝予以赔付。请问保险公司是否应该履行赔偿责任？请结合思考保险合同成立与生效的联系和区别？

学习目标

- 了解人身保险合同的订立程序。
- 掌握人身保险合同成立与生效的要件。
- 熟悉人身保险合同当事人义务的履行。

能力要求

- 熟悉《民法典》和《保险法》关于合同订立及履行的相关规定。
- 能够独立判断人身保险合同是否成立并生效。
- 能够运用相关条款分析案例，具备一定的分析能力。

知识准备

一、保险合同的订立与效力

引导问题 1：请描述人身保险合同订立的过程。有效要约应具备哪些要件？

知识要点：

合同订立的过程就是双方当事人之间就合同内容通过协商达成协议的过程，任何合同的订立都必须经过要约和承诺两个阶段。根据《保险法》的规定，投保人提出保险要求，经保险人同意承保，保险合同成立。

要约是一方当事人以缔结合同为目的，向对方当事人提出合同条件，希望对方当事人接受的意思表示。发出要约的人称为要约人，接收要约的人称为受要约人。一个有效的要约应具备以下四个要件：①要约必须向相对人提出；②要约应明确合同的主要内容；③要约应明确表达缔约愿望；④要约在有效期内对要约人具有约束力。

要约具有一定的法律意义，要约生效后，要约人不得撤回或变更其要约。因为在要约有效期内受要约人可能因接到要约而拒绝他人的要约，或已为履行合同做了某些准备，如果要约人随意撤回或变更其要约，受要约人可能为此而蒙受损失。要约生效后，受要约人即获得承诺的权利，但受要约人没有必须承诺的义务。要约发生后，遇到下列情况要约人不再受要约的约束：①要约被受要约人拒绝；②承诺期限已过；③要约在其发生效力之前由要约人撤回。

引导问题2：投保人进行投保时需要考虑哪些因素？

知识要点：

投保人在投保时，第一，应考虑自己需要何种保障，可能面临的风险有哪些，进而通过咨询等方式，明确所要投保的险种；第二，选择经营稳健、有良好信誉的保险人，询问其是否可提供所需的险种，并索取有关条款或资料进行认真研究；第三，提出投保要求，并按照保险人的要求如实告知被保险人的主要风险情况及所需的风险保障，同时可要求保险人提供有关保险条款，保险人应根据规定对合同主要内容特别是免责内容进行明确说明。

引导问题3：承诺一般要具备哪些条件？是否可撤回？

知识要点：

承诺是指受要约人做出的同意要约的全部内容以成立合同的意思表示。承诺要约的人可称为承诺人，承诺人一定是受要约人，但受要约人不一定是承诺人。承诺一般要具备以下条件：①承诺必须由受要约人本人或有订立合同代理权的人向要约人做出；②承诺的内容应当与要约的内容完全一致；③承诺必须在要约规定的期限内做出；④承诺必须以要约要求的形式予以答复。

承诺的法律效力表现为要约人收到受要约人的承诺时合同即告成立。承诺和要约一样，准许在送到对方之前或同时撤回，但迟到的撤回承诺的通知不发生撤回承诺的效力。

引导问题4：保险合同是不是成立即生效？生效要件是什么？

知识要点：

合同的成立与生效是两个不同的法律概念。合同的成立，意味着缔约当事人之间的意思表示一致。人身保险合同是在受要约人（一般为保险人）做出承诺时成立。合同的生效，是指已经成立的合同因符合法定或约定的有效要件，从而使其所具有的法律效力得以实际发生。人身保险合同的生效是指保险合同对当事人双方发生约束力，即保险合同条款产生法律效力。

合同的生效要件，包括法定生效要件和约定生效要件两大类。法定生效要件是法律明确规定的合同生效条件。在我国，法定生效条件按《民法典》的规定，包括当事人有相应的民事权利能力与民事行为能力，双方意思表示真实，合同内容不违反法律或者社会公共利益。但《保险法》还规定了人身保险合同的特别生效要件，特别生效要件主要有三点：①人身保险合同订立时投保人对被保险人必须具有保险利益；②死亡保险合同必须经被保险人同意并认可保险金额；③只有父母才可以为无民事行为能力的子女投保以死亡作为保险金条件的人身保险合同。

合同除了法定生效要件外，当事人还可在合同中规定一定的要件，将要件的成就作为合同效力产生的依据，此即约定生效要件。合同中所附的要件可以是条件，也可以是期限。在有约定生效要件存在的情况下，合同必须在法定生效要件和约定生效要件均符合的情况下才能生效。

在实务中，人身保险合同多为附条件和附期限生效的合同，通常都以签发保单、缴纳保费为合同生效的要件，同时又常见以零时起保制规定签单次日或约定日零时为合同生效起始期限。所以，人身保险合同往往是在合同成立后才生效。

【专栏 3-2-1】

保险合同是否成立?

案例简介:

某年 10 月 5 日，徐某经保险代理人王某介绍签署了一份某保险公司的寿险投保书。该投保书基本内容为：主险合同为终身寿险，保险金额为 100 万元；附加人身意外伤害保险，保险金额为 200 万元。受益人注明为徐母。缴费方式为半年交一次。投保须知中注明，本投保书为保险合同的组成部分，保险合同自投保人缴纳首期保险费并经保险公司审核同意承保后成立，合同生效日及保险责任开始日以保险单所载日期为准。在投保书签署的次日，徐某交付了首期保费并从王某处取得某保险公司的保费收据。10 月 17 日徐某进行了体检，医院于次日 9 时至 10 时 20 分出具了体检报告。10 月 18 日凌晨徐某被杀害。保险公司收到体检报告后，安排王某通知徐某补交保费 20 元。在通知过程中，王某得知徐某身故。受益人徐母向保险公司索赔，遭保险公司拒付，理由是：保单尚未签发，合同不成立。受益人诉至法院。请问本案保险合同是否成立？说明理由。

分析要点:

(1) 我国《保险法》第十三条规定:“投保人提出保险要求，经保险人同意承保，保险合同成立。保险人应当及时向投保人签发保险单或者其他保险凭证。保险单或者其他保险凭证应当载明当事人双方约定的合同内容。当事人也可以约定采用其他书面形式载明合同内容。依法成立的保险合同，自成立时生效。投保人和保险人可以对合同的效力约定附条件或者附期限。”本法条告诉我们，保险合同成立须经过要约和承诺两个阶段；而保险合同附生效条件的，待条件成熟时合同才生效。

(2) 本案中的投保须知中注明：本投保书为保险合同的组成部分，保险合同自投保人缴纳首期保险费并经保险公司审核同意承保后成立，合同生效日及保险责任开始日以保险单所载日期为准。也就是说，本案合同的成立与生效均是附条件的，只有当条件成熟时，合同才成立或生效。虽然本案中已缴纳首期保险费，但并未经保险公司审核同意承保，故没有具备合同成立约定的条件。本案约定合同生效日及保险责任开始日以保险单所载日期为准，而本案保险单还未出具，其所载日期未知，因此，合同生效附的时间条件也没有成熟，从而更谈不上合同生效了。

(3) 如果保险人对投保人要约的内容做出实质性变更，不能视为承诺，而应视为反要约。保险合同在订立过程中往往会经过多次要约与反要约才会成立。本案中保险人提出的体检及补交保费20元即为反要约。在这种情况下，如果被保险人对于此加费表示同意，则为承诺，合同即可成立；而本案中，被保险人在接到加费通知前即已被杀害，从而，作为保险人的反要约之一，被保险人也无法做出承诺了。因此，仅从这一点上也可以说明保险合同没有成立。

(4) 值得指出的是，根据《最高人民法院〈中华人民共和国保险法〉司法解释(二)》第四条的规定："保险人接受了投保人提交的投保单并收取了保险费，尚未作出是否承保的意思表示，发生保险事故，被保险人或者受益人请求保险人按照保险合同承担赔偿或者给付保险金责任，符合承保条件的，人民法院应予支持；不符合承保条件的，保险人不承担保险责任，但应当退还已经收取的保险费。保险人主张不符合承保条件的，应承担举证责任。"

(5) 综上所述，本案如果被保险人不符合第(4)点提出的承保条件，保险公司可以不承担死亡给付责任，但保险人应退还保险费；但如果符合承保条件，保险人应承担给付保险金的责任。

【专栏3-2-2】

人身保险合同的无效规定

无效保险合同是指不发生法律效力，法律不予保护的保险合同。按照无效的程度，保险合同的无效可分为全部无效和部分无效两种。全部无效是指合同的全部内容自始不产生法律约束力，根据《民法典》的规定，如一方以欺诈、胁迫的手段订立的损害国家利益的合同；恶意串通损害国家、集体或第三人利益的合同；合法形式掩盖非法目的的合同；损害社会公共利益的合同；违反法律和行政法规的强制性规定的合同，被认定为无效合同。而根据《保险法》的规定，违反保险利益原则的保险合同等也为无效合同。部分无效是指合同的部分内容不具有法律约束力，但合同的其余部分内容仍然有效。如在保险合同中善意的超额保险其超额部分无效，但非超额部分仍然有效；提供格式条款一方免除责任、加重对方责任、排除对方主要权利的条款无效，但其他条款有效等情况。

无效合同的处理：①返还财产。保险合同被确认无效后，因其自始无效，当事人双方应将合同恢复到履行之前的状态，即保险人应将收取的保费退还投保人；发生保险金额赔偿或给付的，被保险人应将该项金额返还保险人。②赔偿损失。对无效保险合同给当事人造成损失的，由过错的一方赔偿；如果是双方的过错，则相互赔偿。③追缴财产。对于违反国家利益和社会公共利益的保险合同，应当追缴财产，收归国库。追缴的财产包括当事人双方已经取得和约定取得的财产。追缴时应注意保护非故意方的利益。

二、人身保险合同的履行

根据所学知识请完成如表 3-2-1 所示的内容。

表 3-2-1 人身保险合同投保人和保险人义务的履行及相关规定

人身保险合同的履行	投保人义务	交付保险费	《保险法》要求投保人在保险合同成立后，按照约定一次性或分期交付保险费
	保险人义务	条款说明	《保险法》规定，订立保险合同，采用保险人提供的格式条款的，保险人向投保人提供的投保单应当附格式条款，保险人应当向投保人说明合同内容

任务要求及步骤

任务一

案例讨论

（1）2018 年 10 月 5 日，谢某向信诚人寿申请投保人寿险 100 万元，附加长期意外伤害保险 200 万元，填写了投保书，并按要求缴纳了首期保险费共计 11 944 元。信诚人寿审核谢某的投保资料时发现，谢某投保高达 300 万元的保险金额，却没有提供相应的财务状况证明。为防范道德风险，10 月 10 日信诚人寿向谢某发出照会通知书，要求谢某 10 天内补充提供有关财务状况的证明，并按核保程序要求进行身体检查，否则视为取消投保申请，将向其退回预交保费。10 月 17 日，谢某到信诚人寿公司进行了身体检查，但仍未提交财务状况证明。10 月 18 日凌晨谢某在其女友家中被其女友前男友刺杀致死。10 月 18 日上午 8 时，信诚人寿接到医院的体检结果，因谢某身体问题，需增加保险费才能承保。信诚人寿再次发出书面照会，通知谢某需增加保费，提交财务证明，才能承保，请谢某决定是否接受以新的保费条件投保。谢某家人称谢某已经出国，无法联络。2018 年 11 月 13 日谢母向信诚人寿方面告知保险事故并提出索赔申请。

小组讨论分析：信诚人寿应该如何处理？

（2）2010 年 4 月 29 日，某公司为全体员工投保了团体人身意外伤害保险，保险公司收取保险费并当即签发了保险单。保险单上列明的保险期间自 2010 年 5 月 1 日零时起至 2011 年 4 月 30 日 24 时止。2010 年 4 月 30 日下午 3 时许，该公司员工王某登山，不慎坠崖身亡，事故发生后，王某的亲属向保险公司提出了索赔申请。

小组讨论分析：保险公司应如何处理？

（资料来源：http://www.qzr.cn。）

任务二

小组绘制人身保险合同订立与履行的简易流程图，并讨论合同无效、终止、中止及复效的情形有哪些？

流程图可参考图 3-2-1。

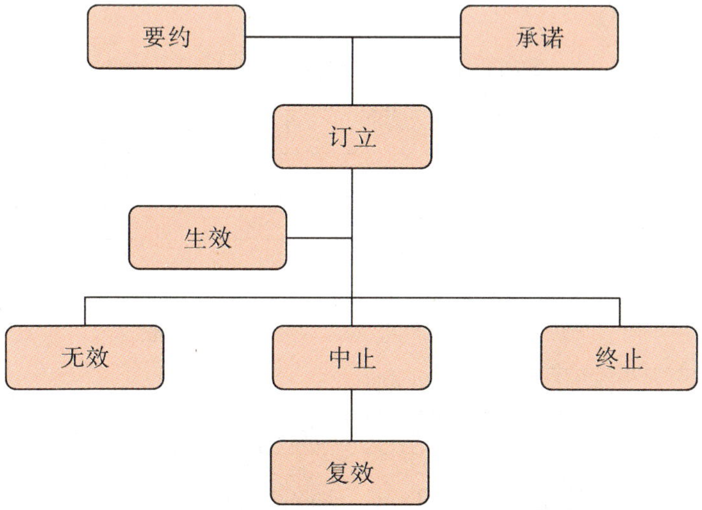

图 3-2-1　人身保险合同订立与履行的流程图

小组计划与分工

小组计划与分工如表3-2-2所示。

表3-2-2 小组计划与分工

任务内容	组员姓名	任务分工	评价

分析与总结

附件　人身保险合同订立的形式

1. 投保单

保险投保书

投 保 须 知

感谢您选择复星联合健康保险股份有限公司为您服务，请您在投保之前仔细阅读以下提示：

1. 为了使您详知所投保的保险内容并维护您的合法权益，请在投保之前仔细阅读保险条款，并确认已了解保险条款的各项内容(注意保险责任、责任免除、犹豫期、退保等关键信息)。

2. 投保资料是投保人向本公司申请投保的重要文件，本公司对投保资料及告知内容承担保密义务。

3. 投保人(被保险人)在投保时应如实告知投保流程中的各项内容，不得故意隐瞒或不实告知，否则本公司有权依据法律规定及本保险合同约定解除保险合同，所有告知事项均以书面告知为准，口头告知无效。同时您的个人信息(地址、电话等)将作为计算保险费、核保、寄送函件、电话回访等服务的重要依据，请您提供真实、完整的信息，否则将不利于保护您的合法权益。本公司承诺：未经客户同意，不会将客户信息用于本公司和第三方机构的销售活动。

4. 如果投保人选择分期交纳保险费，请投保人根据自身的财务状况，选择合适的交费期限和交费金额，无法持续交纳保险费可能导致保险 合同效力中止或合同解除。本公司将于续期保费应缴日前向投保人发出交费提示。

5. 投保人应对被保险人有保险利益；如为未成年人投保以死亡为给付责任的保险，投保人须为未成年人的父母，且身故保险金总和不能超 过保险监督管理机构的规定额度。

投保人	姓名:	性别：	出生日期：	与被保险人关系：
	回访电话：	移动电话：	固定电话：	
	证件名称：身份证	证件号码：	有效期至：　年　月　日	
	国籍：中国	职业名称：	职业代码：	
	工作单位：	E-mail：		
	通讯地址：		邮政编码：	

被保人	姓名：	性别：	出生日期：	联系电话：
	国籍：中国	现住址：		邮政编码：
	证件名称：身份证	证件号码：		有效期至：2025 年 06 月 27 日
	工作单位：	职业名称：		职业代码：

身故受益人信息

身故受益人姓名	性别	是被保险人的	证件号码	受益顺序	受益比例
				1	100%

保险计划

险种名称	基本保险金额	交费频次	交费期间	首期核定后保费
复星联合妈咪保贝少儿重大疾病保险	500 000	年交	20 年	780.00
身故保险金或全残保险金				
轻症疾病保险金				
轻症疾病或中症疾病豁免保险费				
少儿特定疾病和罕见疾病保险金				
首次重大疾病保险金				
中症疾病保险金				
第二次重大疾病保险金				
首次重大疾病豁免保险费				
			首期保险费合计：	780.00

首期保险费合计：780.00	首期交费方式：	续期交费方式：授权银行扣款
一年期主险/一年期附加险是否自动申请续保：		
目前被保险人是否享有社会医疗保险或公费医疗保障：		
划款银行：农业银行	续期转账账号：	交费频率：年交

投保人转账授权：请认真阅读下述授权声明信息并确认。

1. 本投保书所填写银行及账号是投保人本人的开户银行及账号，投保人授权该银行从此账户支付与保险公司约定的各期保险费及暂收保险费并接收贵公司的各种退费。本人已在结算账户中保留开户银行所要求的最低存款余额，公司于核保通过或续期应缴日开始转账，若因账户存款余额不足造成的转账不成功，致使保险合同不成立或不能持续有效，引起的责任将由投保人承担。

2. 投保人终止付款授权、变更付款授权账户时，应该于当期保险费到期日的 30 天前(含 30 天) 向保险公司递交书面申请，办理变更手续。因未及时办理变更手续而导致的结果，投保人承担相应的责任。

个人税收居民身份声明：

投保人确认本保单下投保人、被保险人、受益人均仅为中国税收居民。

提示：为了维护您的权益，如果您的联系地址、电话等个人信息发生变化，请拨打我公司全国统一客户服务和客户维权电话： 4006-11-7777 或到客服中心及时办理变更。

2. 保单

泰康人寿
Taikang Life

保险单

保险单号码：××××××

被保险人：

泰康人寿保险有限责任公司根据投保人和被保险人所填投保单签发本保险单，其保险责任范围均按保险单、保险条款、附加条款和批注办理。

盖章：泰康人寿保险有限责任公司

××××分公司

泰康人寿保险有限责任公司

保险单

币种：人民币

主险：××××××　　保险单号码：

投保人姓名：　　客户号：　　证件号码：

被保险人姓名：　　客户号：　　证件号码：

被保险人投保时年龄：周岁

保险合同成立日：××年××月××日　　保险合同生效日：

每期保险费：1599.00元　　基本保险金额：

交费方式：每年　　交费期间：××年

保险期间：自××年××月××日至××年××月××日

犹豫期：××日

保险责任：见条款

身故保险金受益人：　法定继承人

附加险	保险期间	保险金额（元）/基本保险金额（元）/档次/日额（元/天）	交费期间	保险费(元)
无				

保险费合计：　元

批注：

无

代理销售网点名称：××××××××××	
保险销售从业人员姓名：	工号：
保险公司专管员姓名：	工号：
保险人：××××××	客服电话：95522
公司地址：北京市昌平区科技园区科学园路21-1号(泰康中关村创新中心)1层	

现金价值金表

（以 100 000 元基本保险金额为单位）

保险单号码：××　　　　　　　　险种名称：×××××××××

投保人姓名：　　　　　　　　　被保险人姓名：

单位：元

保单年度	年末现金价值（不含年末生存给付）	保单年度	年末现金价值（不含年末生存给付）	保单年度	年末现金价值（不含年末生存给付）
1	779.00	11	5 614.00	21	6 912.00
2	1 702.00	12	5 716.00	22	7 081.00
3	2 714.00	13	5 824.00	23	7 258.00
4	3 840.00	14	5 938.00	24	7 445.00
5	5 094.00	15	6 057.00	25	7 641.00
6	5 171.00	16	6 183.00	26	7 848.00
7	5 251.00	17	6 315.00	27	8 066.00
8	5 335.00	18	6 453.00	28	8 296.00
9	5 424.00	19	6 599.00	29	8 539.00
10	5 517.00	20	6 752.00	30	0.00

注：1. 本表所列现金价值为保单年度末现金价值。投保人或本公司解除合同时，本公司向投保人退还本合同的现金价值。其数额按本公司接到投保人解除合同书面申请之日本合同的现金价值计算。

2. 本表仅适用于投保时合同确定的保险利益和基本保险金额，投保后所做的各项变更可能使本表不再适用。

泰康人寿〔2018〕两全保险 037 号

请扫描以查询验证条款

泰康悦行无忧两全保险条款

阅 读 指 引

本阅读指引有助于您理解条款，对本合同内容的解释凡条款已有约定的， 以条款约定为准。

您拥有的重要权益

您应当特别注意的事项

条款是保险合同的重要内容，为充分保障您的权益，请您仔细阅读本条款。

条款目录

3. 保费凭证

NO:000000002086749

保险费收费凭证

投保人: 保险合同号:
保险费交至日期：2021年06月29日 保险合同生效日期：2020-06-30

保险产品名称	保费合计
复星联合妈咪保贝少儿重大疾病保险	780.00

保险费合计金额：（大写）人民币柒佰捌拾元整 （小写）¥780.00

复星联合健康保险股份有限公司 保险费专用章

承保机构：复星联合健康保险总公司市场开发业务部多元渠道个经

备注：本收费凭证视为公司已收取上述保险费，如需正式发票请持本凭证到本公司换取。本凭证遗失不补。

项目三　人身保险的基本原则

情景描述

李小姐想给未婚夫陈先生投保一份保险期限 20 年的两全保险，可以向保险公司进行投保吗？与妻子离婚后，在双方对子女监护权协商未果之时，王先生可以为其子女购买人身保险吗？合同订立时投保人未据实向保险人告知保险标的有关风险情况，发生保险事故，保险公司是否要履行赔偿义务？请结合以上情景思考人身保险合同的基本原则包括哪些，以及在此情景中的具体体现？除上述提到的内容，投保人和保险人还需遵循哪些保险原则？

学习目标

- 掌握最大诚信原则的主要规定及违反该项原则的法律后果。
- 掌握人身保险业务中保险利益的特殊性。
- 了解近因原则的判定方法和具体运用。
- 熟悉损害赔偿原则及其派生原则的规定。

能力要求

- 熟悉各项原则的基本规定及其在实务中的具体运用。
- 明确保险利益原则在财产保险和人身保险业务运用中的主要区别。

知识准备

一、最大诚信原则

引导问题1：最大诚信原则的基本内容包括哪些？

知识要点：

最大诚信原则的基本内容包括如实告知、保证、如实说明、弃权与禁止反言。

引导问题2：投保人和保险人在实务中须遵循的最大诚信原则体现在哪些方面？

投保人：

保险人：

知识要点：

- 如实告知

如实告知是投保人的一项义务，是指投保人在订立保险合同时或订立合同之前，向保险人所做的口头或书面的陈述。

【专栏3-3-1】

最高人民法院关于适用《中华人民共和国保险法》若干问题的解释（二）（节选）

法释〔2020〕18号

第五条　保险合同订立时，投保人明知的与保险标的或者被保险人有关的情况，属于保险法第十六条第一款规定的投保人“应当如实告知”的内容。

第六条　投保人的告知义务限于保险人询问的范围和内容。当事人对询问范围及内容有争议的，保险人负举证责任。

保险人以投保人违反了对投保单询问表中所列概括性条款的如实告知义务为由请求解除合同的，人民法院不予支持。但该概括性条款有具体内容的除外。

最高人民法院关于适用《中华人民共和国保险法》若干问题的解释（三）（节选）

法释〔2020〕18号

第四条　保险合同订立时，被保险人根据保险人的要求在指定医疗服务机构进行体检，当事人主张投保人如实告知义务免除的，人民法院不予支持。

保险人知道被保险人的体检结果，仍以投保人未就相关情况履行如实告知义务为由要求解除合同的，人民法院不予支持。

知识要点：

- 保证

保证是指保险人和投保人在保险合同中约定，投保人担保对某一投保事项的作为或不作为，或担保某一事项的真实性。保证可以分为明示保证和默示保证。

- 如实说明

如实说明是保险人遵循最大诚信原则的主要体现。保险人的如实说明是法律规定的保险合同订立前的一项义务。保险人的如实说明义务，是指保险人在订立保险合同时，应当向投保人说明保险合同条款内容，特别是免责条款。

- 弃权与禁止反言

弃权与禁止反言是最大诚信原则的一项内容。弃权是指保险合同一方当事人放弃其在保险合同中可以主张的某种权利，通常是指保险人放弃合同解除权与抗辩权。禁止反言是指保险合同一方当事人既然已经放弃某种权利，那么日后不得再向对方主张这种权利，也称为禁止抗辩。弃权与禁止反言在实务中主要约束保险人。

构成保险人的弃权必须具备两个要件：首先，保险人须有弃权的意思表示，无论是明示还是默示的；其次，保险人必须知道有违背约定义务的情况及因此享有抗辩权或解约权。同时，根据弃权与禁止反言原则，一旦保险人弃权后不得再次主张此权利。例如，《保险法》第十六条第六款规定："保险人在合同订立时已经知道投保人未如实告知的情况的，保险人不得解除合同；发生保险事故的，保险人应当承担赔偿或者给付保险金的责任。"

引导问题3：违反如实告知义务主要有哪些表现？

引导问题4： 我国如实告知采用哪种方式？

知识要点：

投保人的告知形式目前主要为询问告知，即保险人将需要投保人告知的内容列在投保单的问询栏上，要求投保人如实填写。投保人对某些事实在未经询问时可以保持缄默，无须告知。如《保险法》第十六条第一款规定："订立保险合同，保险人就保险标的或者被保险人的有关情况提出询问的，投保人应当如实告知。"明确了我国投保人承担的是询问告知义务。

引导问题4： 对保证在保险合同中约定的事项进行举例。

引导问题5： 保险人的说明采用什么方式？

引导问题6： 举例说明弃权与禁止反言在实务中的应用。

引导问题7：诚信原则如何在保险合同的全过程中体现？

保险合同成立前：

______

______

______

保险合同履行中：

______

______

______

保险合同履行完毕后：

______

______

______

知识要点：

保险活动中的诚信原则主要体现在保险合同的全过程，包括保险合同成立前、保险合同履行中、保险合同履行完毕后三个方面。

（1）保险合同成立前，根据《保险法》第十六条、第十七条的规定，订立保险合同，保险人就保险标的或者被保险人的有关情况提出询问的，投保人应当如实告知。采用保险人提供的格式条款的，保险人向投保人提供的投保单应当附格式条款，保险人应当向投保人说明合同的内容。对保险合同中免除保险人责任的条款，保险人在订立合同时应当在投保单、保险单或者其他保险凭证上做出足以引起投保人注意的提示，并对该条款的内容以书面或者口头形式向投保人做出明确说明；未做提示或者明确说明的，该条款不产生效力。

（2）保险合同履行中，保险活动当事人应当按照《保险法》第二十一条、第二十七条、第三十二条、第四十九条、第五十二条、第五十六条、第一百一十六条、第一百三十一条等规定遵循诚实信用原则。

（3）保险合同履行完毕后，当事人应当按照《保险法》《民法典》的相关规定遵循诚信原则。例如，保险合同终止后，保险人应被保险人的请求有开具保险证明书的义务，在合同终止后对被保险人在合同方面的秘密有保密的义务。所有这些都体现了诚实信用原则。

引导问题8：违反最大诚信原则的法律后果是什么？

违反如实告知义务的法律后果：

______

______

违反保证义务的法律后果：

违反如实说明义务的法律后果：

知识要点：

《保险法》第十六条、第十七条、第二十一条、第二十七条、第三十二条、第四十三条、第四十九条、第五十二条、第一百一十六条、第一百三十一条、第一百六十二条、第一百六十六条、第一百七十一条、第一百八十条规定。

【专栏 3-3-2】

投保人未履行如实告知义务的法律后果

案情简介：

丁先生42岁，某公司职员，因胃痛住院治疗，经医生确诊其患胃癌。丁先生家属因担心其知情后情绪波动，不利于治疗，与医生协商后未将真实病情告诉丁先生，而假称其患胃溃疡。丁先生手术后出院，回单位正常上班。某日，丁先生在某保险公司代理人宣传后，向某保险公司投保重大疾病保险（二十年期）和住院医疗保险（一年期）。丁先生在填写投保单时没有告知代理人自己曾住院、开刀。参加保险半年后，丁先生胃癌复发，经医治无效死亡。丁先生的妻子以指定受益人的身份，持保险单向保险公司请求给付保险金。保险公司受理该案后，到丁先生曾入住的医院调查中发现，丁先生在投保前就已患胃癌并动过手术，于是以丁先生投保时未如实告知为由，拒绝给付保险金。丁先生妻子则以其丈夫投保时不知自己患胃癌为由，认为丈夫丁先生没有违反告知义务，要求保险公司依约支付保险金。双方争执不下，丁某妻子将保险公司告上法庭。

案例分析：

本案是一起关于最大诚信原则告知义务履行的人身保险索赔案。本案的关键在于被保险人在向保险公司投保时是否履行了如实告知义务。

违反如实告知义务必须同时具备主观和客观两个要件。主观要件是指义务人未如实告知是出于故意或过失；客观要件是指投保人未将其知道或应当知道的“足以影响保险人是否同意承保或者提高保险费率的重要事实”如实告知保险人。同时，从保险法理论上讲，履行告知义务要求告知的内容是对事实的陈述，而非准确地阐明观点。

本案丁先生向保险公司投保时，因不知自己当初是患何种疾病住院、开刀、治疗，而没有向保险人声明自己患胃癌，这一行为并不算违反告知义务。但是，丁先生对自己几个月前住院手术治疗、这一阶段的事实却没有加以说明，而这一事实对保险人来说又非常重要，这是问题的关键所在。本案投保人在主观上有违反最大诚信原则的行为，使保险公司丧失了在核保中进行继续调查取证的机会，从而在客观上也影响或误导了保险人对该保险标的核保的正确决定。因此，分析表明，保险公司根据《保险法》规定，有正当理由行使保险合同的解除权，并拒绝支付保险金。

值得注意的是，根据当时《保险法》（1995 年）第十七条的规定，以及人身保险合同中尚未列入不可抗辩条款，被保险人未履行如实告知义务，保险人的合同解除权并不受时间的限制。因此，保险人在本合同逾两年后仍可以拒绝赔偿并解除合同。

（案例来源：池小萍，刘宁. 保险学［M］. 3 版. 北京：高等教育出版社，2022.）

【专栏 3-3-3】

保险人未履行如实告知义务的法律后果

案情简介：

保险公司业务员甲为了提升业绩，向乙推销该公司人身保险产品。由于合同上责任免除栏中写有肝炎病史的保险公司将不予理赔，而乙在 2 年前患过肝炎，因此向甲提出询问是否可以购买，甲回答说没关系。于是乙放心地签订了合同。结果两个月之后就出现了一次事故，乙于是向保险公司提出索赔，但遭到保险公司拒绝，理由是合同上写有肝炎病史的免责条款。请问，保险公司能否拒赔?

案例分析：

业务人员甲代表着保险公司与乙商谈合同事宜，由于甲的不诚实行为（违反了最大诚信原则），言辞上令乙以为合同能有效，那么作为保险公司则不能在发生事故时再提出抗辩，因禁止反言的存在，保险公司必须遵守承诺，虽然合同上已有相关免责说明。

启示：诚信是社会主义核心价值观的重要内容，诚信建设是国家治理体系和现代化建设的重要根基。最大诚信原则要求投保人如实告知合同订立时的重要事实，如本人的健康状况、真实年龄等，不得提供虚假信息。没有告知，保险合同无效；对于保险公司或者保险代理人，也必须遵循最大诚信原则，不得对产品做言过其实的宣传，应当向投保人说明保险合同条款内容，特别是免责条款，也不得胁迫投保人订立保险合同。践行社会主义核心价值观，是保险业持续健康发展的重要保证。

二、保险利益原则

引导问题 1：《保险法》对保险利益的规定有什么作用？防止和限制了哪些情况？

知识要点：

保险利益原则是保险合同必须遵循的原则，是指在签订和履行保险合同的过程中，投保人或被保险人对保险标的必须具有保险利益，否则保险合同无效。

引导问题 2：人身保险合同的保险利益时效要求是指什么？

知识要点：

《保险法》第十二条第一款规定："人身保险的投保人在保险合同订立时，对被保险人应当具有保险利益。"

在《保险法》的上述条款中，要求在人身保险合同订立时投保人必须对被保险人具有保险利益，否则合同无效。在人身保险合同中，被保险人的生命或身体成为合同标的，因而人身保险的投保人必须对被保险人具有保险利益以保证被保险人的生命安全。同时，由于人的身体和生命无价，一般情况下人身保险的保险利益并没有量的限定。在个别情况下，人身保险的保险利益也可以计算和限定，比如债权人对债务人的保险利益可以确定为债务的金额加上利息及保费。

引导问题 3：人身保险合同的保险利益来源主要包括哪些？

知识要点：

（1）本人。任何人对于自己的身体或寿命都具有保险利益。

（2）配偶、父母、子女。夫妻之间、父母与子女之间拥有法定的抚养、赡养或扶养关系，并且有较近的亲属或血缘关系，相互之间具有密切的经济利害关系，因此法律确定他们具有保险利益。

（3）与投保人有抚养、赡养或扶养关系的家庭其他成员、近亲属。此项是针对前两项关系以外的家庭成员、近亲属而确定的，他们之间的血缘关系可能不是很密切，但在社会生活当中相互有抚养、赡养或扶养关系的情况也很常见，相互之间也具有相当的经济利害关系，因此，法律规定投保人对于与自己有抚养、赡养或扶养关系的家庭其他成员、近亲属具有保险利益，无论投保人是提供抚养、赡养或扶养的一方，还是接受抚养、赡养或扶养的一方，他对对方均有保险利益。

（4）与投保人有劳动关系的劳动者，即雇主对雇员基于劳动合同享有保险利益。此规定是为方便团体业务的开展而制定的。

（5）被保险人同意投保人为其订立人身保险合同的，视为投保人对被保险人具有保险利益。在社会生活当中，除了家庭成员、近亲属之外，人与人之间还存在很密切的朋友关系或一定的经济联系，如合伙人关系、债权债务关系等，法律也允许他们为保障自己的合法利益或保障被保险人的利益而为被保险人投保，但必须在被保险人同意的前提下，这种投保行为才能有效，才可视同投保人对被保险人具有保险利益。

需要注意的是，在人身保险合同中，具有保险利益只是对投保人的最基本的要求，而投保人并不能仅凭具有法律上承认的利益就可以为被保险人投保任何险种。如我国法律规定，投保以死亡为保险金给付条件的险种时，必须经被保险人同意并认可保险金额，否则该合同无效，这是人身保险合同的又一特殊性。

【专栏 3-3-4】

外公能为外孙女买保险吗？

案情简介：

杨琳（女，六岁），一岁时母亲去世，父亲在航空公司从事飞行工作，母亲去世后，杨琳六岁以前一直随外公外婆在 A 城市生活，其日常生活所需各项费用由其父亲承担。六岁时杨琳父亲调离航空公司后，在 B 城市再婚，杨琳被其父亲接到 B 城市，杨琳与生父、继母一家三口共同生活。在离开 A 城市时，杨琳外公为杨琳买了两份少儿保险（含死亡保险），杨琳外公指定自己为受益人。杨琳到 B 城市后不久，在一次去公园游玩的过程中不幸溺水身亡。事发后，杨琳外公及时向保险公司报案、申请保险金。但遭拒，本案因此引发保险双方争议。

案情分析：

本案是一起涉及投保人（外公）对被保险人（外孙女）是否具有合法保险利益关

系的索赔案。本案的关键在于投保人（外公）对被保险人（外孙女）是否存在抚养关系？他们之间是否具有保险利益？

根据《保险法》的规定，近亲属之间可以具有保险利益关系，并可以为此办理保险。但是，前提是投保人与被保险人之间必须存在法律上所认定的某种经济利害关系，即只有存在抚养、赡养或者扶养关系的家庭其他成员、近亲属之间才具有保险利益，才符合投保人身保险的要求。

本案中，杨琳的外公与杨琳之间既不存在法定的监护关系，也不具有事实上的抚养关系。因此，杨琳的外公对杨琳不具有保险利益，保险合同不能产生法律效力，保险公司拒赔有理。

根据《最高人民法院关于适用〈中华人民共和国保险法〉若干问题的解释（二）》（法释〔2020〕18号）第二条的规定，人身保险中，因投保人对被保险人不具有保险利益导致保险合同无效，投保人主张保险人退还扣减相应手续费后的保险费的，人民法院应予支持。

（案例来源：池小萍，刘宁. 保险学［M］. 3版. 北京：高等教育出版社，2022.）

【专栏3-3-5】

夫妻离婚后还存在保险利益关系吗？

案情简介：

成某为其妻王某投保一份人身意外伤害保险，保险金额为3万元，王某指定成某为受益人。半年后王某与其夫成某离婚。假如：①离婚次日，王某因发生意外事故导致其终身全残，对于王某该份意外伤害保险合同项下的3万元伤残金，王某和成某分别向保险人提出索赔；②离婚半年后，王某因意外车祸致死，王某的父母亲以继承人身份，成某以受益人身份，以及王某生前的朋友吴某以王某债权人的身份，分别向保险人提出王某身故保险金的请求权。

请问上述两种情况保险人应该如何处理？为什么？

案情分析：

（1）本案伤残金应由被保险人王某领取。因被保险人王某是受保险合同保障的对象、享有生存保险金请求权，且人身保险合同只要求投保人在投保时对于保险标的具有保险利益。

（2）根据我国《保险法》的规定，受益人的受益权受法律保护，保险金既不能够作为遗产在继承人中间分配，也不能够作为清偿被保险人债务的财产处理。故本案在该保险合同存在受益人成某、且未改变的情况下，受益人成某享有身故保险金请求权。虽然王某与成某的婚姻关系解除，但也不影响索赔权，该笔身故保险金请求权既不能由王某父母以继承人身份领取，也不能由吴某以债权人身份索赔。

三、近因原则

引导问题1：如何判断和分析出引起损失的近因？

单一原因造成的损失：

多种原因同时发生：

多种原因连续发生：

多种原因间断发生：

知识要点：

1. 单一原因造成的损失

如果造成损失的原因只有一个，而这一原因又是保险人承担的风险，那么这一原因就是损失的近因，保险人应负赔偿责任；反之，保险人则不负赔偿责任。

2. 多种原因造成的损失

如果造成保险标的损失的原因不止一个，而是两个或两个以上，就应做具体分析。

（1）多种原因同时发生。

造成损失的风险事故，有时为两个以上并同时出现的原因所致，而且这些原因对保险标的的损失均有直接的、实质性的影响，则它们全部属于导致损失的主要原因。如果这些原因全部属于承保范围，则保险人应负全部责任；反之亦然。但如果在这些原因中，有些是在承保范围之内，有一些则属于除外责任，那么保险公司的责任就要根据损失是否可以划分来决定：能够划分开的，则保险人将承担所保风险导致的损失部分；不能确定，难以划分开的，则保险公司可以与被保险人协商按比例赔付。

（2）多种原因连续发生。

如果损失的发生为两个以上的原因连续发生所致，并且各原因之间的因果链未中断，则最先发生并造成一连串事故的原因即近因。因此，只要前因在承保责任范围以内，后因是前因导致的必然结果，则保险人都负赔偿责任，而不论后因是在承保责任范围以内还是属于除外责任。但如果前因是除外风险或未保风险，后因是承保风险，后因是前因的必然结果，保险人则不负任何责任。

（3）多种原因间断发生。

在一连串连续发生的原因中，有一个新出现的而又完全独立的原因介入而导致损失的，若新的独立的原因为承保风险，则保险责任由保险人承担；反之，保险人不承担损失赔偿或给付责任。例如，李某为自己买了一份人身意外伤害险。一天，李某骑车被汽车撞倒，造成伤残并住院治疗，在治疗康复过程中李某因急性心肌梗死而死亡。由于意外伤害与心肌梗死没有内在联系，心肌梗死并非意外伤害的结果，属于新介入的独立原因，心肌梗死是被保险人死亡的近因，它属于疾病范围，不包括在意外伤害保险责任范围之内，因此保险人对被保险人死亡不负责任，只对其意外伤残按规定支付保险金。

【专栏 3-3-6】

同一个事故、同样的保单、同一个结果，为何理赔结果不同

案情简介：

一对新婚夫妇（何某与陈某）参加旅行团去武当山旅游，途中，他们所乘坐的旅游客车与一辆相向而行的货车严重碰撞，夫妻俩双双受了重伤被送往医院急救。陈女士因颅脑受到重度损伤且失血过多，抢救无效于 1 小时后身亡。何先生在车祸中左下肢重伤，在手术中因急性心肌梗死复发，于第二天死亡。在此之前，他俩购买了人身意外伤害保险，每人保险金额为人民币 10 万元。保险公司经过周密调查，根据《人身意外伤害保险条款》及《人身意外伤害保险伤残给付标准》规定，做出理赔决定：对于陈女士保单项下的身故保险金，向该保险单所指定的受益人给付人民币 10 万元；而对于何先生的保单，仅向该合同所指定的受益人按照该合同约定的意外伤残保险金给付人民币 5 万元。

死者家属十分不解：陈女士和何先生同乘一辆车，购买了同一保险公司的同一种保险产品，都在同一次车祸中丧生，而保险公司为何给付不同项目、不同数额的保险金额？

案情分析：

虽然本案中的两位被保险人遭遇的不幸看似相同，但是遭遇人身意外伤害的程度和实质却存在很大不同。据调查，陈女士以往身体健康，而何先生婚前有多年心脏病史。依据近因原则，陈女士死亡是车祸这一单一原因造成，属于近因，保险公司毫无疑问应给付身故保险金。其丈夫何先生死亡的近因是心肌梗死，因车祸（意外伤害）与心肌梗死（疾病）之间没有内在联系，心肌梗死并非由意外伤害所造成的，故属于新介入的独立原因。这个新的独立原因不属于保险责任范围，保险人不必给付死亡保险金。但是，毕竟被保险人何先生在车祸中左下肢受伤，车祸是导致其伤害的近因，属保险责任范围。根据《人身意外伤害保险条款》及《人身意外伤害保险伤残给付标准》，按照车祸导致何先生左下肢伤害的最严重程度或最坏的结果推定何先生左下肢残疾，保险人按照这一伤残程度在《人身意外伤害保险伤残给付标准》中对应的给付标准，应给付何先生意外伤残保险金人民币 5 万元。

（案例来源：池小萍，刘宁. 保险学［M］. 3 版. 北京：高等教育出版社，2022.）

四、损失补偿原则

引导问题 1：如何理解损失补偿原则在人身保险合同中的特例？

____

____

____

____

____

知识要点：

损失赔偿原则是仅适用于补偿性合同的基本原则。由于人身保险合同绝大多数都属于定额给付性合同，因此一般该原则是不适用的，但健康保险是人身保险合同中的特例，可以在合同中约定为补偿性合同，采纳损失赔偿原则，这是因为医疗费用的支出、失能收入的损失以及护理费用等是一种确定的经济损害。

损失赔偿原则包括两层含义：一是“有损失，有赔偿”。即被保险人因保险事故所致的经济损失，依据保险合同有权获得赔偿，保险人也应该承担合同所约定的保险保障义务。二是“损失多少，赔偿多少”。即保险人对被保险人的赔偿量应以被保险人所遭受的经济损失为限，不能低于或高于受损前的经济状态。

在人身保险中，可以适用损失补偿原则的健康产品，如医疗保险合同，保险人可以约定在第三方已经对被保险人的医疗费用损失提供补偿的情况下，保险人不再补偿被保险人的该笔医疗费用。

引导问题 2：代位追偿成立的条件有哪些？

____

____

____

____

____

知识要点：

（1）被保险人因保险事故对第三者有损失赔偿的请求权。

（2）保险人履行了赔偿责任。

（3）保险人在代位求偿中享有的利益不能超过其赔付给被保险人的金额。

（4）被保险人有权就未取得保险人赔偿的部分向第三者请求赔偿。

引导问题 3：代位追偿在实务中的行使对象是否有限制？

知识要点：

根据代位求偿权的一般原理，任何对保险标的的损失负有赔偿责任的第三者都可以成为代位求偿权的行使对象。

在实践中各国法律都规定保险人不得对被保险本人及其一定范围的亲属或雇员行使代位求偿权，除非保险事故是由上述人员故意造成的。

任务要求及步骤

任务一

要求：全班分为 4 个小组，4 个小组对应 4 项基本原则，每个小组选择和收集 2 个案例（以下案例可选一个，各小组间不重复）。通过小组讨论和案例分析，对保险基本原则进行解释，并运用人身保险基本原则充分讨论和分析案例，每个小组选派代表进行 PPT 分享和阐述，需体现原则的基本内容和需注意的事项。

任务二

案例分析 1：

2017 年 8 月，王某为丈夫投保了 5 万元人寿保险，受益人是王某的儿子。2019 年 3 月，王某与丈夫因感情破裂离婚，经法院判决，儿子由王某抚养。离婚后，王某与前夫各自都建立了新的家庭。2020 年 12 月，王某的前夫因意外事故去世，王某得知后向保险公司提出了给付保险金的申请。保险公司认为王某离婚后对前夫已不再具有保险利益，保险合同失效，因此拒赔。

请问：

（1）保险公司拒赔的理由是否成立？为什么？

（2）本案应如何处理？为什么？

（3）保险公司理赔的程序是怎样的？

案例分析 2：

被保险人艾思宁顿向 M 保险公司购买了一份意外伤害保险，保险单上的保险责任是承保被保险人因意外事故导致的残疾或死亡。

不久，被保险人在一次打猎时不慎摔下树来，受伤后自己爬到公路旁等待救援。因为夜间天气寒冷，被保险人又趴在路边，感染上了肺炎，到医院抢救无效死亡。艾思宁顿的家属以受益人的身份要求保险公司给付死亡保险金，却被后者拒绝，理由是被保险人死于肺炎不在保险单所承保的意外事故中。

要求分析：

（1）试述“近因”的含义、“链条原理”的内容及其适用条件。

（2）运用“链条原理”分析导致艾思宁顿死亡的近因并判断保险公司是否需要给付保险金。

案例分析 3：

某厂女工王某于 2012 年 6 月 22 日为贺某投保（贺某与王某为婆媳关系）。经贺某同意后购买 10 年期人身保险 15 份，指定受益人为贺某之孙、王某之子 A，时年 12 岁。保险费每月从王某的工资中扣缴。缴费一年零八个月后，王某与被保险人之子 B 离婚，法院判决 A 随 B 共同生活。离婚后王某仍自愿每月从自己工资中扣缴这笔保险费，从未间断。2015 年 2 月 20 日，被保险人贺某病故。4 月，王某向保险公司申请给付保险金。与此同时，B 提出被保险人是其母亲，指定受益人 A 又随自己共同生活，应由他作为监护人领取这笔保险金。王某则认为投保人是她，缴费人也是她，而且她是受益人 A 的母亲，也是 A 合法的监护人，这笔保险金应由她领取。保险公司则以王某因离婚而对贺某无保险利益为由拒绝给付保险金。

请问：

（1）王某要求给付保险金的请求是否合理？为什么？

（2）B 要求给付保险金的请求是否合理？为什么？

（3）保险公司拒付理由是否成立？为什么？

（4）本案应当如何处理？为什么？

案例分析 4：

2017 年 1 月，某影星以自己为被保险人投保了 4 000 万元保额的终身寿险，2019 年 1 月，该影星又在同一家保险公司以自己为被保险人投保了 1 000 万元保额的终身寿险，受益人与前份保险合同为同一人。2020 年 4 月 1 日，该影星自杀身亡。受益人持两份保险合同向保险公司提出索赔，保险公司应如何理赔？为什么？

小组计划与分工

小组计划与分工如表 3-3-1 所示。

表 3-3-1　小组计划与分工

任务内容	组员姓名	任务分工	评价

分析与总结

项目四 人身保险合同的常用条款

情景描述

投保人作为非专业人士，面对密密麻麻的保单条款，常常感到难以理解。人身保险合同中有哪些条款？这些条款应该如何使用？请针对客户的问题为客户解读人身保险合同的主要条款。

学习目标

- 掌握人身保险合同相关条款的内容、设立目的。
- 了解人身保险合同常用条款的适用情形。

能力要求

- 能够独立判断合同常用条款的适用情形。
- 能够运用条款对保险案情进行分析。
- 能够向客户解读说明条款内容。

知识准备

一、人身保险合同的常用条款

引导问题 1：人身保险合同的常用条款及核心内容是什么？请根据所学内容完善表 3-4-1 所示内容。

表 3-4-1　人身保险合同的常用条款及核心内容

人身保险合同的常用条款	1. 犹豫期条款	
	2. 不可争条款	
	3. 年龄误告条款	
	4. 宽限期条款	
	5. 终止、复效条款	
	6. 自杀条款	
	7. 不丧失价值条款及相关选择权条款	
	8. 保单贷款条款	
	9. 保单质押转让条款	
	10. 自动垫缴保费条款	
	11. 保费豁免条款	
	12. 保证加保选择权条款	

引导问题 2： 买了保险后悔了怎么办？可撤销已订立的人身保险合同吗？

知识要点：

犹豫期条款：长期人身保险合同中存在犹豫期条款。犹豫期也叫冷静期，是指投保人在收到保险合同后的一定期间（目前我国规定为保单签收日次日起10天，银保产品的犹豫期为15天）。在犹豫期内，投保人如不同意保险合同内容可无条件撤销已订立的保险合同，保险人则应退还全部已收保费，除收取一定保单工本费（10元）以外，不得扣除任何费用。规定犹豫期条款是因为保险产品条款复杂、涉及知识面较广，同时也是为了防止保险代理人误导客户购买，保护投保人的合法权益。

引导问题3：不可争条款是不是带病投保的通行证？此条款设立的目的是什么？

____

____

____

____

____

知识要点：

不可抗辩条款又称为不可争议条款。它的基本内容是：在被保险人生存期间，从人寿保险合同订立之日起满两年后，除非投保人停缴续期保险费，保险人不得以投保人在投保时误告、漏告或隐瞒事实为理由主张合同无效或拒绝给付保险金。

不可抗辩条款还适用于保险单失效后的重新复效，即复效后的保险单经过两年后，保险人不能以投保人或被保险人违反诚信原则为由解除合同。

《保险法》第十六条关于不可抗辩条款的内容如下："订立保险合同，保险人就保险标的或者被保险人的有关情况提出询问的，投保人应当如实告知。投保人故意或者因重大过失未履行前款规定的如实告知义务，足以影响保险人决定是否同意承保或者提高保险费率的，保险人有权解除合同。前款规定的合同解除权，自保险人知道有解除事由之日起，超过三十日不行使而消灭。自合同成立之日起超过二年的，保险人不得解除合同；发生保险事故的，保险人应当承担赔偿或者给付保险金的责任。投保人故意不履行如实告知义务的，保险人对于合同解除前发生的保险事故，不承担赔偿或者给付保险金的责任，并不退还保险费。投保人因重大过失未履行如实告知义务，对保险事故的发生有严重影响的，保险人对于合同解除前发生的保险事故，不承担赔偿或者给付保险金的责任，但应当退还保险费。保险事故是指保险合同约定的保险责任范围内的事故。"

可抗辩条款的初衷是保护消费者权益，并不是鼓励带病投保和骗保，没有任何一个国家的法律会支持恶意的骗保。如果投保人和保险公司关于是否理赔出现分歧，一般会由法院判决，而判断的主要依据在于投保人是否蓄意骗保。由保险公司和投保人双方举证，如果最后证明是蓄意隐瞒骗保，往往会做出拒赔的判决，如果不能证明那就正常理赔。

【专栏 3-4-1】

带病投保两年后能理赔吗？

①投保时没发病，如隐瞒了身体有某种疾病隐患，但还没有发病。

例：告诉保险公司不抽烟，可是两年后因为抽烟患上肺炎。这种情况保单生效两年之后，保险公司是要理赔的。

②投保时隐瞒 A 病两年期后确诊 B 病，根据以往判决的案例，这种情况一般会判决理赔。

例：现在投保一份重疾险，两年后首次确诊直肠癌申请理赔，但保险公司以他在投保前已患有心绞痛、心病未如实告知为由拒绝理赔，而法院判决保险公司需要理赔。理由是投保人已经缴纳 2 年保费根据不可抗辩条款，保险公司不能解除保险合同；另外投保人属带病投保未履行如实告知义务，但未告知的是心脏病，与申请理赔的恶性肿瘤不是同一种疾病。

③投保时隐瞒 A 病两年后患 A 病，这种就属于骗保了，一般会做出拒赔判决。

例：一位周女士在 2010 年 3 月投保重疾险，2015 年确诊乳腺癌申请理赔，但是保险公司调查发现在投保前不久这位客户就被医院诊断为右侧乳腺癌，出院后立即投保，并且隐瞒病例。这种情况就属于恶意骗保了，后法院判决保险公司拒保。

引导问题 4：投保人年龄申报错误的合同是否能够继续履行？

____

____

____

____

____

知识要点：

年龄误告条款是处理因被保险人年龄申报错误而订立的人身保险合同条款。

《保险法》第三十二条规定："投保人申报的被保险人年龄不真实，并且其真实年龄不符合合同约定的年龄限制的，保险人可以解除合同，并按照合同约定退还保险单的现金价值。保险人行使合同解除权，适用本法第十六条第三款、第六款的规定。投保人申报的被保险人年龄不真实，致使投保人支付的保险费少于应付保险费的，保险人有权更正并要求投保人补交保险费，或者在给付保险金时按照实付保险费与应付保险费的比例支付。投保人申报的被保险人年龄不真实，致使投保人支付的保险费多于应付保险费的，保险人应当将多收的保险费退还投保人。"

引导问题5：到了交保费的时间，因为各种原因没有及时交，保单会失效吗？

知识要点：

宽限期条款：对合同约定分期支付保险费的，投保人支付首期保险费后，未按时缴纳续期保险费，在宽限期内，保险合同仍然有效，如发生保险事故，保险人仍予负责，但要从保险金中扣除所欠的保险费和利息。宽限期一般为30天或60天，自应缴纳保险费之日起计算。

《保险法》第三十六条规定："合同约定分期支付保险费，投保人支付首期保险费后，除合同另有约定外，投保人自保险人催告之日起超过三十日未支付当期保险费，或者超过约定的期限六十日未支付当期保险费的，合同效力中止，或者由保险人按照合同约定的条件减少保险金额。被保险人在前款规定期限内发生保险事故的，保险人应当按照合同约定给付保险金，但可以扣除欠交的保险费。"

自动垫缴保费条款：保险合同生效满一定时期（通常是2年后），如果投保人过了宽限期仍没有缴纳保费，保险人则在宽限期届满时自动以保单的现金价值为限为投保人垫缴保费。在垫缴保费期间如果发生了保险事故，保险人则从应给付的保险金中扣除垫缴的保费和利息。当垫缴的保费和利息超过了保单的现金价值时，保险合同效力丧失。

保险单复效条款：人寿保险合同因投保人不按期缴纳保险费失效后，自失效之日起的一定时期内（一般为2年），投保人可以向保险人申请复效，经保险人审查同意后，投保人补缴失效期间的保险费及利息，保险合同即行恢复效力。

《保险法》第三十七条规定："合同效力依照本法第三十六条规定中止的，经保险人与投保人协商并达成协议，在投保人补交保险费后，合同效力恢复。但是，自合同效力中止之日起满二年内双方未达成协议，保险人有权解除合同。保险人依照前款规定解除合同的，应当按照合同约定退还保险单的现金价值。"

【专栏3-4-2】

投保人未按时续缴保费，保险人是否承担保险责任？

案情简介：

2017年10月8日谢某在保险公司投保终身寿险1份，住院医疗险1份。2018年10月13日谢某因"发热两天"为主诉住院治疗，治疗后于2018年11月6日出院。在此期间，未缴纳续期保险费。2018 年 11 月 8 日到保险公司报案申请给付住院医疗保险金。请分析保险公司是否应承担保险责任？

案例分析：

人寿保险规定宽限期是给予投保人延期缴费的时间优惠，目的在于控制经营成本、维持保单效率。我国《保险法》第三十六条明确规定，合同约定分期支付保险费，投保人支付首期保险费后，除合同另有约定外，投保人自保险人催告之日起超过三十日未支付当期保险费，或者超过约定的期限六十日未支付当期保险费的，合同效力中止，或者由保险人按照合同约定的条件减少保险金额。据此，本案保险公司应该承担保险金责任，并从中扣除所欠缴保险费。

引导问题 6：被保险人因自杀死亡，保险人是否应给付保险金？

知识要点：

自杀条款的基本内容如下：在保险合同生效后的一定时期内（一般为 1 年或 2 年），被保险人因自杀死亡属于除外责任，保险人不给付保险金，仅退还保险单现金价值。在此规定时期之后被保险人因自杀死亡，保险人要承担保险责任，按照约定的保险金额给付保险金。

《保险法》第四十四条规定："以被保险人死亡为给付保险金条件的合同，自合同成立或者合同效力恢复之日起二年内，被保险人自杀的，保险人不承担给付保险金的责任，但被保险人自杀时为无民事行为能力人的除外。保险人依照前款规定不承担给付保险金责任的，应当按照合同约定退还保险单的现金价值。"

【专栏 3-4-3】

未成年人自杀，保险人能否免责

丁市某小学 10 周岁的周某系四年级学生，参加学生人寿保险（十年保险期限、保险金额三万元）。投保刚满半年，在保险期间的某一天，周某在放学回家后，为玩游戏机与其父母发生争执，情绪异常激动，赌气爬上其所居住的 15 层高楼纵身跳下，当场坠地身亡。

法律意义上的自杀应具备两个条件：一是主观上有结束自己生命的意愿；二是客观上实施了足以使自己死亡的行为。本案周某的行为符合第二条。但是，毕竟其年仅

10岁，按照我国《民法典》的规定，周某属于限制民事行为能力人，对自己行为所导致的后果缺乏判断能力，不能判断其在主观上有结束自己生命的意图，所以不构成法学上的自杀。

《保险法》第四十四条规定，被保险人自杀时为无民事行为能力人，不能构成保险人的除外责任。尽管该合同成立在两年之内，保险人仍应承担对周某保险合同身故保险金的给付责任，即向该合同指定的受益人或周某的继承人给付身故保险金3万元。

请思考：倘若被保险人有精神疾病，其自杀身亡后，保险人需要承担给付责任吗？

（案例来源：池小萍，刘宁. 保险学［M］. 3版. 北京：高等教育出版社，2022.）

启示：《保险法》在自杀条款规定部分免除保险人的责任，主要是为了防范被保险人图谋保险金而产生道德风险。身体发肤受之父母，对父母最大的孝顺，就是好好活着，珍惜生命。每个人都应懂得尊重生命，理解生命，热爱生命，积极地对待生活，独立健康地生存发展。

引导问题7：投保人缴纳保险费所累积的现金价值，会随合同失效而丧失吗？

____

____

____

____

____

知识要点：

不丧失现金价值条款的基本内容如下：除定期寿险以外的长期人寿保险，在保险合同生效满两年后，投保人所缴保险费中的储蓄保险费会累积成现金价值，而且随着时间的推移，现金价值将不断递增。这部分现金价值不会因为保险合同效力的终止而丧失。投保人可以按照有利于自己的方式处理这一部分现金价值。因此，不丧失现金价值条款又称为不可没收现金价值条款。

【专栏3-4-4】

《保险法》中体现不丧失现金价值条款的相关条文

第三十七条　合同效力依照本法第三十六条规定中止的，经保险人与投保人协商并达成协议，在投保人补交保险费后，合同效力恢复。但是，自合同效力中止之日起满二年双方未达成协议的，保险人有权解除合同。

第四十三条　投保人故意造成被保险人死亡、伤残或者疾病的，保险人不承担给付保险金的责任。投保人已交足二年以上保险费的，保险人应当按照合同约定向其他权利人退还保险单的现金价值。

第四十四条　以被保险人死亡为给付保险金条件的合同，自合同成立或者合同效力恢复之日起二年内，被保险人自杀的，保险人不承担给付保险金的责任，但被保险人自杀时为无民事行为能力人的除外。

保险人依照前款规定不承担给付保险金责任的，应当按照合同约定退还保险单的现金价值。

第四十五条　因被保险人故意犯罪或者抗拒依法采取的刑事强制措施导致其伤残或者死亡的，保险人不承担给付保险金的责任。投保人已交足二年以上保费的，保险人应当按照合同约定退还保险单的现金价值。

第四十七条　投保人解除合同的，保险人应当自收到解除合同通知之日起三十日内，按照合同约定退还保险单的现金价值。

引导问题8：如果投保人不愿意或没有能力继续缴纳保费时，如何选择有利于自己的方式来处理保险单的现金价值？

____

____

____

____

____

知识要点：

条款中规定的常见选择权包括以下三项。

（1）办理退保，领取退保金。

投保人停止缴费时，可以选择退保，并以现金方式领取退保金，但是投保人在退保时获得的净现金价值不完全等于保险单中所列明的现金价值。保险人要在现金价值基础上针对累计红利、增额交清保险的现金价值、预缴保费以及保单贷款等因素进行调整。

（2）申请办理减额交清保险。

办理减额交清保险是指当投保人停止交付保费后，投保人可以选择办理交清保险来延续保险保障。减额交清保险是以保单所积累的净现金价值作为保费，购买与原保单设计相同的保险，但所有的附加险和补充给付都将除外。保费根据申请办理时被保险人的年龄计算。减额交清保险的保险责任和保险期限与原保单一致，但其保险金额的大小由保单的净现金价值大小决定。

（3）申请办理展期定期保险。

办理展期定期保险是指当投保人停止缴付保费后，投保人可以选择展期定期保险来延续保险保障。展期定期保险是以保单所累积的净现金价值作为建缴保费购买与原保单具有相同保额的定期保险，保险期限展延的长短取决于保险金额、净现金价值、被保险人的性别以及投保人申请办理时被保险人所达到的年龄。

引导问题9：保险单可以用来贷款吗？需满足什么贷款条件？一般可以贷款多少金额？

知识要点：

保险单贷款条款的基本内容如下：人寿保险合同生效满一定时期（一般是1年或2年）后，投保人可以以保险单向保险人申请贷款，贷款金额以该保险单现金价值的一定比例（如70%或80%）为限。投保人应按期归还贷款并支付利息。如果在归还本息前发生了保险事故或退保，保险人则从保险金或退保金中扣还贷款利息。当贷款本息达到现金价值的数额时，保险合同效力丧失。保险单贷款实际上是保险人提供给投保人融通资金的机会，借以提高寿险保险单的使用价值，激励投保人投保。对保险人来说，利用保险单贷款，可以有一定的贷款利息收入，同时也维持了保险单的续保率，因此具有储蓄性的人身保险合同大多有贷款条款的规定。

引导问题10：保险单权益可以转让吗？如何理解保险单的转让与质押？

知识要点：

保险单质押转让条款：人寿保险单的投保人可以将保险单的某些权益转让给银行或其他债权人为贷款或借款提供担保，这种行为被称为保险单质押转让，这也是寿险保险单发挥有价证券功能的另一种方式。经过保险单质押转让，质押权人即债权人享有了保险单的一定权利，如在被保险人死亡时获取已转让权益的、以债权金额为限的那一部分保险金，或行使退保权利，取得退保金或现金价值。需要注意的是，在寿险保险单质押转让中，对于投保人，其义务一般不变，仍有缴纳保险费的义务。为了保障被保险人的生命安全，我国《保险法》规定，以死亡为保险金给付条件的人寿保险单转让必须要经过被保险人同意。对于受益人，条款一般规定在质押转让中，受益人必须在质押转让表上签字，这是为了防止事后受益人和债权人对死亡保险金产生争议，也使得债权人在行使相关保险单权利时，不必征得受益人的同意。保险人在保险单质押转让中也起着重要作用，保险单转让必须通知保险人，在保险单上批注，并在保险人处存档备案。

引导问题 11：一般什么情况下，保险缴费义务可以豁免？

知识要点：

保费豁免是指在保险合同规定的某些特定情况下，保险公司同意投保人可以豁免缴纳未缴保费的义务，而保险合同维持原有效力的一种人性化的选择性条款。保费豁免最早出现在少儿险中，当作为投保人的父母遭遇不幸死亡或丧失工作能力而保单仍处缴费期时，缴费义务豁免，没有经济收入的孩子仍可继续获得保险的保障。对成年人保险而言，一般被保险人在缴费期内由于意外、疾病等原因导致重度残疾或完全丧失工作能力，投保人可以免缴其后的保费，被保险人的保障仍然有效。

引导问题 12：想提升保险单保额只能重新购买保险吗？

知识要点：

保证加保选择权是保险人给予投保人的一项选择权利。该条款允许投保人在将来某个日期申请增加人身保险合同的保险金额时，无须提供可保性证据。如果投保人因为缴费能力原因现在无法购买充足的保额，合同中的该条款就可以保证其在将来有能力时，无论被保险人健康状况如何而按原核保等级付费来提高保额，该权利类似一种期权。一般条款规定的加保选择权可能在两种情况下行使：①被保险人在一个规定的年龄（如 45 岁）之前，投保人可在一些合同特定的对应生效日（如每隔 3 年一次）行使该权利，为防止逆选择，每次加保所能购买的保险金额只限于原保单保额的一定比例，而且有最低和最高金额的限制；②在被保险人结婚或者生育子女的特殊事件发生时可申请加保。

任务要求及步骤

案例实训

任务 1：某公司于 2015 年 6 月 20 日签发给王某一张经其妻马某同意以其妻为被保险人的保额为 20 万元的终身寿险保单，当日王某签收保单，保单规定犹豫期为 15 日。该保单王某选择年交保费 4 500 元，缴费期限 20 年。就该保险单，请确定以下问题并完成填写（表 3-4-2）。

表 3-4-2　保险单信息

犹豫期到期日	
第二年缴费对应日	
如果第二年王某未缴费，则宽限期截止日	
王某有权提出合同复效申请的时期	
该合同如果未申请复效，则其合同效力终止日	

任务 2：罗某以自己的生命为标的投保死亡保险，保险金额为 20 000 元。保险公司规定，若投保年龄为 35 岁，每年应缴纳保险费为 800 元；若投保年龄为 36 岁，每年应缴纳保险费为 900 元。罗某在投保时所填的年龄为 35 岁，但在其死亡后，保险人发现他在投保时的真实年龄为 36 岁。

请问：保险公司对此情况应如何处理？

任务 3：2012 年 11 月 12 日，某单位为全体职工投保了团体人身险。2014 年 5 月，该单位职工付某因交通事故不幸死亡，其家属带着单位开具的介绍信及相关的证明资料，到保险公司领取保险金。保险公司在查验单证时发现，被保险人付某投保时所填写的年龄与其户口簿上所登记的不一致，投保单上所填写的 64 岁显然是不真实的。实际上，投保时付某已有 67 岁，超出了团体人身险条款规定的最高投保年龄（65 岁）。于是，保险公司以单位投保时申报的被保险人的年龄已超出了保险合同约定的年龄限制为理由，拒付该笔保险金，并在扣除手续费后，向该单位退还了付某的保险费。

问题：试指出本案包含的保险基本原理并作评析。

任务 4：2015 年 10 月 1 日，赵某向某保险公司投保了保险金额为 20 万元的终身寿险，指定受益人为其儿子。之后，因李某未按时缴纳保险费导致合同失效。2016 年 12

月 10 日，赵某向保险公司申请复效并缴纳了续期保险费及利息。合同从 2016 年 12 月 10 日恢复效力。2018 年 9 月 6 日，李某因工作压力太大自杀身亡，受益人向保险公司申请保险金。

请问：保险公司对此情况应如何处理？

小组计划与分工

小组计划与分工如表 3-4-3 所示。

表 3-4-3　小组计划与分工

任务内容	组员姓名	任务分工	评价

分析与总结

附件　保险合同条款

泰康人寿保险有限责任公司
泰康悦行无忧两全保险条款

在本条款中，“您”指投保人，“我们”“本公司”均指在保险单上签章的泰康人寿保险有限责任公司的分公司，“本合同”指您与我们之间订立的“泰康悦行无忧两全保险合同”，“被保险人”指本合同的被保险人，投保人、被保险人的姓名在保险单上载明。

1　您与我们订立的合同

1.1	合同构成	本合同是您与我们约定保险权利义务关系的协议，包括本保险条款、保险单或者其他保险凭证、投保单、与本合同有关的投保文件、合法有效（见9.1）的声明、批注、批单及其他您与我们共同认可的书面协议。
1.2	合同成立及生效	您提出保险申请且我们同意承保，本合同成立。 本合同的成立日、生效日以保险单记载的日期为准。保险单年度（见9.2）、保险费约定缴纳日（见9.3）均依据本合同的生效日为基础进行计算。
1.3	投保年龄	投保年龄指您投保时被保险人的年龄，以周岁（见9.4）计算。
1.4	犹豫期	自您签收本合同的次日零时起，有10日①的犹豫期。在此期间，请您认真审视本合同，如果您认为本合同与您的需求不相符，您可以在此期间提出解除本合同，我们将在扣除不超过10元的工本费后向您无息退还保险费。 解除本合同时，您须填写解除合同申请书，并提供本合同、您的有效身份证件（见9.5）及您所交保险费的发票。自我们收到您的解除合同申请书时起，本合同即被解除，对于本合同解除前发生的保险事故，我们不承担保险责任。

2　我们提供的保障

2.1	基本保险金额	本合同的基本保险金额由您在投保时与我们约定，并在保险单上载明。
2.2	保险期间	本合同的保险期间自本合同生效日零时开始，至保险单上载明的保险期间期满日的24时止。
2.3	保险责任	在本合同保险期间内，我们承担下列保险责任：
	非意外身故或者高残保险金	被保险人非因意外伤害（见9.6）导致身故，我们向身故保险金受益人给付非意外身故保险金，本合同终止。 被保险人非因意外伤害导致本合同所定义的高残（见9.7），我们向高残保险金受益人给付非意外高残保险金，本合同终止。 非意外身故或者非意外高残保险金的数额为您累计已缴纳本合同保险费数额（不计息）×非意外身故或者非意外高残保险金的约定给付比例，其中非意外身故或者非意外高残保险金的约定给付比例如下：

① 对于在银行代理渠道购买的本产品，自您签收本合同的次日零时起，有15日的犹豫期。

被保险人身故或者高残时的到达年龄（见 9.8）	大于等于 18 周岁且小于 41 周岁	大于等于 41 周岁且小于 61 周岁	大于等于 61 周岁
非意外身故或者非意外高残保险金的约定给付比例	160%	140%	120%

我们仅给付非意外身故保险金或者非意外高残保险金其中的一项，给付后，本合同终止。

一般意外身故或者高残保险金

被保险人遭受意外伤害事故，并因该次意外伤害直接导致被保险人在该意外伤害事故发生之日起 180 日内身故，我们向身故保险金受益人给付一般意外身故保险金，本合同终止。

被保险人遭受意外伤害事故，并因该次意外伤害直接导致被保险人在该意外伤害事故发生之日起 180 日内发生本合同所定义的高残，我们向高残保险金受益人给付一般意外高残保险金，本合同终止。

一般意外身故或者一般意外高残保险金的数额为

（1）若被保险人身故或者高残时未满 75 周岁，一般意外身故或者一般意外高残保险金的数额为本合同的基本保险金额。

（2）若被保险人身故或者高残时年满 75 周岁（含 75 周岁），一般意外身故或者一般意外高残保险金的数额为本合同的基本保险金额的 0.5 倍。

我们仅给付一般意外身故保险金或者一般意外高残保险金其中的一项，给付后，本合同终止。

驾乘车意外身故或者高残保险金

被保险人驾驶或者乘坐私家车、公务车（见 9.9）的，在私家车、公务车内遭受意外伤害事故，并因该次意外伤害直接导致被保险人在该意外伤害事故发生之日起 180 日内身故，我们向身故保险金受益人给付驾乘车意外身故保险金，本合同终止。

被保险人驾驶或者乘坐私家车、公务车的，在私家车、公务车内遭受意外伤害事故，并因该次意外伤害直接导致被保险人在该意外伤害事故发生之日起 180 日内发生本合同所定义的高残，我们向高残保险金受益人给付驾乘车意外高残保险金，本合同终止。

驾乘车意外身故或者驾乘车意外高残保险金的数额为

（1）上述意外伤害事故发生在本合同生效（若曾复效，则自本合同最后复效）之日起 180 日内，驾乘车意外身故或者驾乘车意外高残保险金的数额为本合同的基本保险金额。

（2）上述意外伤害事故发生在本合同生效（若曾复效，则自本合同最后复效）之日起 180 日后，若被保险人身故或者高残时未满 75 周岁，驾乘车意外身故或者驾乘车意外高残保险金的数额为本合同的基本保险金额的 10 倍。若被保险人身故或者高残时年满 75 周岁（含 75 周岁），驾乘车意外身故或者驾乘车意外高残保险金的数额为本合同的基本保险金额的 5 倍。

我们仅给付驾乘车意外身故保险金或者驾乘车意外高残保险金其中的一项，给付后，本合同终止。

航空意外身故或者高残保险金	被保险人以乘客身份持民航班机有效机票，自通过机场安检口起至踏出搭乘的民航班机机舱门时止，被保险人在前述期间内遭受意外伤害事故，并因该次意外伤害直接导致被保险人在该意外伤害事故发生之日起180日内身故，我们向身故保险金受益人给付航空意外身故保险金，本合同终止。 被保险人以乘客身份持民航班机有效机票，自通过机场安检口起至踏出搭乘的民航班机机舱门时止，被保险人在前述期间内遭受意外伤害事故，并因该次意外伤害直接导致被保险人在该意外伤害事故发生之日起180日内发生本合同所定义的高残，我们向高残保险金受益人给付航空意外高残保险金，本合同终止。航空意外身故或者航空意外高残保险金的数额为 （1）若被保险人身故或者高残时未满75周岁，航空意外身故或者航空意外高残保险金的数额为本合同的基本保险金额的10倍。 （2）若被保险人身故或者高残时年满75周岁（含75周岁），航空意外身故或者航空意外高残保险金的数额为本合同的基本保险金额的5倍。 我们仅给付航空意外身故保险金或者航空意外高残保险金其中的一项，给付后，本合同终止。
火车意外身故或者高残保险金	被保险人以乘客身份乘坐火车（见9.10）的，在火车内遭受意外伤害事故，并因该次意外伤害直接导致被保险人在该意外伤害事故发生之日起180日内身故，我们向身故保险金受益人给付火车意外身故保险金，本合同终止。 被保险人以乘客身份乘坐火车的，在火车内遭受意外伤害事故，并因该次意外伤害直接导致被保险人在该意外伤害事故发生之日起180日内发生本合同所定义的高残，我们向高残保险金受益人给付火车意外高残保险金，本合同终止。火车意外身故或者火车意外高残保险金的数额为 （1）若被保险人身故或者高残时未满75周岁，火车意外身故或者火车意外高残保险金的数额为本合同的基本保险金额的10倍。 （2）若被保险人身故或者高残时年满75周岁（含75周岁），火车意外身故或者火车意外高残保险金的数额为本合同的基本保险金额的5倍。 我们仅给付火车意外身故保险金或者火车意外高残保险金其中的一项，给付后，本合同终止。
交通工具意外身故或者高残保险金	被保险人以乘客身份乘坐交通工具（见9.11），在交通工具内遭受意外伤害事故，并因该次意外伤害直接导致被保险人在该意外伤害事故发生之日起180日内身故，我们向身故保险金受益人给付交通工具意外身故保险金，本合同终止。 被保险人以乘客身份乘坐交通工具，在交通工具内遭受意外伤害事故，并因该次意外伤害直接导致被保险人在该意外伤害事故发生之日起180日内发生本合同所定义的高残，我们向高残保险金受益人给付交通工具意外高残保险金，本合同终止。 交通工具意外身故或者交通工具意外高残保险金的数额为 （1）若被保险人身故或者高残时未满75周岁，交通工具意外身故或者交通工具意外高残保险金的数额为本合同的基本保险金额的5倍。 （2）若被保险人身故或者高残时年满75周岁（含75周岁），交通工具意外身故或者交通工具意外高残保险金的数额为本合同的基本保险金额的2.5倍。

我们仅给付交通工具意外身故保险金或者交通工具意外高残保险金其中的一项，给付后，本合同终止。

特别注意事项　被保险人发生本合同所定义的高残，应在治疗结束后，由双方认可的医疗机构（或者鉴定机构）进行鉴定。如果被保险人自意外伤害事故发生之日或者自疾病确诊之日起 180 日内治疗仍未结束，则按第 180 日的身体情况进行鉴定。

我们按本合同约定给付的上述各项保险责任下的保险金不累加给付，仅按最高一项保险金的数额给付保险金，给付后，本合同终止。

满期保险金　被保险人在本合同保险期间届满时仍然生存，我们按您累计已缴纳的本合同保险费数额（不计息）的 110%向生存保险金受益人给付满期保险金，本合同终止。

2.4　责任免除　因下列第（1）至第（7）项情形之一导致被保险人身故或者高残的，我们不承担给付保险金（包含各项保险责任下的身故保险金及高残保险金）的责任；因下列第（8）至第（12）项情形之一导致被保险人身故或者高残的，我们仅承担给付“非意外身故或者高残保险金”的责任，不承担给付其他保险金的责任：

（1）投保人对被保险人的故意杀害、故意伤害。

（2）被保险人在本合同成立（若曾复效，则自本合同最后复效）之日起 2 年内自杀，但被保险人自杀时为无民事行为能力人的除外。

（3）被保险人故意犯罪或者抗拒依法采取的刑事强制措施。

（4）被保险人主动吸食或者注射毒品（见 9.12）。

（5）被保险人酒后驾驶（见 9.13）、无合法有效驾驶证驾驶（见 9.14），或者驾驶无合法有效行驶证（见 9.15）的机动车（见 9.16）。

（6）战争、军事冲突、暴乱或者武装叛乱。

（7）核爆炸、核辐射或者核污染。

（8）被保险人醉酒（见 9.17）。

（9）被保险人妊娠（含宫外孕）、流产、分娩（含剖宫产）；

（10）被保险人药物过敏、医疗事故（见 9.18），精神和行为障碍（以世界卫生组织颁布的《疾病和有关健康问题的国际统计分类（ICD-10）》为准）；

（11）被保险人未遵医嘱，私自使用药物，但按使用说明的规定使用非处方药（见 9.19）不在此限；

（12）被保险人从事下列高风险运动：潜水（见 9.20）、跳伞、攀岩（见 9.21）、驾驶滑翔机或者滑翔伞、探险（见 9.22）、摔跤、武术比赛（见 9.23）、特技表演（见 9.24）、赛马、赛车。

因上述第（1）项情形导致被保险人身故的，本合同终止，我们向投保人之外的其他权利人给付本合同终止时的现金价值（见 9.25）。其他权利人按照被保险人第一顺序法定继承人、第二顺序法定继承人的顺序确定。

因上述第（2）项至第（7）项情形导致被保险人身故的，本合同终止，我们向您退还本合同终止时的现金价值。

因上述第（8）项至第（12）项情形导致被保险人身故的，本合同终止，我们向身故保险金受益人给付“非意外身故保险金”。

因上述第（1）项至第（7）项情形导致被保险人高残的，我们不承担给付高残保险金（包含各项保险责任下的高残保险金）的责任，本合同继续有效。
因上述第（8）项至第（12）项情形导致被保险人高残的，本合同终止，我们向高残保险金受益人给付“非意外高残保险金”。

3 保险金的申请

3.1 受益人

您或者被保险人可以指定一人或者多人为身故保险金受益人。身故保险金受益人为多人时，可以确定受益人顺序和受益份额；如果没有确定份额，各身故保险金受益人按照相等份额享有受益权。
被保险人为无民事行为能力人或者限制民事行为能力人的，可以依法由其监护人指定身故保险金受益人。
您或者被保险人在被保险人身故前可以变更身故保险金受益人、受益顺序或者受益份额，并书面通知我们。我们收到变更的书面通知后，将及时在保险单或者其他保险凭证上批注或者附贴批单，变更的生效时间以批注或者批单中载明的时间为准。
您在指定和变更身故保险金受益人、受益顺序或者受益份额时，必须经过被保险人同意。
被保险人身故后，有下列情形之一的，身故保险金作为被保险人的遗产，由我们依照《中华人民共和国民法典》的规定履行给付身故保险金的义务：
（1）没有指定身故保险金受益人的，或者身故保险金受益人指定不明无法确定的；
（2）身故保险金受益人先于被保险人身故，没有其他身故保险金受益人的；
（3）身故保险金受益人依法丧失受益权或者放弃受益权，没有其他身故保险金受益人的。

身故保险金受益人与被保险人在同一事件中身故，且不能确定身故先后顺序的，推定身故保险金受益人身故在先。
受益人故意造成被保险人死亡、伤残、疾病的，或者故意杀害被保险人未遂的，该受益人丧失受益权。
除另有指定外，高残保险金受益人和生存保险金受益人均为被保险人本人。

3.2 保险事故通知

您或者受益人知道保险事故发生后应当在10日内通知我们。故意或者因重大过失未及时通知，致使保险事故的性质、原因、损失程度等难以确定的，我们对无法确定的部分不承担保险责任，但我们通过其他途径已经及时知道或者应当及时知道保险事故发生或者虽未及时通知但不影响我们确定保险事故的性质、原因、损失程度的除外。

3.3 保险金申请

在申请保险金时，请按照下列方式办理：

身故保险金申请

身故保险金受益人作为申请人须填写领取保险金申请书，并须提供下列证明和资料的原件：
（1）本合同。
（2）身故保险金受益人的有效身份证件。
（3）国务院卫生行政部门规定的医疗机构、公安部门或者其他有权机构出具的被保险人的死亡证明。
（4）所能提供的与确认保险事故的性质、原因等有关的其他证明和资料。

高残保险金申请　高残保险金受益人作为申请人须填写领取保险金申请书，并须提供下列证明和资料的原件：
(1) 本合同。
(2) 高残保险金受益人的有效身份证件。
(3) 由双方认可的医疗机构（或者鉴定机构）出具的被保险人残疾程度的资料或者身体残疾程度鉴定书。
(4) 所能提供的与确认保险事故的性质、原因、伤害程度等有关的其他证明和资料。

满期保险金申请　生存保险金受益人作为申请人须填写领取保险金申请书，并须提供下列证明和资料的原件：
(1) 本合同。
(2) 生存保险金受益人的有效身份证件。
(3) 被保险人的户籍证明。

特别注意事项　以上证明和资料不完整的，我们将及时一次性通知受益人补充提供有关的证明和资料。
委托他人领取保险金时，受托人还必须提供本人的有效身份证件及委托人亲笔签名的授权委托书。
保险金作为被保险人遗产时，继承人还必须提供可证明其合法继承权的相关权利文件。

受益人或者继承人为无民事行为能力人或者限制民事行为能力人时，由其合法监护人代其申请领取保险金，其合法监护人还必须提供受益人或者继承人为无民事行为能力人或者限制民事行为能力人的证明和监护人具有合法监护权的证明。

3.4　**保险金给付**　我们在收到领取保险金申请书及本合同约定的证明和资料后，将在5日内做出核定；情形复杂的，在30日内做出核定。对属于保险责任的，我们在与受益人达成给付保险金的协议后10日内，履行给付保险金义务。
我们未及时履行前款约定义务的，对属于保险责任的，除支付保险金外，应当赔偿受益人因此受到的利息损失。利息按照我们确定的利率按单利计算，且我们确定的利率不低于中国人民银行公布的金融机构人民币活期存款基准利率。
对不属于保险责任的，我们自做出核定之日起3日内向受益人发出拒绝给付保险金通知书并说明理由。
我们在收到领取保险金申请书及有关证明和资料之日起60日内，对给付保险金的数额不能确定的，根据已有证明和资料可以确定的数额先予支付；我们最终确定给付保险金的数额后，将支付相应的差额。

3.5　**宣告死亡处理**　在本合同有效期内，如果被保险人被法院宣告死亡，我们以法院判决宣告之日作为被保险人的死亡时间，按本合同的约定给付身故保险金，本合同终止。
如果被保险人被宣告死亡之日在保险期间之外，但有证据证明下落不明之日在保险期间之内，我们按本合同约定给付身故保险金。
如果被保险人在宣告死亡后重新出现或者确知其没有死亡，身故保险金受益人应在知道后30日内向我们退还已领取的身故保险金，在前述情形下，本合同的效力依法确定。

4	保险费的缴纳	
4.1	保险费的缴纳	本合同的缴费方式和缴费期间由您在投保时与我们约定，并在保险单上载明。 分期支付保险费的，在缴纳首期保险费后，您应当在每个保险费约定缴纳日缴纳其余各期的保险费。
4.2	宽限期	如果您到期未缴纳保险费，自保险费约定缴纳日的次日零时起60日为保险费缴纳的宽限期。宽限期内发生的保险事故，我们仍承担本合同2.3条约定的保险责任，但在给付保险金时会扣除您欠交的保险费，其数额以保险单中载明的每期保险费数额为准。 如果您在宽限期内未缴纳保险费，则本合同自宽限期满日的24时起效力中止，但本合同另有约定的除外。
5	现金价值权益	
5.1	现金价值	本合同保单年度末的现金价值在保险单上载明，保单年度内的现金价值您可以向我们咨询。
5.2	保单贷款	在本合同有效期内，您可以申请并经我们审核同意后办理保单贷款。最高贷款金额不超过您申请时本合同现金价值扣除各项欠款及应付利息后余额的80%，且具体的贷款金额以您与我们签订的贷款协议中的约定为准。每次贷款期限最长不超过180日，贷款利率按您与我们签订的贷款协议中约定的利率执行。在办理保单贷款时，您应当取得被保险人的书面同意。 自贷款本金及利息加上其他各项欠款及应付利息达到本合同现金价值的当日24时起，本合同效力中止。 经我们审核不同意您的保单贷款申请的，我们不向您提供贷款。
5.3	减保	如果被保险人未发生保险事故，您在犹豫期后可以申请减保，将基本保险金额和保险费按比例减少，并领取与基本保险金额减少部分相对应的现金价值（见9.26）。减保后，基本保险金额和保险费须符合我们的约定。您可以通过我们的服务热线或者服务场所工作人员查询相关具体规定。 本合同第2.3条约定的保险责任根据减保后的基本保险金额和保险费进行计算。
6	合同效力的中止及恢复	
6.1	效力中止	在本合同效力中止期间，我们不承担保险责任。
6.2	效力恢复	本合同效力中止之日起2年内，您可以申请恢复合同效力。经您与我们协商并就恢复本合同效力达成一致同意的协议，自您补交保险费之日起，本合同效力恢复。 自本合同效力中止之日起满2年您和我们未就恢复本合同效力达成一致同意的协议，我们有权解除本合同。我们解除本合同的，我们向您退还本合同中止之日的现金价值。

7	合同解除	
7.1	您解除合同的手续及风险	如果被保险人未发生保险事故，且您在犹豫期后要求解除本合同，请填写解除合同申请书并向我们提供下列资料的原件： （1）本合同。 （2）您的有效身份证件。 自我们收到解除合同申请书时起，本合同终止。我们自收到解除合同申请书之日起 30 日内向您退还本合同终止时的现金价值。 您在犹豫期后解除合同会遭受一定损失。
8	其他需要关注的事项	
8.1	明确说明与如实告知	订立本合同时，我们应当向您说明本合同的内容。对保险条款中免除我们责任的条款，我们在订立合同时应当在投保单、保险单或者其他保险凭证上做出足以引起您注意的提示，并对该条款的内容以书面或者口头形式向您做出明确说明，未做提示或者明确说明的，该条款不产生效力。 我们会就您和被保险人的有关情况提出书面询问，您应当如实告知。 如果您故意或者因重大过失未履行前款约定的如实告知义务，足以影响我们决定是否同意承保或者提高保险费率的，我们有权解除本合同。 如果您故意不履行如实告知义务，对于本合同解除前发生的保险事故，我们不承担保险责任，并不退还保险费。 如果您因重大过失未履行如实告知义务，对保险事故的发生有严重影响的，对于本合同解除前发生的保险事故，我们不承担保险责任，但应当向您退还保险费。 我们在合同订立时已经知道您未如实告知的情况的，我们不得以您未履行如实告知义务为由解除合同；发生保险事故的，我们不得以您未履行如实告知义务为由不承担保险责任。
8.2	我们合同解除权的限制	前款约定的合同解除权，自我们知道有解除事由之日起，超过 30 日不行使而消灭。自本合同成立之日起超过 2 年的，我们不得解除合同；发生保险事故的，我们承担保险责任。
8.3	年龄性别错误	您在申请投保时，应将与有效身份证件相符的被保险人的出生日期和性别在投保单上填明，如果发生错误按照下列方式办理： （1）您申报的被保险人年龄不真实，并且其真实年龄不符合本合同约定投保年龄限制的，我们有权解除本合同。对于解除本合同的，本合同自解除之日起终止，我们向您退还本合同终止时的现金价值。对于本合同解除前发生的保险事故，我们不承担保险责任。我们行使合同解除权适用“我们合同解除权的限制”的约定。 （2）您申报的被保险人年龄或者性别不真实，致使您实交保险费少于应交保险费的，我们有权更正并要求您补交保险费。如果已经发生保险事故，在给付保险金时按实交保险费和应交保险费的比例给付。 （3）您申报的被保险人年龄或者性别不真实，致使您实交保险费多于应交保险费的，我们向您无息退还多收的保险费。
8.4	未还款项	我们在给付各项保险金、退还现金价值或者返还保险费时，如果您有欠交的保险费、保单贷款或者其他各项欠款，我们按照您和其他权利人与我们的约定，在扣除上述各项欠款及应付利息后给付。

8.5	合同内容变更	在本合同有效期内，经您与我们协商一致，可以变更本合同的有关内容。变更本合同的，应当由我们在保险单或者其他保险凭证上批注或者附贴批单，或者由您与我们订立书面的变更协议。
8.6	联系方式变更	为了保障您的合法权益，您的住所、通信地址、电话或者电子邮件等联系方式变更时，请及时以书面形式或者双方认可的其他形式通知我们。如果您未以书面形式或者双方认可的其他形式通知我们，我们按本合同载明的最后住所、通信地址、电话或者电子邮件发送的有关通知，均视为已送达您。
8.7	争议处理	本合同履行过程中，双方发生争议时，可以从下列两种方式中选择一种争议处理方式： （1）因履行本合同发生的争议，由双方协商解决，协商不成的，提交______仲裁委员会仲裁。 （2）因履行本合同发生的争议，由双方协商解决，协商不成的，依法向人民法院起诉。
8.8	保险事故鉴定	如果被保险人发生保险事故，您和我们均可以委托保险公估机构等依法设立的独立评估机构或者具有相关专业知识的人员，对保险事故进行评估和鉴定。

9 释义

9.1	合法有效	本合同所指合法有效均以中华人民共和国法律、行政法规、地方性法规、行政规章及有关规范性法律文件的规定为判定依据。
9.2	保单年度	从保险合同生效日或者年生效对应日零时起至下一年度保险合同年生效对应日的前一日 24 时止为一个保单年度。如果当月无对应的同一日，则以该月最后一日为对应日。
9.3	保险费约定缴纳日	保险合同生效日在每月、每季、每半年或者每年（根据缴费方式确定）的对应日。如果当月无对应的同一日，则以该月最后一日为对应日。
9.4	周岁	周岁指按有效身份证件中记载的出生日期计算的年龄，自出生之日起为零周岁，每经过一年增加一岁，不足一年的不计。例如，出生日期为 2000 年 9 月 1 日，2000 年 9 月 1 日至 2001 年 8 月 31 日期间为 0 周岁，2001 年 9 月 1 日至 2002 年 8 月 31 日期间为 1 周岁，依此类推。
9.5	有效身份证件	有效身份证件指由中华人民共和国政府主管部门规定的能够证明其身份的证件，如：居民身份证、军官证、警官证、士兵证、户口簿以及中华人民共和国政府主管部门颁发或者认可的有效护照或者其他身份证明文件。
9.6	意外伤害	意外伤害指外来的、突然的、非本意的、非疾病的使身体受到伤害的客观事件，并以此客观事件为直接且单独原因导致身体蒙受伤害或者身故，猝死、自杀以及自伤均不属于意外伤害。 猝死指表面健康的人因潜在疾病、机能障碍或者其他原因在出现症状后 24 小时内发生的非暴力性突然死亡。猝死的认定以医院的诊断和公安部门的鉴定为准。

9.7	高残	本合同所定义的"高残"指被保险人在本合同有效期内发生下列残疾程度之一的： （1）双目永久完全（注1）失明的（注2）。 （2）两上肢腕关节以上或者两下肢踝关节以上缺失的。 （3）一上肢腕关节以上及一下肢踝关节以上缺失的。 （4）一目永久完全失明及一上肢腕关节以上缺失的。 （5）一目永久完全失明及一下肢踝关节以上缺失的。 （6）四肢关节机能永久完全丧失的（注3）。 （7）咀嚼、吞咽机能永久完全丧失的（注4）。 （8）中枢神经系统机能或者胸、腹部脏器机能极度障碍，终身不能从事任何工作，为维持生命必要的日常生活活动，全需他人扶助的（注5）。 注： 1）永久完全系指自疾病确诊或者意外伤害发生之日起，经过积极治疗180天后，机能仍然完全丧失，但眼球摘除等明显无法复原之情况不在此限。 2）失明包括眼球缺失或者摘除，或者不能辨别明暗，或者仅能辨别眼前手动者，最佳矫正视力低于国际标准视力表0.02，或者视野半径小于5度，并由本公司认可的医疗机构的眼科医生出具医疗诊断证明。 3）关节机能的丧失系指关节永久完全僵硬，或者麻痹，或者关节不能随意识活动。 4）咀嚼、吞咽机能的丧失系指由于牙齿以外的原因引起器质障碍或者机能障碍，以致不能作咀嚼、吞咽运动，除流质食物外不能摄取或者吞咽状态。 5）为维持生命必要之日常生活活动，全需他人扶助系指食物摄取、大小便始末、穿脱衣服、起居、步行、入浴等，皆不能自己为之，需要他人帮助。
9.8	到达年龄	到达年龄指被保险人的投保年龄，加上被保险人身故或者高残时的保单年度数，再减去1后所得到的年龄。
9.9	私家车、公务车	私家车：符合汽车分类国家标准（GB/T 3730.1-2001）中的乘用车定义，主要用于载运乘客及其随身行李或者临时物品，包括驾驶员座位在内最多不超过9个座位，车主为自然人且登记的使用性质为非营业性运输（非营运）的汽车。上述汽车如从事以牟利为目的的旅客运输、货物运输行为，则不属于本合同定义的私家车。行驶证登记为货车的不属于本合同定义的私家车。 公务车：符合汽车分类国家标准（GB/T 3730.1-2001）中的乘用车或者小型客车定义、车主为法人单位的汽车。乘用车指主要用于载运乘客及其随身行李或者临时物品，包括驾驶员座位在内最多不超过9个座位的汽车；小型客车指用于载运乘客，除驾驶员座位外，座位数不超过16座的汽车。行驶证登记为货车的不属于本合同定义的公务车。
9.10	火车	火车指以运送旅客为主要运输目的的铁路列车，本合同仅保障作为公共交通工具使用的旅客列车，包括高速铁路动车组（G字头）、城际动车组列车（C字头）、动车组列车（D字头）、直达特快旅客列车（Z字头）、特快旅客列车（T字头）、快速旅客列车（K字头）、临时旅客列车（L字头）等，但不含地铁、轻轨列车及磁悬浮列车。

9.11	交通工具	交通工具指除火车、飞机、私家车及公务车以外的特定公共交通工具和出租汽车。 特定公共交通工具：依照有关法律、行政法规、地方性法规、自治条例和单行条例、规章规范性法律文件，办理了有关审批登记、注册手续，依法面向公众提供商业运营服务，有固定行驶路线、固定行驶时间表，以乘客身份乘坐需要付费的交通工具，包括轮船，轨道交通（地铁、轻轨列车、磁悬浮列车），市内公共汽车及电车，长途公共汽车。 出租汽车：依照有关法律、行政法规、地方性法规、自治条例和单行条例、规章规范性法律文件，办理了有关审批登记、注册手续，按照乘客或者用户意思提供客运服务，并且按照行驶里程和时间收费的汽车。
9.12	毒品	毒品指中华人民共和国刑法规定的鸦片、海洛因、甲基苯丙胺（冰毒）、吗啡、大麻、可卡因以及国家规定管制的其他能够使人形成瘾癖的麻醉药品和精神药品，但不包括由医生开具并遵医嘱使用的用于治疗疾病但含有毒品成分的处方药品。
9.13	酒后驾驶	酒后驾驶指经检测或者鉴定，发生保险事故时每百毫升血液中的酒精含量达到或者超过一定的标准，是否达到前述标准由公安机关交通管理部门依据《中华人民共和国道路交通安全法》的规定认定，我们根据公安机关交通管理部门的认定确认是否属于酒后驾驶。
9.14	无合法有效驾驶证驾驶	无合法有效驾驶证驾驶指下列情形之一： （1）没有取得中华人民共和国有关主管部门颁发或者认可的驾驶资格证书。 （2）驾驶与合法有效驾驶证准驾车型不相符合的车辆。 （3）持审验不合格的驾驶证驾驶。 （4）在驾驶证有效期内未按照中华人民共和国法律、行政法规的规定，定期对机动车驾驶证实施审验的。 （5）驾驶证已过有效期的。
9.15	无合法有效行驶证	无合法有效行驶证指发生保险事故时没有按照公安机关交通管理部门机动车登记制度的规定进行登记并领取机动车行驶证或者临时通行牌证等法定证件。包括下列情形之一： （1）未办理行驶证或者行驶证在申办过程中的。 （2）机动车行驶证被依法注销登记的。 （3）未在行驶证检验有效期内依法按时进行或者未通过机动车安全技术检验的。
9.16	机动车	机动车指以动力装置驱动或者牵引，上道路行驶的供人员乘用或者用于运送物品以及进行工程专项作业的轮式车辆。
9.17	醉酒	醉酒指发生事故时每百毫升血液中的酒精含量大于或者等于 80 毫克。
9.18	医疗事故	医疗事故指医疗机构及其医务人员在医疗活动中，违反医疗卫生管理法律、行政法规、部门规章和诊疗护理规范、常规，过失造成患者人身损害的事故。
9.19	非处方药	非处方药指在使用药品当时，由国务院药品监督管理部门公布的，不需要凭执业医师和执业助理医师处方，消费者可以自行判断、购买和使用的药品。

9.20	潜水	潜水指使用辅助呼吸器材在江、河、湖、海、水库、运河等水域进行的水下运动。
9.21	攀岩	攀岩指攀登悬崖、楼宇外墙、人造悬崖、冰崖、冰山等运动。
9.22	探险	探险指明知在某种特定的自然条件下有失去生命或者使身体受到伤害的危险，而故意使自己置身于其中的行为，如：江河漂流、登山、徒步穿越沙漠或者人迹罕至的原始森林等活动。
9.23	武术比赛	武术比赛指两人或者两人以上对抗性柔道、空手道、跆拳道、散打、拳击等各种拳术及使用器械的对抗性比赛。
9.24	特技表演	特技表演指进行马术、杂技、驯兽等表演。
9.25	现金价值	现金价值指保险合同所具有的价值，通常体现为解除合同时，根据精算原理计算的，由我们退还的那部分金额。
9.26	与基本保险金额减少部分相对应的现金价值	与基本保险金额减少部分相对应的现金价值指您减保时我们退还的那部分金额，额度等于您申请减保时保险合同的现金价值乘以减少的基本保险金额与减保前的基本保险金额的比例。例如：您减保前投保的基本保险金额是10万元，对应的现金价值为8万元，您申请将基本保险金额从10万元减保至6万元，那么基本保险金额减少部分相对应的现金价值为 $8\times[(10-6)/10]=3.2$ 万元

模块四

人身保险产品分析

项目一 传统型人寿保险分析

情景描述

2022 年 2 月，年仅 28 岁的字节跳动员工猝死，其妻子还在怀孕期间，每个月有 21 000 元的房贷要还，在这样的情况下，生活压力非常大，家里的经济支柱突然就去世了，家里留下的老人、妻子跟孩子，还有房贷甚至车贷需要偿还，这种家庭应该怎么配置保险呢?

学习目标

- 掌握传统型人寿保险产品概念。
- 了解传统型人寿保险产品分类。

能力要求

- 能够针对不同客户配置合适的传统人寿保险产品。

知识准备

一、传统型人寿保险的定义

引导问题 1：什么是传统型人寿保险?

知识要点：

人寿保险是以被保险人的寿命作为保险标的，以被保险人的生存或者死亡作为保险事故（给付保险金的条件）的一种人身保险业务。人寿保险是人身保险中最基本、最主要的组成部分，也是最典型的一类产品。

人寿保险按照设计类型可分为传统型人寿保险和创新型人寿保险。

传统型人寿保险是指仅仅具有保障功能和储蓄功能的人寿保险，是保单签发时保费和保单利益确定的人寿保险。即通常所概括的以“保额确定、保费确定和利率确定”为特征的寿险产品，其中最主要的特征是保单签发时保单有确定的预定利率。

引导问题 2：传统人寿保险以保障为主要目的，可以按生、老、死进行分类：

死：以被保险人______为给付条件，如：______人寿保险、______人寿保险。生/老：以被保险人______为给付条件，如：________保险、________保险。

知识要点：

传统的普通人寿保险，一般可分为定期寿险、终身寿险、两全保险、年金保险等。

二、死亡保险

（一）定期寿险

引导问题 1：

定期寿险，是指在保险合同约定的期限内，如果被保险人__________，则保险公司按照____________给付保险金；如果保险期限届满被保险人健在，则保险合同____________自然终止。保险公司__________保险责任，并且不退回保险费。

知识要点：

定期寿险产品的定义

定期寿险又叫定期死亡保险，是人寿保险业务中产生最早、最简单的一个险种，它提供特定期间的死亡保障，如 1 年、5 年、10 年、20 年，或到被保险人的某个年龄为止，被保险人在特定期间内死亡时，保险人按照合同约定支付保险金；如果特定期限届满，被保险人仍然生存的，则保险人不再承担保险责任。定期寿险为非储蓄型产品，通常没有现金价值。

引导问题 2：定期寿险有什么特点？

____

____

____

____

知识要点：

定期寿险的特点

1. 保险期限确定

定期寿险只提供一个确定时期的保险保障。

2. 保费低廉

定期寿险只承担一定时期内的死亡给付责任，保险期限较短，且没有生存返还。因此，在保险金额相同的情况下，投保定期寿险所缴纳的保费要比投保终身寿险和期限相同的两全保险低得多，被保险人可以以相同的保费负担获得最大的寿险保障。

3. 纯保障性

被保险人在保险期限内死亡时，保险人向指定的受益人给付保险金。如果被保险人期满仍然生存，保险人不给付保险金，也不退还保费。定期寿险保单在有效期内基本没有现金价值，也不具有储蓄性。

4. 逆选择风险较高

由于投保定期寿险可以以较少的保费支出获得较大的保险保障，所以一些身体健康状况不佳或职业危险程度高的被保险人往往会投保高保额的定期寿险。

引导问题3：定期寿险可以续保和转换吗？请对相关条款进行说明。

____

____

____

____

知识要点：

定期寿险的两个重要条款

1. 可续保条款

可续保定期寿险保单给予保单持有人在保险期间结束时继续投保的权利，而无须提供可保证明。

2. 可转换条款

可转换的定期寿险保单包含一个转换条款，允许保单持有人将定期寿险转为终身寿险或两全保险，而无须提供额外可保证明。

引导问题4：为了防止逆选择，定期寿险续保和转换有哪些限制？

____

____

____

____

引导问题 5：

根据保险金额在整个保险期间________________是否发生变化为依据，可以将其分为________________寿险、________________寿险、________________寿险。大多数定期寿险属于定额定期寿险，死亡保险金在整个保险期间____________。递减定期寿险的死亡保险金在整个保险期间__________。递增定期寿险规定一个初始的死亡保证金，然后在整个保险期间按照约定的时间__________。

知识要点：

定期寿险的种类

1. 固定保额定期寿险

固定保额定期寿险又称为平准型定期寿险，其保险金额在整个保险期限内保持不变。例如，张三投保了一份保额为 10 万元的 10 年期定额定期保单，如果张三在未来 10 年内死亡，且保单仍然属于有效保单，则保险人将支付保单受益人 10 万元的死亡保险金。我国现阶段各寿险公司销售的定期寿险绝大部分属于此类产品。

2. 保额递增定期寿险

保额递增定期寿险是指死亡保险金额会在初始保额的基础上按约定的金额或比例逐期递增。例如，某 60 岁满期递增定期寿险的初始保额为 10 万元，以后保额逐年递增 5%，或者按照生活费用的增长来调整保额的递增速度。其保险费也会随着保额的增加而增加。与定额定期寿险产品相比，投保人购买增额定期寿险，可以将通货膨胀而导致的购买力下降风险转移给保险人。

3. 保额递减定期寿险

与递增型产品相反，保额递减型定期寿险是指死亡保险金额随着保单年度的递增而逐年递减。这类产品一般是为分期还款的贷款额合同而设置的险种，保险期限通常等于合同期限，保险金额随债务的偿还而逐步减少，如果被保险人（债务人）在保险期限内死亡，作为受益人的债权人就从保险人处申领死亡保险金，金额等于被保险人尚未偿清的款项。

此外，随着人民保障需求的多样化，一些定期寿险产品增加了残疾保险责任，还提供高残责任等。还有一些则附加了豁免保费、减额交清等功能，以满足不同投保人的保障需求。

引导问题 6：哪些人群适合购买定期寿险？为什么？

____

____

____

____

引导问题 7：定期寿险有哪些局限性？

知识要点：

定期寿险局限性主要体现在：

（1）被保险人有失去保障的可能。

（2）保费费率会随着被保险人年龄的增加而增加。

（3）短期定期寿险保单不具有现金价值。

【产品示例】

产品名称：华贵大麦旗舰版定期寿险（互联网专属）

1. 产品条款（节选）

（1）投保范围。

①被保险人范围。

除另有约定外，凡年满 18 周岁，不满 61 周岁且符合本公司投保条件的人均可作为被保险人参加本保险。

②投保人范围。

被保险人本人或对被保险人有保险利益的其他人可作为投保人向本公司投保本保险。

（2）保险责任。

在本合同保险责任有效期内，本公司承担下列保险责任。

①被保险人于合同生效 1 年内因疾病导致身故或身体高残，本公司按保险合同载明保险金额的 10%给付身故或身体高残保险金，并无息返还所缴保险费，本合同效力终止。

②被保险人因意外伤害或合同生效 1 年后因疾病导致身故或身体高残，本公司按保险合同载明的保险金额给付身故或身体高残保险金，本合同效力终止。

（3）保险期间。

本合同的保险期间由客户和本公司约定，但须符合本公司当时的投保规定，约定的保险期间将在保险单上载明。保险期间自本合同生效日的零时开始，至期满日的二十四时终止。

【投保示例】

30周岁的华先生是一位公司白领，月收入2万元，育有一女，每月贷款1万元。考虑到家庭基本生活及贷款风险的覆盖，华先生为自己投保了华贵大麦旗舰版定期寿险（互联网专属）产品，保障期间为30年。第2个保单年度初，华先生因疾病导致失能，第12个保单年度初因疾病导致身故。经审核，第2个保单年度初时，华先生首次符合功能损伤失能保险金的给付条件，保险公司向华先生一次性给付功能损失能关爱金（退还实际缴纳的保费），并按2万元/月给付功能损伤失能保险金，给付满期后120个月后，华先生身故，符合主险赔付条件，受益人获得100万元身故保险金。

（二）终身寿险

引导问题8：终身寿险保险期间确定吗？死亡给付是必然的吗？为什么？

____

____

____

____

____

知识要点：

终身寿险又称终身死亡保险，是指从保险合同生效之日起，被保险人在任何时间内死亡，保险人向受益人给付保险金，或者被保险人生存到100岁时，保险人向被保险人给付保险金的人寿保险。

引导问题9：终身寿险有什么特点？

____

____

____

____

____

知识要点：

终身寿险的特点

1. 死亡给付必然发生

人的生命是有限的，终有一死，不管被保险人的死亡在何时发生，保险人均要承担给付死亡保险金的责任。

2. 期交保单采用均衡保险费率，费率高过定期寿险

终身寿险业务中，由于趸缴费率很高，投保人往往选择分期缴纳保险费。期交保单采用均衡保费制度，由于保险期限长，死亡给付百分之百会发生，因此其费率明显

高过定期寿险的费率。

3. 保单具有现金价值，储蓄性明显

作为长期性的寿险业务，终身寿险保单具有现金价值，其金额逐年增加。为了应对将来必然履行的给付责任，保险人要逐年提取责任准备金，因此终身寿险具有较强的储蓄性。

引导问题 10：按缴费方式，终身寿险可以怎么分类？并进行对比。

____

____

____

____

____

知识要点：

终身寿险类型

按照缴费方式，终身寿险可以分为终身缴费的终身死亡保险和限期缴费的终身死亡保险。

（1）终身缴费的终身死亡保险。这种保险投保人必须按期缴纳保险费一直到被保险人死亡，这也就意味着缴费期等同于保险期。被保险人在获得终身保险保障的同时必须终身进行保险费的缴纳。

（2）限期缴费的终身死亡保险。这种保险的缴费期一般会明确约定，投保人只负责在缴费期内进行保险费的缴纳。这时缴费期会短于保险期。如果缴费期规定为30年，则称这种保单为30年缴费的终身寿险。如果规定被保险人达60岁之前为缴费期，则称这种保单为缴费至60岁的终身死亡保险。缴费期越长，每期缴纳的保险费越少。趸缴保费和终身缴费是限期缴费终身死亡保险的两种特殊缴费方式。

引导问题 11：

终身寿险是寿险中的一种，不过由于终身寿险保费比较高，所以购买群体的净资产比较________。终身寿险购买人群一般为：家庭拥有一定的财产积累、企业家、家族企业等。

知识要点：

终身寿险作为人寿保险的一种，存在保费高、杠杆较低的缺点，因此并不适合所有人群，一般比较适合买终身寿险的人群有：

（1）家庭责任较重的被保险人，如果是上有老、下有小的家庭经济支柱，终身寿险就比较适合。

（2）计划将遗产以保险金的形式遗留给家人或其他人的被保险人，这样可以免缴纳太多遗产税。

（3）计划以退休金当作退休生活费或其他用途的被保险人。

【产品示例】

产品名称：鼎诚鼎峰传家终身寿险

1. 产品条款（节选）

（1）投保范围。

凡出生满28日（含）至70周岁（含）、身体健康的自然人均可作为被保险人，由本人或对其具有保险利益的人作为投保人向我们投保本保险。

（2）保险责任。

本合同的保险责任分为基本责任和可选责任。基本责任包括“身故保险金”，可选责任包括“身体高度残疾保险金”和“航空意外身故额外保险金”。

您可以只投保基本责任，也可以在投保基本责任的同时投保一个或多个可选责任。

（3）保险期间。

本合同的保险期间为终身，自保险单上记载的保险合同生效日零时起至被保险人身故时止。

（4）保险费的支付。

本合同保险费的支付方式和缴费期间由您和本公司约定并在保险单上载明。本合同保险费采用分期支付方式的，在支付首期保险费后，您应当按照约定的日期支付其余各期的保险费。

保险单的现金价值权益：

①现金价值。现金价值指保险单所具有的价值，通常体现为解除合同时，根据精算原理计算的，由我们退还的那部分金额。本合同各保单年度末的现金价值会在保单上载明。

②保单贷款。在本合同有效期内，可以申请并经我们审核同意后办理保单贷款。累计贷款金额不得超过本合同当时现金价值扣除各项未还款项后余额的80%，每次贷款期限最长不超过6个月，贷款利率按照本公司公布的利率执行。如果到期未能偿还本息或未能足额偿还贷款本息，则所欠的贷款本金及利息将作为新的贷款本金计息。

【投保示例】

30岁的诚先生进入事业初升期，刚有了孩子且父母年纪渐长，自己经常出差，对家庭有着很强的责任感，所以诚先生在配置保险时比较关注高额的意外身故责任。经过精心选择，诚先生最终为自己购买了“鼎诚鼎峰传家终身寿险”，选择了30年交，保险期间为终身，年交保费19 672元，享有身故保险金200万元、身体高度残疾保险金200万元及航空意外身故额外保险金400万元的保障。

三、生存保险

引导问题1：

生存保险是以被保险人在保险期满或达到某一年龄时仍然________为给付保险金条件的人寿保险。只要被保险人________到约定的时间，保险人就给付保险金。若在此期间被保险人________，则保险人不承担给付保险金的责任，也不退还所交保险费。

知识要点：

单纯的生存保险一般不单独办理，保险人也不设计只提供生存保障的保单。它往往与其他险种结合，以满足人们多方面的需求。年金保险是生存保险的一种特殊形式。

引导问题2：生存保险的特点有哪些？

____

____

____

____

____

知识要点：

生存保险的特点：

（1）如果保险期间内被保险人死亡视为未发生保险事故，保险人不负保险责任，也不退还已缴纳的保险费。因此，保险公司依照合同给付生存者的保险金，不仅包括其本人所缴纳的保费及其衍生利息，而且包括保险期内死亡者所缴纳的保险费及衍生利息。

（2）投保生存保险的主要目的，是在一定时间之后被保险人可以领取一笔保险金，以满足其生活等方面的需要。例如，为年幼的子女投保子女教育保险，可以使其在读大学时有一笔教育基金。

（3）生存保险是为保障被保险人今后的生活或工作有一笔基金，以满足其未来消费开支，类似于一种储蓄。

四、两全保险

引导问题1：

两全险又叫生死两全险，是指被保险人在保险合同约定的保险期间内身故，或在保险期间届满仍生存时，保险公司按照保险合同约定应承担给付保险金责任的人寿保险。两全保险兼具有__________和__________两项功能，既是一种资产储备也是一份风险保障。任何一份两全保险的合同中都有一个载明的到期日，到期之前，两全保险的职责是“保障”，到期之后，它的职责就是一次性拿出一笔“生存保险金”。

知识要点：

两全险，又称为生死两全保险或者混合保险，是被保险人无论在保险期内死亡还是生存至保险期满，保险人都给付保险金的一种人寿保险。最简单的两全险是被保险人在保险期间内身故，赔付保额；被保险人在保险期间内没有身故，到期后返本。

两全保险具有保障性和储蓄性的双重功能。一方面，两全保险对被保险人在保险合同约定的保险期间内可能发生的死亡事故提供保险保障。另一方面，两全保险在保险期间内不断积存现金价值。

【专栏 4-1-1】

中国银保监会发布《关于规范两全保险产品有关问题的通知》

为加快推进保险业供给侧结构性改革，进一步丰富保险产品供给，规范人身保险产品开发设计行为，保护保险消费者合法权益，银保监会近日发布《中国银保监会办公厅关于规范两全保险产品有关问题的通知》（以下简称《通知》）。

《通知》主要有以下内容：一是规定两全保险产品的保险期间应当与实际存续期一致。禁止通过保单质押贷款、部分领取等条款设计，或者通过退保费用、持续奖励等产品定价参数设计改变保险产品实际存续期间，也不得通过调整现金价值利率等方式，变相提高或降低产品现金价值。二是明确两全保险产品应当以 5 年期及以上业务为主。因流动性管理或者资产负债匹配管理需要，保险公司可以开发设计保险期间为 5 年期以下的产品，但不得短于 3 年。三是对 5 年期以下两全保险产品实施额度和比例控制。规定保险公司 5 年期以下两全保险产品的年度规模保费应控制在公司上年度末投入资本和净资产较大者的 1 倍以内，且占公司年度规模保费比例不得超过 20%。四是规范两全保险产品销售宣传行为，明确对违规行为的监管措施。

《通知》在规范保险产品开发设计行为的基础上，适度放开 5 年期以下两全保险产品，既有利于保险公司进一步丰富保险产品供给，满足保险消费者的真实需求，也有利于保险公司优化负债结构，防范利率风险。同时《通知》对 5 年期以下两全保险产品实行严格的额度和比例控制。下一步，银保监会将持续加大产品监管力度，严厉打击侵害保险消费者利益的行为，强化监管约束机制，推动人身保险市场高质量发展。

（资料来源：https://www.gov.cn/xinwen/2019-12/11/content_5460218.htm。）

引导问题 2：两全保险有什么特点？

知识要点：

两全保险的特点

1. 储蓄性强

两全保险实际上是一种具有储蓄目的的保险。其生存保险金可以用来保障被保险人的老年生活，其死亡保险金可以为被保险人的亲属提供经济上的帮助，以解决一时之需，使受益人尽快恢复到之前的生活状态。

2. 保险费率高

由于两全保险的保险责任包括死亡保险金给付与生存保险金给付，因此其保障与储蓄功能兼而有之。由于被保险人或生存至保险期满或在保单有效期内死亡二者必居其一，即保险人对每一份保单一定要承担给付责任，所以，在相同条件下，两全保险的保险费率明显高于定期寿险和终身寿险。

3. 特殊用途

两全保险的主要作用在于为被保险人本人的老年生活提供经济保障，因此，可以将其作为养老保障的一种手段。此外，两全保险还可以另作他用，即为子女积累教育金或婚嫁金以备不时之需。

引导问题 3：两全保险主要有哪些种类？

知识要点：

两全保险中常见的种类主要包括普通两全保险、期满双倍两全保险、养老附加定期保险和联合两全保险四种类型，分述如下：

1. 普通两全保险

普通两全保险是指如果被保险人在保险期限内死亡，则保险人承担给付死亡保险金责任；如果被保险人生存至保险期满，则保险人承担给付生存保险金责任，其死亡保险金与生存保险金数额相同。

2. 期满双倍两全保险

期满双倍两全保险是在普通两全保险基础上改进形成的产品，是指如果被保险人在保险期限内死亡，则保险人给付全额死亡保险金；如果被保险人生存至保险期满，则保险人给付的生存保险金是死亡保险金的两倍。

3. 养老附加定期保险

养老附加定期保险是指如果被保险人生存至养老金领取年龄，则被保险人按照合同约定的金额领取保险金；如果被保险人在保险期内死亡，则其受益人将得到几倍甚至几十倍约定保险金额的保险金，以保证被保险人身故后其家属仍能获得必要的生活费用。这种两全保险是为受益人考虑而设计的。

4. 联合两全保险

联合两全保险是指以1张保单为两个或两个以上被保险人提供保障的一种保险。在保险期内，如果被保险人中的任何一人死亡，则保险人将向余下的被保险人给付全部保险金，保单终止；如果在保险期满时联合被保险人无一人死亡，则由全体被保险人共同领取生存保险金。联合两全保险多适用于夫妻投保。

【产品示例】

产品名称：泰康乐利两全保险（互联网）

1. 产品条款（节选）

（1）投保范围。

凡年龄为出生30日以上，65周岁以下，身体健康者，均可作为被保险人，由本人或对其具有保险利益的人作为投保人向泰康人寿保险有限责任公司投保本保险。

（2）保险责任开始。

本合同自本公司同意承保、收取首期保险费并签发保险单的次日开始生效。除另有约定外，本合同生效的日期为本公司开始承担保险责任的日期。

（3）保险期间。

本合同的保险期间自本合同生效日零时开始，在保险单上载明的保险期间期满日的24时止。

（4）保险责任。

在本合同有效期间内，本公司负以下保险责任：

①生存保险金。如果被保险人在本合同保险期间届满时仍然生存，则我们向生存保险金受益人给付生存保险金，本合同终止。生存保险金的数额为累计已缴纳的本合同的保险费乘以生存保险金给付比例。“生存保险金给付比例”的取值如表4-1-1所示。

表 4-1-1 生存保险金给付比例

本合同的保险期间	本合同的缴费期间	生存保险金给付比例
15 年	3 年交	15%
20 年	3 年交	175%
20 年	6 年交	170%
25 年	3 年交	205%
25 年	6 年交	200%

②身故保险金。

若被保险人于年满 18 周岁后的首个年生效对应日（不含该日）前身故，我们将向身故保险金受益人给付身故保险金，本合同终止。身故保险金的数额为下列两者中的较大值：

a. 您累计已缴纳的本合同的保险费。

b. 被保险人身故之日本合同的现金价值。

若被保险人于年满 18 周岁后的首个年生效对应日（含该日）后身故，我们将向身故保险金受益人给付身故保险金，本合同终止。身故保险金的数额为下列三者中的最大值：

a. 本合同的基本保险金额。

b. 您累计已缴纳的本合同的保险费乘以一定比例，该比例的取值约定如表 4-1-2 所示。

表 4-1-2 给付比例

被保险人身故时的到达年龄	18~40 周岁	41~60 周岁	61 周岁及以上
对应比例	160%	140%	120%

【投保示例】

康女士为丈夫泰先生（40 岁）投保“乐利两全（互联网）”，康女士为投保人及生存保险金受益人，泰先生为被保险人，儿子小泰为身故保险金受益人。

年交保险费：10 000 元。

保险期间：20 年。

缴费期间：3 年。

基本保险金额：67 150 元。

泰先生享有的保障如表 4-1-3 所示。

表 4-1-3　泰先生享有的保障

保障内容	领取人	保障金额	给付条件
生存保险金	康女士	保险期间届满时累计已缴纳的本合同保险费×175%=52 500（元）	泰先生在保险期间届满时生存
身故保险金	小泰	下列三者中的最大值： （1）基本保险金额=67 150（元） （2）身故时累计已交保险费×140%=42 000（元） （3）身故对本合同的现金价值=33 330（元），身故保险金为 67 150（元）	假设泰先生在第 11 个保单年度、50 周岁时身故

任务要求及步骤

任务一

以小组为单位，选择市面上的定期寿险、终身寿险和两全保险各 1 款以上产品，了解相关内容和条款，比较在相同性别和年龄，投保相同保额的三个险种的区别。

任务二

王先生，35 岁，某私营企业老总，年收入 65 万元左右，房产两套，其中一套有 50 万元贷款，分 25 年还清。其家庭成员有妻子和儿子，妻子为家庭主妇，没有工作；儿子今年 6 岁，正在某所小学上一年级。王先生之前没有买过任何商业人身保险。

小组讨论：请为王先生选择两款保险产品，其中一款为定期寿险产品，另一款为终身寿险产品，分析两款产品的主要特点并进行简单对比。

任务三

以小组为单位，搜集三家不同保险公司的两全保险产品，比较不同公司同类产品在保险费收取、保险责任、保障期间及保障范围等方面的差异。

小组计划与分工

小组计划与分工如表 4-1-4 所示。

表 4-1-4　小组计划与分工

任务内容	组员姓名	任务分工	评价

表4-1-4(续)

任务内容	组员姓名	任务分工	评价

分析与总结

项目二 创新型人寿保险产品分析

情景描述

小王家两口子刚结婚两年，年龄为28岁，他跟他爱人都在大型企业中工作，两口子收入属于中上等。他们有一定的存款，在当前银行利率不断下调的大环境下，他们认为把储蓄存在银行跑不过通货膨胀速度，而且没有保障功能，但是单纯只买保险产品，又损失了收益，因此想挑选一款既具有保障功能又可以获得投资收益的保险产品，如果你是保险经纪人，你怎么推荐保险产品呢?

学习目标

- 掌握创新型人寿保险产品概念。
- 了解创新型人寿保险产品分类。

能力要求

- 能够判定创新型人寿保险与传统型人寿保险的区别。
- 能够针对不同客户配置合适的创新型人寿保险产品。

知识准备

一、创新型人寿保险产品的定义

引导问题1：什么是创新型人寿保险?

____

____

____

知识要点：

创新型人寿保险的发展

随着经济金融形势的发展，为了满足人寿保险市场竞争的需要，人寿保险的产品也在不断创新，品种不断增多。人寿保险产品开始由传统的保障型、储蓄型向分红型、投资型方向发展，客户可以与保险公司共同分享保险经营成果，或者保险公司为客户设立专门账户进行投资理财。因此，20世纪以来，国际上诞生了不同于传统寿险产品的创新型保险产品。

在全球金融业不断发展创新的大背景下，在20世纪90年代普通寿险产品的利率风险导致利差损问题的环境下，1999年以后我国各家寿险公司积极引进国际新型寿险产品，逐步推出了分红保险、投资连结保险和万能人寿保险等创新型人寿保险，传统寿险产品的市场份额迅速下降，创新型人寿保险成为寿险市场主流产品。

创新型人寿保险除了提供同传统人寿保险一样的保障服务外还可以让客户直接参与由保险公司管理的投资活动。

引导问题2：创新型人寿保险有哪些类型？

____

____

____

____

知识要点：

创新型人寿保险产品的分类

创新型人寿保险产品按保障范围可以分为分红保险、投资连结保险和万能寿险（图4-2-1）。

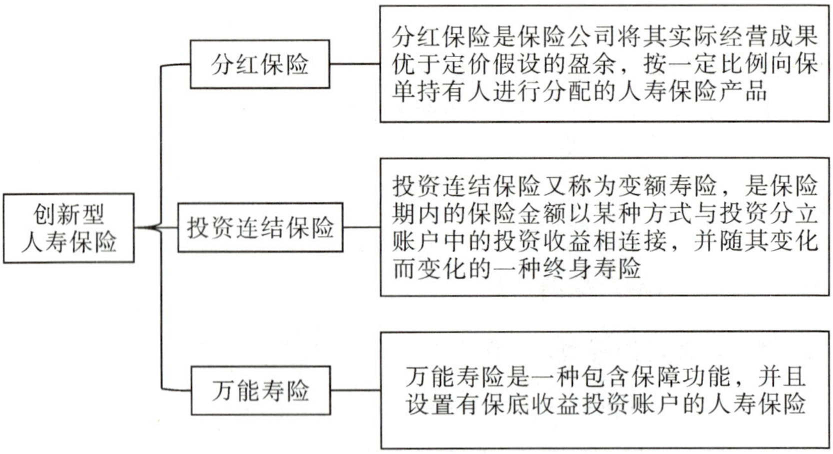

图4-2-1　创新型保险产品的分类

二、分红保险

引导问题 1：

分红保险是保单持有人可以分享保险公司____________的保险种类，保单持有人每年都有权获得建立在保险公司经营成果基础上的红利分配，就是分享红利，享受公司的经营成果。

知识要点：

分红保险的定义

分红保险是按照相对保守的精算假设假定较高的保险费率，保险人除了按照保单所载明的保险责任对被保险人给付外，还将公司在经营中取得的一部分盈利以保单红利的方式返还给保单持有人的保险。在我国，终身寿险、两全保险和年金保险可以被设计为分红保险。

【专栏 4-2-1】

银保监会：分红险红利分配比例统一为 70%

2020 年，银保监会办公厅印发《关于强化人身保险精算监管有关事项的通知》（以下简称《通知》）。《通知》重点围绕进一步强化法定责任准备金监管、规范分红险红利分配和利益演示机制、健全非现场监测机制等方面做出了规定。

具体来看，一是进一步强化法定责任准备金监管。以责任准备金覆盖率为抓手，将其纳入非现场监测指标体系，并与产品监管等监管措施挂钩。二是规范分红险市场发展。为更好引导客户合理预期，防范销售误导和恶性竞争，修订完善了分红险利益演示的方法，明确了演示利率上限，并将红利分配比例统一为 70%。三是完善非现场监测机制。对《中国保监会关于做好人身保险业有关数据报送工作的通知》（保监人身保险〔2017〕263 号）中季度负债业务信息表相关内容进行了调整，新增责任准备金覆盖率、万能险账户基本情况、投连险账户基本情况等，加大负债业务监管力度。

对此，银保监会相关负责人表示，《通知》明确了分红险红利分配演示利率上限，并将红利分配比例统一为 70%，有利于防范行业利差损风险，防止公司通过分红演示进行恶性竞争。长远来看，《通知》明确释放从严监管的信号，体现“保险姓保”的导向，有利于人身保险业的长期健康发展。

此外，《通知》进一步强化法定责任准备金监管，充分体现审慎监管的核心原则，有助于引导人身保险业强化风险意识，守住不发生系统性风险底线。《通知》完善非现场监测机制，有利于更加全面、及时、客观掌握人身保险业负债状况，增强监管政策的科学性、有效性。

（资料来源：http://bgimg.ce.cn/xwzx/gnsz/gdxw/202002/21/t20200221_34324207.shtml。）

引导问题 2：分红保险有哪些特征？

____

____

____

____

知识要点：

分红保险的特征

（1）保单持有人享受经营成果。

（2）客户承担一定的投资风险。

（3）定价的精算假设比较保守。

（4）保险给付，退保金中含有红利。

引导问题 3：

分红保险的红利分配方法主要有____________和____________。前者直接以________的形式将盈余分配给保单持有人。后者是指整个保险期限内每年以增加____________的方式分配红利。

知识要点：

分红保险的红利分配方法

（1）现金红利法，每个会计年度结束后，寿险公司首先根据当年度的业务盈余，由公司董事会考虑指定精算师的意见后决定当年度的可分配盈余，各保单之间按它们对总盈余的贡献大小决定保单红利。

在现金红利法下，保单持有人一般可以选择将红利留存公司累计生息、以现金支取红利、抵扣下一期保费等方法支配现金红利，对保单持有人来说，现金红利的选择比较灵活，满足了客户对红利的多种需求。

（2）增额红利法，增加以保单现有保额的形式分配红利，保单持有人只有在发生保险事故、期满或退保时才能真正拿到所分配的红利。

增额红利法赋予寿险公司足够的灵活性对红利分配进行平滑，保持每年红利水平的平稳，并以末期红利进行最终调节。

引导问题 4：现金红利法领取红利的方式有哪几种？

____

____

____

____

知识要点：

现金红利法红利的领取方式

保单的所有人领取红利的方式主要有以下几种：

（1）现金领取。

（2）累积生息。红利留存于保险公司，按保险公司每年确定的红利累积利率，以复利方式储存生息，并于合同终止或投保人申请时给付。

（3）抵交保费。红利用于抵交到期应缴纳的保费，若红利的金额不足以抵交到期保费，不足部分由投保人补齐。若抵交后仍有余额，剩余部分累计生息，也可以现金方式支取。

（4）购买增额交清保险。依据被保险人当时的年龄，以红利作为趸交保险费，按相同的合同条件增加保险金额。

引导问题5：

分红保险的红利来源于________、________和________所产生的可分配盈余。

知识要点：

分红保险的红利来源

（1）死差益：保险公司实际的风险发生率低于预计的风险发生率，即实际死亡人数比预定死亡人数少时所产生的盈余。

（2）利差益：保险公司实际的投资收益高于预计的投资收益时所产生的盈余。

（3）费差益：保险公司实际的营运管理费用低于预计的营运管理费用时所产生的盈余。

【专栏4-2-2】

廉颇老矣，尚能饭否？

——预定利率下调背景下的分红险机遇和挑战

近期，监管机构召集保险公司进行座谈，要求保险公司控制利差损风险，将人身保险新产品预定利率从3.5%下调至3%。一石激起千层浪，保险主体纷纷下场炒作产品停售，业内对于以分红险为代表的理财型保险的关注度也逐渐升温。

从国外寿险的发展历程来看，寿险市场呈现从保障型产品为主向理财型产品为主的发展趋势，但是产品结构转型背后，是成熟保险市场已经形成满足消费者需求的寿险产品体系，且具有较为成熟的资本市场和消费者权益保护制度，能够保障投保人获取稳定的收益。

前期，我国寿险市场在保障型产品不足的情况下，直接跳跃式地发展了理财型寿险，当前监管正在引导寿险行业“补课”——从理财型转回保障型。我国消费者在经历了分红险从狂飙到冷却后，对理财型寿险的认知也更加理性，加之新冠病毒感染疫情过后消费者预期扭转，在寿险领域也出现消费降级——对于低杠杆、高风险产品的接受度下降，对于高杠杆、高保障的产品更加青睐，而分红险显然属于前者。

（资料来源：和讯网。）

【产品示例】

产品名称：国寿瑞鑫两全保险（分红型）

1. 产品条款（节选）

（1）投保范围。

凡年龄为出生 30 日以上、50 周岁以下，身体健康者，均可作为被保险人，由本人或对其具有保险利益的人作为投保人向本公司投保本保险。

（2）保险期间。

本合同的保险期间为本合同生效之日起至被保险人年满 80 周岁的年生效对应日止。

（3）基本保险金额。

本合同的基本保险金额是指保险合同上载明的保险金额，若本合同附加的“国寿附加瑞鑫提前给付重大疾病保险合同”发生保险事故，则本合同的基本保险金额减少为零。

（4）保险责任。

在本合同有效期间内，本公司承担以下保险责任：

①生存保险金。自本合同生效之日起，被保险人生存至每满 3 个保险单年度的年生效对应日，本公司按基本保险金额的 8%给付生存保险金。

②身故保险金。被保险人于本合同生效之日起 1 年内因疾病身故，本公司按所缴年保险费（不计利息）给付身故保险金，本合同终止，被保险人因意外伤害身故或于本合同生效之日起 1 年后因疾病身故，本公司按基本保险金额的 300%给付身故保险金，本合同终止。

③减期保险金。被保险人生存至保险期间届满的年生效对应日，本公司按基本保险金额的 30%给付满期保险金，本合同终止。

（5）红利事项。

在本合同保险期间内，在符合保险监管机构规定的前提下，本公司每年根据上一会计年度分红保险业务的实际经营状况确定红利分配方案。如果本公司确定本合同有红利分配，则该红利将分配给投保人。

投保人在投保时可选择以下任何一种红利处理方式。

①现金领取。

②累积生息。红利保留在本公司以年复利方式累积生息，红利累积的年利率每年

由本公司公布。

③购买交清增额保险。依据被保险人当时的年龄，以红利作为一次交清保险费，购买交清增额保险。被保险人身故，本公司按交清增额保险累计增加的保险金额，增加被保险人的身故保险金。

若投保人在投保时没有选定红利处理方式，本公司按累积生息方式办理。

本合同在效力中止期间不享有本公司红利的分配。

本公司每年向投保人提供一份红利通知书。

【投保示例】

金先生，30 岁，企业中级管理人员，有社保、考虑增加自己的健康保障和未来养老费用的储备，为拓宽低风险投资渠道，金先生参加“国寿瑞鑫两全保险（分红型）”，选择 10 年期缴费，每年缴纳保险费 24 880 元，基本保额为 10 万元。保险期间为合同生效之日起至被保险人年满 80 周岁的年生效对应日止，金先生可获得以下保险利益和保险保障。

（1）生存保险金。自合同生效之日起，被保险人生存至每满 3 个保险单年度的年生效对应日，本公司给付生存保险金 8 000 元。

（2）身故保险金。被保险人于合同生效之日起 1 年内因疾病身故，本公司按所缴年保险费（不计利息）给付身故保险金，本合同终止；被保险人因意外伤害身故或于本合同生效之日起 1 年后因疾病身故，本公司给付身故保险金 30 万元，合同终止。

（3）满期保险金。被保险人生存至保险期间届满的年生效对应日，本公司给付满期保险金 30 万元，合同终止。

（4）重大疾病保险金。在保险期间内，被保险人于合同生效（或最后复效）之日起 1 年后，初次发生并经专科医生明确诊断患本附加合同所指的重大疾病（无论一种或多种），本合同给付重大疾病保险金 30 万元，合同终止。

三、投资连结保险（变额寿险）

引导问题 1：

投资连结保险是一种__________和__________随分立账户资产的投资业绩上下波动的终身寿险，简称投连险。

知识要点：

投资连结保险的定义

投资连结保险就是保险与投资挂钩的保险，是指一份保单在提供人寿保险时，在任何时刻的价值是根据其投资基金在当时的投资表现来决定的。投资连结保险是保险金额随其保险费分离账户的投资收益变化而变化的一种终身寿险。

引导问题 2：

投资连结保险在使投保人享受了保险保障的基础上，还满足了人们对投资型保险产品的需求。并且它还有效地抵消____________给寿险带来的不利影响。

知识要点：

投资连结保险是现金价值人寿保险之一，是在保险期内保险金额随资金运用实际业绩变化的人寿保险。投资连结保险允许保单持有人将保单的现金价值投资于股票、债券或货币市场组合投资。投资者可以自行在不同组合间转换，也可以依赖公司的专业货币市场经理作出投资决策。这种保险每年的保费是固定的，但是其中的一部分被划拨到投资组合中去。保单现金价值的数量与死亡给付依赖于保单持有人所选择的独立账户的投资结果，现金价值或死亡给付没有保证，两者都依赖于所选择的投资组合的业绩。如果保单持有人支付额外的保费，则一些保险公司会保证最低的死亡给付；如果投资组合的业绩很好，则保单中的现金价值会显著增加，保单持有人可以拿出一部分现金购买额外的保险；如果保单持有人选择一个业绩较差的投资组合，则保单的业绩也会很差，甚至出现保单被终止的情况。投资连结人寿保险的收益在分配之前是税收递延的，并且只有超过保费部分的收入才被征税。

引导问题 3：变额寿险（投资连结保险）的“变”体现在哪里？随着什么而变动？

____

____

____

____

____

知识要点：

购买变额寿险（投资连结保险），投保人支付保费以后，寿险公司扣除保险费用，将剩余资金放在以保单持有人名义设立的分离账户内，分离账户的资金用来购买一个或几个单位的投资基金，投资基金主要投资于各种证券。变额寿险的保险金额可以随着金融市场上的投资收益变化而变化。

引导问题 4：若投资账户亏损，投资连结保险的死亡保险金会受到影响吗？

____

____

____

____

____

引导问题5： 投资连接保险的投资选择由哪一方确定？投资风险又由哪一方来承担？

____

____

____

____

知识要点：

投资连结保险的特征：

（1）保证最低死亡给付金额，投资连结保险的保险金额由两部分构成：一部分是合同规定的基本保额，它不受寿险公司投资业绩好坏的影响，一般的投资连结保险的保险单都规定了一个最低死亡给付金额，而另一部分保险金额是变动的，随分立账户资金运用效果的好坏而变动，若分立账户的资产投资全部亏损，保险人会保证最低的死亡给付金额。

（2）保险金不确定，投保人所缴纳的保险费扣除规定的销售费用、管理费用、死亡保障费用后存入投保人选定的投资账户中，进行投资运作，保险单的死亡保险金和现金价值与所选择投资账户的投资业绩直接挂钩。

（3）所有的投资风险转嫁给客户，投资连结保险的保险单允许保险单持有人根据自己的投资收益目标和风险偏好选择投资账户和投资组合，而且至少每年可以变动投资选择，保险人对不同的投资账户采取不同的投资策略，保险人只负责死亡风险和费用风险，投资风险全部由保险单持有人承担，不论分立账户的投资业绩如何，保险人不承诺投资账户的最低投资收益。

引导问题6：

《个人投资连结保险精算规定》中还规定：“投资连结保险产品及投资账户均不得保证________。”

知识要点：

投资连结保险产品应具备：该产品必须包含一项或多项保险责任；该产品至少连结到一个投资账户上；保险保障风险和费用风险由保险公司承担；投资账户的资产单独管理；保险单价值应当根据该保险单在每一投资账户中占有的单位数及其单位价值确定；投资账户中对应某张保险单的资产产生的所有投资净收益（损失），都应当划归该保险单；每年至少应当确定一次保险单的保险保额；每月至少应当确定一次保险单价值。

引导问题 7：列出适宜与不适宜购买投资连结保险的人群的具体特征。

____

____

____

____

____

知识要点：

购买投资连结保险的适宜人群：

有理性的投资理念、追求资产高收益同时又具有较高风险承受能力的投保人。

【专栏 4-2-3】

投连险①升温　投资仍需谨慎（节选）

因部分账户收益表现较优，近期，投连险再次吸引了部分投资者的关注。数据显示，2021 年 1—9 月，人身险公司投连险独立账户新增缴费达 535 亿元，较 2020 年同期的 269 亿元，同比增长 198.85%，在各险种中表现突出。

在分析人士看来，持续的低利率环境是投连险走俏的原因之一，部分消费者在寻求保障的同时，亦愈发看重保险产品的财富增值能力。

不过，需要留意的是，投连险对投资者的风险承受能力有较高要求。经济周期、政策调整、资本市场波动等均会带动投连账户净值的涨跌，可能在享有较高回报的同时，也需承担一定的风险。以 10 月为例，尽管部分账户阶段性业绩表现较为稳健，但整体来看，投连险业绩表现分化仍在持续，不乏账户仍处于亏损。

“不同的人身保险产品，侧重不同的风险保障。尽管部分分红、投连、万能等寿险产品具有投资功能，但本质上仍属于保险产品，收益水平与保险公司经营状况和投资能力相关，不宜与银行存款、国债、基金等金融产品进行片面比较，更不能仅把其作为银行存款的替代品。”北京银保监局此前指出，投连险产品适合具有理性的投资理念、追求资产高收益同时又具有较高风险承受能力的投资人，重保障、风险承受力弱的人群不宜购买。

具体来看，业内人士建议，在选择投连险时，应根据自身的理财需求和风险承受能力选择合适的投资账户，并注意根据证券市场表现，及时转换不同的账户配置。如激进型、混合激进型账户权益配置比例较高，与权益市场关联密切，因此收益波动更大；而货币型、类固定收益型账户由于投资方式稳健，风险较小，虽然收益率并不突出，但是各账户之间波动很小。

① 投资连结保险，以下简称“投连险”。

此外，投连险净值表现与保险公司投研团队的实力、投连账户操盘经理的能力息息相关。因此，在评估自身风险承受力的同时，也需注意相关险企的投资能力，做到“知己知彼”。

（资料来源：http://finance.ce.cn/insurance1/scrollnews/202111/22/t20211122_37103121.shtml，2021年11月22日。）

引导问题8：从保险公司和保户两方面列出投资连结保险的优缺点。

【专栏4-2-4】

创新型寿险相关政策简介如表4-2-1所示。

表4-2-1　创新型寿险相关政策简介

时间	监管政策	对创新型寿险的影响
1999年	关于调整寿险保单预定利率的紧急通知	寿险产品预定利率下调为2.5%，寿险与理财、存款竞争压力加大，保险公司开始开发理财型寿险予以应对
2013年	关于普通型人身保险费率政策改革有关事项的通知	分红型人身保险保险单法定评估利率为2.5%
2015年	中国保监会关于推进分红型人身保险费率政策改革有关事项的通知	对于开发的分红型人身保险产品预定利率不高于3.5%的，报送中国保监会备案；预定利率高于3.5%的，报送中国保监会审批。分红险利率市场化完成
2019年	关于完善人身保险业责任准备金评估利率形成机制及调整责任准备金评估利率有关事项的通知	分红型人身保险责任准备金的评估利率上限为年复利3%和预定利率的较小者

【产品示例】

产品名称：中美大都会钱程似锦投资连结保险

1. 产品条款（节选）

（1）投保范围。

出生满30天至70周岁的人士均可投保。

（2）保险期间。

终身。

（3）基本保险金额。

保险公司合同所载基本保险金额由客户与保险公司于投保时约定。客户可随时调整基本保险金额，但在第 1 个至第 10 个保险单年度内不得低于保险公司规定的最低基本保险金额。被保险人 60 岁后，基本保险金额最高为人民币 10 000 元。

（4）保险责任。

身故保险金=基本保险金额+个人账户价值

全残保险金=基本保险金额+个人账户价值

（5）个人账户。

个人账户是指为履行本投资连结保险产品的保险责任，根据国家金融监督管理总局的有关规定，为明确客户的权益而为客户设立的单独账户。

个人账户价值= $\sum$（各投资账户的投资单位数×投资单位该日的卖出价）

个人账户于个人账户建立日的 24 小时起设立，客户的个人账户价值不得低于人民币 1 000 元。

【投保示例】

王先生，30 周岁，投保中美大都会人寿保险有限公司钱程似锦投资连结保险，基本保险金额 20 万元，基本保险费 6 000 元，期交额外保险费 2 000 元，缴费期 10 年，一次性交付额外保险费 10 000 元；所交保险费的投资账户分配比例为货币型基金投资账户 0%，债券型基金投资账户 10%，混合偏债型基金投资账户 40%，混合偏股型基金投资账户 40%，股票型基金投资账户 10%；在不存在部分领取个人账户价值的情况下，个人账户价值演示见表 4-2-2。

表 4-2-2　个人账户价值演示　　单位：元

保险单年度末	累计已交保险费	保险单年度末个人账户价值								
		年收益率（低）			年收益率（中）			年收益率（高）		
		个人账户价值	身故/全残保险金	退保价值	个人账户价值	身故/全残保险金	退保价值	个人账户价值	身故/全残保险金	退保价值
1	18 000	14 611	214 611	13 150	14 733	214 773	13 296	14 938	214 938	13 444
2	26 000	20 935	220 935	19 260	21 334	221 334	19 627	21 741	221 741	20 002
3	34 000	27 928	227 928	26 252	28 646	228 646	26 928	29 386	229 386	27 623
4	42 000	35 295	235 295	33 883	36 422	236 422	34 965	37 591	237 591	36 087
5	50 000	42 736	242 736	41 882	44 364	244 364	43 477	46 064	246 064	45 143
6	58 000	50 553	250 553	50 553	52 780	252 780	52 780	55 124	255 124	55 124
10	90 000	82 543	282 543	82 543	88 211	288 211	88 211	94 366	294 366	94 366

表4-2-2(续)

保险单年度末	累计已交保险费	保险单年度末个人账户价值								
		年收益率（低）			年收益率（中）			年收益率（高）		
		个人账户价值	身故/全残保险金	退保价值	个人账户价值	身故/全残保险金	退保价值	个人账户价值	身故/全残保险金	退保价值
15	90 000	84 538	284 538	84 538	95 779	295 779	95 779	108 591	308 591	108 591
20	90 000	85 350	285 350	85 350	102 947	302 947	102 947	124 111	324 111	124 111
25	90 000	84 166	284 166	84 166	108 907	308 907	108 907	140 398	340 398	140 398
30	90 000	79 169	279 169	79 169	111 787	311 787	111 787	155 833	355 833	155 833

四、万能寿险

引导问题1：

万能寿险是__________与__________并存，介于分红险与投连险之间的一种投资型寿险。

知识要点：

万能寿险的定义

万能寿险是一种缴费灵活，保额可调整，非约束性的寿险。万能寿险除了与传统寿险一样给予生命保障外，还可以让客户直接参与由保险公司为投保人建立的投资账户内资金的投资活动，保单价值与保险公司独立运作的投保人投资账户资金的业绩挂钩。

保险单持有人在缴纳一定量的首期保险费后，可以按自己的意愿选择任何时候缴纳任何数量的保险费，只要保险单的现金价值足以支付保险单的相关费用，有时甚至可以不再缴费。而且，保险单持有人可以在具备可保性前提下，提高保额，也可以根据自己的需要降低保额。

引导问题2：万能寿险的“万能”体现在哪里？

知识要点：

在“万能寿险”的保险方式下，消费者缴纳的保险费分为两部分：一部分是用来保险的，另一部分是用来投资的。投资部分的钱可以由消费者自主选择是否转换为保险，这种转换可能表现为改变缴费方式、缴费期间、保险金额等的调整。万能保险，是保险公司提供的一种更好的服务方式，绝对不是汉语词汇中的“无所不能”的意思。

引导问题3：

万能寿险的特点：

（1）保险费缴纳灵活，保额可调整。万能寿险最大的特点在于其__________，即保险费缴纳的选择性和保险金额的可调整性。投保人在投保以后可以根据人生不同阶段的保障需求和财力状况，调整__________、________及________，增加保险金额时需要提供可保性证明。

（2）设立独立账户，承诺最低保证利率。____________为每个投保人设立了独立的投资账户，对账户内的资金进行投资运作。通常万能寿险提供一个最低保证利率以保证投保人的______________水平，当个人账户的实际资产投资收益率低于最低保证利率时，则按最低保证利率结算计息。

（3）业务经营________较高。寿险公司定期向投保人公开组成账户价格的各种因素。投保人每年可以得到一份保险单信息状况表，用以说明________、____________、利息、保险成本、其他各项费用以及保险单现金价值的数额与变动状况等。

引导问题4：万能寿险的投资风险由哪一方承担？

____

____

____

____

____

引导问题5：万能寿险的缴费方式有什么缺点？

____

____

____

____

____

知识要点：

万能寿险的缴费方式

相对于传统寿险而言，万能寿险的缴费基本上不具备强制性。在支付了初期最低保费之后，就享有追加投资的权利。在以后各年中，客户可根据收益情况，随时追加投资；只要保单账户足够支付保单费用，客户甚至可以暂停保费支付。

引导问题 6：如何确定万能寿险的投资收益？

知识要点：

相对于其他险种而言，万能寿险的费用非常透明，所缴保费扣除初始费用、保障成本和进入投资账户的比例都有明确说明。保险公司每月（有的公司为每季度）进行保单账户价值结算，公布当月（当季）的结算利率。

扣除费用及保障成本后的保费进入单独账户，这个账户用来投资。万能险最大的特点是在保证利率之外，高于保底利率以上的收益保险公司和投资人按一定比例分享。

引导问题 7：万能寿险的死亡保险金有哪些给付方式？

知识要点：

万能寿险死亡给付方式

在投保万能寿险时，可以选择两种死亡保险金给付方式，给付方式也可以随时更改：一种是均衡给付，通常称为 A 方式，死亡给付金额等于保险金额，即给付金额始终保持不变，净风险保险保额每期根据保单现金价值进行调整，等于均衡死亡给付额与现金价值之差；另一种是递增给付，通常称为 B 方式，死亡给付金额等于保险金额加上现金价值，现金价值的变化直接影响死亡给付额，即死亡给付额与现金价值成正比，如果现金价值增加，死亡给付额就会等额增加，但是，不会改变净风险保额，净风险保额是不随时间变化的。

《个人万能保险精算规定》中规定，万能寿险保单的有效期内，若被保险人身故，保险公司可按照身故时该保险年度的保险金额给予保险金，也可以以保险金额与当时个人账户价值之和作为身故给付；在保险合同有效期内，其风险保额应大于零。

引导问题8：哪些人群适宜购买万能寿险？

引导问题9：列出投资连结保险与万能寿险的主要区别。

【专栏4-2-5】

2021年10月，银保监会人身险部起草了《万能型人身保险管理办法（征求意见稿）》，规范万能险产品的销售管理，保险公司销售万能险产品，应当体现产品的保险属性，不得使用“利息”“预期收益”等词语宣传产品；公司对万能保险产品设立独立的账户，独立核算；设立单独保单账户，且保单账户价值提供最低收益保证；除终身寿险、两全保险和年金保险外，其他产品和附加险不得设计成万能险；将万能险产品与其他金融产品进行混同；为万能险产品提供间接或隐性担保；为牟取机构或人员的利益，诱导投保人退保，变相缩短产品实际存续期限等；万能险应当提供最低保证利率。最低保证利率应按照审慎原则确定，并不得为负；保险公司在产品说明书和其他宣传材料中演示保单利益时，高、中、低三档假设结算利率分别不得高于5.5%、4%和最低保证利率。银保监会根据实际情况适时调整演示利率上限。

【产品示例】

产品名称：平安智胜人生终身寿险（万能型）

1. 产品条款（节选）

（1）投保范围。

凡年龄为18周岁以上、60周岁以下，身体健康者，均可作为被保险人，由本人或对其具有保险利益的人作为投保人向本公司投保本保险。

（2）保险期间。

主险合同的保险期间为终身，自主险合同生效日起至被保险人身故时止。

（3）保险责任。

在本合同有效期内，若被保险人身故，我们按身故当时的保险金额给付身故保险金，本主险合同终止。给付的身故保险金已包含身故当时的保险单账户价值。

（4）保险费的支付。

本主险合同的保险费分为期缴保险费和追加保险费。期缴保险费是指投保时约定每一保险单年度支付的期缴保险费金额，并在保险单上载明，约定的金额须符合当时投保的规定。在本主险合同有效期内，可以在保险费约定支付日支付期缴保险费。追加保险费是指在满足下列条件下，可以随时支付的追加保险费：①每一保险单年度支付的期交保险费不低于6 000元；②各期应付期交保险费均已支付或累计交满前10年应付期缴保险费；③每次支付的追加保险费不低于1 000元，并且为100元的整数倍。本公司有权改变支付追加保险费的条件。

（5）持续缴费特别奖励。

如果本主险合同生效日起4年内的每一期应付期缴保险费，均在其保险费约定支付日或其后的60日内支付，在累计缴满前5年、前10年、前20年应付期缴保险费时，本公司将发放持续缴费特别奖励并计入保险单账户。累计缴满前5年应付期缴保险费时，持续缴费特别奖励等于累计已付前5年期缴保险费的1%；累计缴满前10年应付期缴保险费时，持续缴费特别奖励等于累计已付前10年期缴保险费的1%；累计缴满前20年应付期缴保险费时，持续缴费特别奖励等于累计已付前20年期缴保险费的1.5%。追加保险费不享有持续缴费特别奖励。

（6）初始费用的收取。

投保人每次支付保险费后，保险人收取保险费的一定比例作为初始费用，扣除初始费用后的保险费计入保险单账户。期缴保险费的初始费用占期缴保险费的比例见表4-2-3。

表4-2-3　期缴保险费的初始费用收取比例

每期期缴保险费	归属的保险单年度				
	第1保险单年度	第1保险单年度	第1保险单年度	第4至第5保险单年度	第6及以后各保险单年度
0~6 000元的部分（年缴） 0~3 000元的部分（半年缴） 0~1 500元的部分（季缴） 0~500元的部分（月缴）	50%	25%	15%	10%	5%

表4-2-3(续)

每期期缴保险费	归属的保险单年度				
	第1保险单年度	第1保险单年度	第1保险单年度	第4至第5保险单年度	第6及以后各保险单年度
超出6 000元部分（年缴） 超出3 000元部分（半年缴） 超出1 500元部分（季缴） 超出500元部分（月缴）	5%	5%	5%	5%	5%

追加保险费的初始费用占追加保险费的比例不超过5%，具体比例以本公司当时的规定为准。

（7）保险金额。

①基本保险金额。本主险合同的基本保险金额由投保人在投保时与本公司约定并在保险单上载明，投保时的基本保险金额须符合本公司当时的投保规定。若该金额发生变更，则以变更后的金额为基本保险金额。

②保险金额。本主险合同的保险金额等于保险单账户价值的105%和基本保险金额两者的较大者。

【投保示例】

李先生，30岁，投保“平安人寿智胜人生终身寿险（万能型）”，期缴保险费6 000元，连续缴费20年，累计缴费12万元。投保时主险基本保险金额为20万元，附加重疾基本保险金额为15万元。李先生60周岁时，主险基本保险金额降低为10万元，附加重疾基本保险金额降低为5万元。假定结算利率处于中等水平（4.5%/年），则到60周岁的保险单周年日，李先生的身故和重疾保险金约为26万元；到80周岁的保险单周年日其身故和重疾保险金约为55万元。

任务要求及步骤

任务一

阅读以下信息并回答问题。

中国产业调研网发布的《2019年中国分红保险市场调查研究与发展趋势预测报告》显示，分红保险一直是寿险业抵御通货膨胀和利率变动的主力险种之一，也是市场上最受客户欢迎的寿险产品之一，分红保险已占国内寿险保费收入八成份额。而且监管部门还规定，保险公司每年至少应将分红保险可分配盈余的70%分配给客户；国内分红保险产品的投资对象主要是各类存款、债券等中低风险产品。有制度“护航”，投资策略又“稳健”，这使得分红险多年来始终受到青睐。但是，分红保险在快速发展的同时，也凸显出它的弊病，在经营管理过程中存在销售误导、成本控制、收益偏低等问题，导致消费者不满，投诉率居高不下。

问：

（1）请分析一下分红保险的优缺点。

（2）查阅相关产品，比较分红保险与非分红寿险的区别与联系。

（3）在购买分红保险的时候应注意哪些问题？

任务二

比较分红保险、投资连结保险与万能寿险。

以小组为单位，选取一家保险公司的分红保险、投资连结保险与万能寿险产品，试比较三个险种在保险费收取、初始费用、投资风险、收益分配、保险责任等方面的差异。

任务三

以小组为单位，通过搜集相关资料，选择一款万能寿险产品的计划书进行演示说明。

小组计划与分工

小组计划与分工如表 4-2-4 所示。

表 4-2-4　小组计划与分工

任务内容	组员姓名	任务分工	评价

分析与总结

项目三 年金保险产品分析

情景描述

试想一下，下列的人群中哪些适合购买年金保险?

（1）经济稳定的奋斗阶层。

（2）没有明确用钱目标的人群。

（3）物质基础较好的中产阶级。

（4）为养老做准备的人群。

（5）为孩子做长远打算的父母。

（6）想拥有高回报的人群。

（7）想要进行资产隔离的人。

（8）基本保障还未配置齐全的人群（比如重疾险、医疗险等）。

（9）家庭经济压力较大的人群。

学习目标

- 掌握年金保险产品概念。
- 了解年金保险产品分类。

能力要求

- 能够针对不同客户配置年金保险产品。

知识准备

一、年金保险的定义

引导问题 1：什么是年金？什么是年金保险？

____

____

____

____

知识要点：

年金、年金保险的定义

年金是有规则地定期收付一定款项的方法，即每隔一定的时间（如一年、一个季度、一个月等）间隔，有规则地收付款项。

日常经济生活中，年金随处可见，是有规则地定期收付一定款项的方法，即每隔一定的时间（如一年、一个季度、一个月等）间隔，有规则地收付款项，如银行的零存整取、整存零取业务就是一种年金。又如单位每月对职工发放工资，若月工资固定不变，对单位而言就是支出年金，对职工而言就是收入年金。

年金保险是指保险人承诺在一个约定时期或所指定人的生存期作一系列的定期支付，即被保险人生存期间，保险人按照合同约定的金额、方式、在约定的期限内，有规则地、定期地向被保险人给付保险金的保险。

引导问题 2：年金和年金保险有什么区别？

____

____

____

知识要点：

年金与年金保险的区别

人们习惯将年金保险称为年金，但二者是有区别的：年金是大概念，而年金保险只是年金的一种。年金的收付有确定的期间，与收付款者的生命无关，而年金保险的给付取决于被保险人的生命长短，人的生死事先又是不能预料的，因而其给付期是不确定的。为区分二者，也有人称前者为确定年金，称后者为不确定年金。

引导问题3：年金保险是一年给付一次保险金吗？

____

____

____

____

____

知识要点：

年金的周期

年金并非以年为周期收付款项，实际上年、半年、季、月都可以成为年金的周期，不过一般以年为周期。

引导问题4：

年金保险是按年金的方法支付保险金的一种________保险，即按合同的规定，在被保险人生存期间，每隔一定的周期支付一定的保险金给被保险人。在年金保险中，领取年金的人称为____________，保险人定期给付的金额称为年金领取额，投保人交付的保险费称为年金购进额（或称为年金现价）。

引导问题5：年金保险有什么特点？

____

____

____

____

____

知识要点：

年金保险的特点：

（1）年金保险是生存保险的特殊形态，表现在保险金的给付采取年金方式，而非一次性给付。

（2）年金保险保险单有现金价值，其现金价值随保险单年度的增加而增加，至缴费期结束时，现金价值为最高。

（3）年金保险有积累期（或缴费期）和清偿期（或给付期）的规定，有的年金保险还有等待期规定。积累期是指年金保险资金积累时期或投保人分期缴纳保险费的期间。清偿期是指保险人向年金受领人给付年金的期间。等待期是指缴费结束后至开始给付保险金的期间。

引导问题6：年金保险与人寿保险有什么相同点？

知识要点：

年金保险与人寿保险的相同点

1. 保险的功能相同

年金保险和人寿保险都为被保险人提供经济收入保障。年金保险承保的是被保险人“活得太久”的风险，对被保险人因寿命过长导致的养老费用不足提供保障。而人寿保险承保的是被保险人“死得太早”的风险，对被保险人因早逝而导致的收入损失提供保障，因此从经济角度看，它们都是对人身风险损失所做的一种财务安排。

2. 承保的技术相同

年金保险和人寿保险采用相同的大量同质风险标的集合和分散技术。年金保险的投保人根据预期平均寿命缴纳保费形成保险基金，为寿命过长的被保险人的养老风险提供经济保障。而人寿保险的投保人按照预期死亡率缴纳保费形成保险基金，当少数被保险人早逝时，由保险人对他们的死亡风险提供保障。

3. 费率厘定的要素相同

影响年金保险和人寿保险费率厘定的三个要素都是基于特定的生命表所反映的生存率或死亡率、利率以及保险公司的费用率。

引导问题7：年金保险与人寿保险有什么不同点？

知识要点：

年金保险与人寿保险的不同点

1. 防范的风险不同

年金保险防范被保险人因寿命过长而导致的生活费用来源不足的财务风险，人寿保险防范被保险人因过早死亡给家庭带来收入损失的财务风险。

2. 给付条件不同

年金保险是以被保险人生存作为保险金给付条件，通常在约定年龄开始时保险公司每年、每季或每月给付保险金直至被保险人死亡为止。人寿保险以被保险人死亡作为保险金给付条件。

3. 逆选择结果不同

身体健康、预期寿命长于平均寿命的人更倾向于购买年金保险，而身体不好，预期死亡率高于平均水平的人更倾向于购买人寿保险。因此为应对不同业务的逆选择风险，在人寿保险行业里，养老金业务和寿险业务采取不同的生命表定价。

4. 死亡率改善对保险公司的影响不同

无论是年金生命表还是寿险生命表都有一定的安全边际。随着生活水平的提高、医疗技术的进步，人们的预期寿命不断延长，这一趋势逐渐减少了年金生命表的安全边际，扩大了寿险生命表的安全边际。因此，在年金产品和寿险产品定价时，精算师必须充分考虑未来死亡率改善这一因素对定价准确性的影响。

二、年金保险的分类

引导问题 1：

1. 年金保险按性质划分可分为__________和__________。
2. 年金保险按承保业务种类划分可分为__________和__________。
3. 年金保险按缴费方式划分可分为__________、__________和__________。
4. 年金保险按给付起始时间划分可分为__________和__________。

知识要点：

年金保险的知识要点如图 4-3-1 所示。

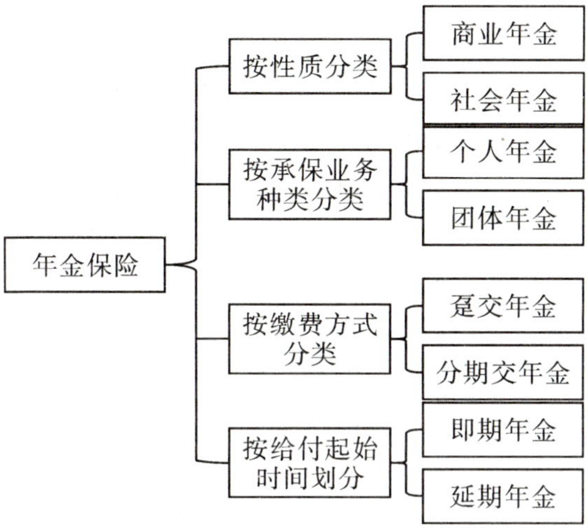

图 4-3-1　年金保险的知识要点

引导问题 2：除了以上分类外，年金保险还有哪些分类方式？

知识要点：

年金保险的其他分类

1. 依有无保证（退费）划分的年金种类

（1）无保证年金。

①无保证终身年金。无保证终身年金以被保险人的生存为合同有效条件和年金给付条件，被保险人死亡时，保险公司免除所有的偿还给付责任，既不退还保险费，也不退还所交保险费的积存值与实际领取年金的差额。

②无保证定期年金。这种年金是自保险合同订立后经过一定时期才开始给付，而且只有在一定期限内被保险人生存的条件下才给付的年金。

（2）保证年金。

①延期终身保证年金。这实际上是一种附有保证期的终身年金，年金自保险合同订立后经过一定时期开始给付，保证期自年金给付时算起。如果被保险人在保证期内死亡，则保险人继续向被保险人指定的受益人支付年金，直到保证期结束。如果被保险人在保证期后依然生存，则保险人继续给付年金，直到被保险人死亡为止。

②还本终身年金。还本终身年金是指能够从保险公司得到的给付不少于已经缴纳的保险费的年金。当投保人向保险公司缴纳的保险费总额大于被保险人领取的年金时，保险公司退还其差额。依退还方式不同，还本终身年金分为两种：一种是分期退还年金，被保险人死亡时，如果所交保险费总额大于已给付年金的数额，则保险公司继续对受益人给付年金，直到此项差额消除为止；另一种是以现金一次性退还年金，被保险人死亡时，如果所交保险费总额大于已给付年金的数额，则其差额以现金形式一次性给付受益人。

③延期定期保证年金。这种保险保证期自年金给付开始算起，如果被保险人在保证期内死亡，保险人继续向被保险人指定的受益人给付年金，直到保证期结束。

2. 依被保险人人数划分的年金种类

（1）单人年金。

单人年金是指一个人单独购买年金，并以本人的生存为受领条件的年金保险。单人年金又称单一年金，单生存金。

（2）连生与最后生存者年金。

连生与最后生存者年金以两个或两个以上的自然人为保险对象，只要其中有一人生存，就按全部被保险人生存时相同的金额给付，直到全部受领人死亡为止。已婚夫妇通常购买这种年金，但由于保险人支付年金数额大，所以保险费也比较高昂。

（3）连生共存年金。

连生共存年金以两位被保险人同时生存为给付条件，当其中一人死亡，即停止全部年金给付。这种年金较为便宜，但市场有限。

3. 依年金金额是否可变划分的年金种类

（1）定额年金。

人们认购年金的目的不一定完全相同，不同保险单所有人对财务风险的承受能力也会有差异。为此，保险公司往往为年金购买者提供两种选择：一是保证年金基金至少按预定利率增值；二是不保证年金基金的增值率。前一种是固定给付年金，即定额年金，在全部年金受领期间，年金额始终不变。

如果购买的定额年金为即期年金，那么定期给付金额在签单时就是已知的，因为购买即期年金的保险单所有人需依此交清保险费，保险人就可根据所收取的保险费计算出相应的定期给付金额数。

如果购买的定额年金为延期年金，那么年金保险单会包含一张年金价值表，列出每100元累积价值对应的保证定期给付金额，也是最低的给付金额。它是根据在缴费期内所交保险费和预定利率计算出来的，所以也是较保守的。如果保险人的实际投资收益高于预定利率，那么给付金额往往就会高于最低保证水平。

(2) 变额年金。

变额年金是指保险单的累积价值和每月给付金额随分立账户的业绩上下浮动的年金。

4. 依年金的给付在期首还是在期末划分的年金种类

(1) 期首付年金。

期首付年金是每逢周期开始时给付的年金。

(2) 期末付年金。

期末付年金是每逢周期终了时给付的年金。

三、年金保险的作用

引导问题1：年金保险保险金的分期支付与一次性支付相比有什么优点？

知识要点：

年金保险的优点

1. 分期支付，可避免被保险人使用不当，而造成保险金不能充分保障其整个生存期间的生活需要。

2. 年金保险只要被保险人生存，每年均可领取，因此无论寿命多长，都可获得保险金保障老年生活，保险金领取总额也不受固定金额的限制，保障充分。

引导问题2：年金保险的保险金可以取出来吗？

知识要点：

一般来说，年金保险里面的钱，是不可以随意取出来的，这就很大程度上抑制了人们的超前消费行为，从而起到强制储蓄的作用。

年金保险在签订合同时已将收益率固定下来，通常不会受到外界经济波动的影响。当市场利率下降时，年金保险可以帮助锁定利率，防范利率下行的风险。

引导问题3： 年金保险有什么作用？

____

____

____

____

____

知识要点：

年金保险的作用

（1）提供晚年生活保障。年金保险最基本的作用就是提供年老时的生活保障。伴随着“银发社会”的来临，养老年金越来越被大家所重视。

（2）建立子女教育基金。这种类型的年金保险一般支付周期为年，给付期为子女教育期间，并且一般都附加了意外伤害或死亡保险。

（3）具有现金价值。因此有人也把年金保险作为一种安全投资的方式，不仅如此，年金保险还可获得税收优惠。

年金保险保险单具有现金价值，年金收入中不仅包括投保人交付的本金和利息，而且包括期内死亡者的利益。同时，年金保险的保险费采取按月缴费的方式，可以缓解支付压力，保证生活需要。基于上述优势，参加年金保险的主要作用就是为老年生活提供保障，为未成年人成长、学习、创业、婚嫁积累资金。年金保险也可以作为一种安全的投资方式，获得税收上的优惠。

【专栏4-3-1】

发展多层次养老保险体系

河南省政府工作报告在谈到提升社会保障水平这一问题时，提出要发展多层次养老保险体系。养老保险是实现老百姓“老有所养”坚实的制度保障。在人口负增长与老龄化叠加的背景之下，政府或市场主导的单一支柱养老难以应对人口结构转型的挑战。发展多层次、多支柱养老保险体系被视为积极应对人口老龄化的有效政策工具。

党的二十大报告提出发展多层次、多支柱养老保险体系，进一步明确了养老保险制度的发展方向。多层次、多支柱养老保险体系是指以基本养老保险为基础、以企业（职业）年金为补充、与个人储蓄性养老保险和商业养老保险相衔接的“三支柱”养老保险体系。“多层次”侧重养老保险需求层次的差异性，从第一层次的基本养老保险到第二、三层次的年金制度和储蓄性养老保险，需求从低到高，显示养老保险的纵向构成。“多支柱”侧重筹资来源的多元化，强调政府、单位、个人等主体的责任分担及风险分散，呈现不同主体的横向结构。

近年来，河南省不断改革完善社会保险制度，多层次、多支柱的养老保险体系正在形成。其中，第一支柱是由政府主导的基本养老保险制度，包括“城镇职工+城乡居民”两大养老保险制度平台，主要立足于保基本和全覆盖。“十三五”末期，河南基本养老保险参保7 504万人、参保率达到94.8%。第二支柱是与稳定就业关联的企业（职业）年金制度，是单位和职工参与、市场化运营的补充养老保险。第三支柱是个人储蓄性养老保险和商业养老保险，以满足更高层次的养老需求。该支柱尚处于起步阶段，是养老保险体系的短板。整体而言，纵向叠加的多层次与横向竖立的多支柱有机结合，构成了一个横向有分层、纵向有支柱的养老保险体系，每一层级的目标都可由某一个支柱或几个支柱来承担或实现。

（资料来源：http://newpaper.dahe.cn/hnrb/html/2023-02/03/content_621718.htm。）

引导问题4：年金保险适合哪些人群购买？对他们能提供什么保障？

____

____

____

____

____

知识要点：

适宜购买年金保险的人群

市面上的年金保险产品通常都是定期领取的。人在年轻时期，赚钱能力相对较强，可以通过投保年金保险，一次性缴纳或者按时缴纳保费，等到年老的时候就可以根据合同约定领取相应的金额，来弥补社会养老金不足的问题。同理，年金保险具有强制储蓄的作用，家长们同样可以通过配置年金保险来为孩子规划教育金。

首先，对于高净值人群来说，配置年金保险，相当于锁定了一份收益，为以后不确定的风险提前做好规划。其次，在购买年金保险的时候指定受益人，从而达到财产定向分配，财富传承的目的。

年金保险可以锁定长期利率，防范利率风险，因此比较适合理财新手购买。对于这部分人群而言，购买股票基金的风险相对较大，而像大额存单这种风险较低的理财产品的利率也会随着经济的波动而波动，当其利率下行时，年金保险可以抵御这样的风险。

【专栏4-3-2】

年金保险需求上升 有望迎来快速增长

对于我国居民来说，各种存款、理财产品是最常用且钟爱的理财手段。但近两三年来，随着国际、国内经济环境日趋复杂，加之存款利率多次下调，长期稳定的理财产品越来越被投资人，特别是高净值人群所追捧。

根据波士顿咨询公司（BCG）《2021 年全球财富报告》，在中国，2020 年资产超 1 亿美元的超高净值客群数量和可投资财富较上年分别增长了 23.9%和 26.5%，而同期美、加、俄、印等国的客群数量和可投资财富增速均未突破 20%。但同时，适合普惠市场的银行理财和公募基金仅占居民财富总量的 6.24%，理财需求存在巨大的开发潜力。因此，在居民储蓄意愿较强的背景下，年金保险、终身寿险等产品作为长期储蓄类产品受到客户的青睐也不足为奇。

资产配置是财富管理中的一部分，决定了财富升值的水平，对于高净值人士，更加需要全局性、前瞻性的规划，以实现财富保全、传承等目标。年金保险在资产配置中发挥了非常关键的作用和优势。在银行理财、信托等资管产品的收益性及安全性双降的市场环境下，年金保险能够起到锁定当前发展红利的作用，在经济红利还不错的时期，锁定一个比较高的利率，在未来的 40 年、50 年甚至终身，都能享受其带来的价值。这也是这些年来年金保险受到高净值群体热捧的最主要原因。

"在家庭资产配置的序列中，年金保险是家庭财富的'守门员'，它具备强制储蓄、锁定利率、确保本金安全的特点。"一位券商分析师表示，当前市场环境有利于年金保险销售。年金保险销售好转将提振高级别保险代理人的收入，提高增员意愿和队伍士气，带动整个代理人数量提升，从而促进包括商业养老年金保险在内的年金保险，能够持续不断地在大资产管理行业中分得更大的市场份额。

但是，年金保险要想谋求更广阔的发展，需要在产品设计上进行提升。一些年金保险产品缺乏养老属性，却以养老为噱头，消费者在购买时要避免"掉坑"。

事实上，在设计初期，年金保险便具有保障客户长寿风险的属性，但受到我国经济发展阶段、居民资产配置意识以及其他资产表现影响，年金保险形态多被设计为保险期间相对较短、理财属性较强的产品形态。虽然该现象在 2017 年原中国保监会发布"134 号"文件明确限制快返年金保险后有所改善，但受到市场竞争以及业绩压力的影响，当前市场上仍存在规模不小的中期年金产品。

2022 年以来，专属商业养老保险试点扩大范围，稳步推进，参与试点的保险公司纷纷上线专属的商业养老保险产品。截至 2022 年 7 月末，专属商业养老保险累计投保件数近 21 万件，累计保费 23.5 亿元，商业养老保险稳步推进，为居民养老提供了坚实保障。但是，相比庞大的养老市场需求，保险公司提供的具有养老保障功能的产品相对有限。数据显示，2020 年、2021 年商业养老年金保险保费收入分别为 712 亿元、620 亿元，占人身险保费比重由 2.14%降至 1.87%。2020 年末，全国累积长期养老资金准备金为 6 300 亿元，但相比第一支柱和第二支柱，仍然存在较大差距。

目前，商业养老保险产品依然以年金保险为主，发展尚不充分的市场也意味着年金保险巨大的增长空间。专家建议，将商业养老保险产品纳入个人养老金产品，在税收优惠政策的激励下，年金保险有望迎来快速增长。

（资料来源：https://www.financialnews.com.cn/bx/jg/202211/t20221116_259456.html。）

四、我国年金保险的主要产品类型

按产品设计形态的不同，我国年金保险产品可分为普通年金保险、新型年金保险、个人延税型养老保险和住房反向抵押养老保险。

引导问题 1：

- **普通年金保险**

普通年金保险产品是传统的年金保险产品种类，其目的是以年金的方式为被保险人提供老年________收入和生活保障的一种保险。普通年金保险产品也具备普通寿险的确定______、确定______和确定利率的特征。被保险人根据合同条款的约定，选择______或期缴确定保费，在给付期开始后由保险人按合同约定给付固定金额年金或定额递增年金。

普通年金保险产品给客户提供确定的、不浮动不调整的预定利率，产品投资风险______。但是由于预定利率确定，普通年金保险产品收益率也较______，年金价值面临着由于通货膨胀导致的贬值威胁，产品提供的实际养老保障水平在不断______。

引导问题 2：

- **新型年金保险**

在我国，新型人身保险产品包括分红保险、万能寿险和投资连结保险；新型年金产品包括分红型年金保险、万能型年金保险、变额年金保险。

1. 分红型年金保险

分红型年金保险是指在合同有效期内，保险公司每年将根据上一会计年度分红年金保险业务的实际经营状况，按照监管规定将____________的一部分对投保人进行分红的年金保险。

2. 万能型年金保险

万能型年金保险是指对投保人提供年金保费缴费______，年金领取金额可便利______，同时保单设立万能投资账户，投资账户提供最低____________，按公布结算利率浮动调整的年金保险。

3. 变额年金保险

变额年金是“定额年金”的对称。变额年金保险是指被保险人交付年金保险费后，保险人在年金给付期内，每年按其积累的准备金投资的资产市场价格计算确定当年应付年金数额，被保险人则领取每年数额不断______的年金的保险方式。设立变额年金的目的，是防止____________、____________给年金领取人造成生活困难。按给付起始时间划分，变额年金通常均为______给付方式。

引导问题3：变额年金与投资连结保险相比有什么特点？

____

____

____

____

____

知识要点：

我国变额年金保险的特点

（1）由保险公司设立独立账户，与其他资产隔离。

（2）投资收益完全归属投保人，保险公司只按保单约定收取各项费用。

（3）投资单位价格定期公布。

（4）可提供最低保单利益保证。

（5）提供年金给付方式或年金转化权。

（6）保险保障风险完全由保险公司承担，且保险公司承担提供最低保证带来的风险。

其中，值得注意的是，变额年金保险虽然是投资连结型年金保险，但在我国的监管规定下，与投资连结型的寿险产品有着重要的区别：变额年金保险可以提供最低保单利益保证。

【专栏4-3-3】

变额年金保险管理暂行办法（节选）

第一章　总则

第一条　变额年金保险应当约定年金给付保险责任，或提供满期保险金转换为年金的选择权。年金给付应当在保单签发时确定领取标准，并不允许趸领。年金选择权可以在保单签发时保证领取标准，或在满期保险金转换为年金时再确定年金的领取标准。

变额年金保险可以提供以下最低保单利益保证：

（一）最低身故利益保证，是指被保险人身故时，若保单账户价值低于保单约定的最低身故金，受益人可以获得最低身故金；若保单账户价值高于最低身故金，受益人可以获得保单账户价值。

（二）最低满期利益保证，是指保险期间届满时，若保单账户价值低于保单约定的最低满期金，受益人可以获得最低满期金；若保单账户价值高于最低满期金，受益人可以获得保单账户价值。

（三）最低年金给付保证，是指在保单签发时确定最低年金领取标准。

（四）最低累积利益保证，是指在变额年金保险累积期内的当前资产评估日，若投资单位价格低于历史最高单位价格的约定比例，保单账户价值以历史最高投资单位价格的该比例计算；若投资单位价格高于历史最高投资单位价格的约定比例，保单账户价值以投资单位价格计算。

历史最高投资单位价格，是指账户设立以来的最高历史投资单位价格。

第二条　本通知所称投资账户，是指保险公司依照《投资连结保险管理暂行办法》(保监发〔2000〕26 号) 和《投资连结保险精算规定》(保监寿险〔2007〕335 号) 设立、管理和评估的投资账户。

变额年金保险可以连结到一个或多个投资账户。

第三条　变额年金保险保单应当具有保单账户价值。保单账户价值为保单连结的投资账户单位数乘以投资单位价格。在最低累积利益保证的情形下，若投资单位价格低于历史最高单位价格乘以约定比例，保单账户价值为保单连结的投资账户单位数乘以历史最高单位价格乘以约定比例。

变额年金保险保单连结多个投资账户的，保单账户价值应当将保单在各个投资账户中的价值加总计算。

第四条　变额年金保险的费用结构与上限，参照《投资连结保险精算规定》执行。

第五条　除本办法第四条所列费用外，保险公司对于变额年金保险还可以收取保证利益费用，即保险公司为提供最低保单利益保证而收取的费用。

保证利益费用可以按照保单账户价值或最低保单利益保证的一定比例，并以扣除投资单位数的方式收取。

第六条　保险公司应当按照普遍认可的精算原则、期权定价模型或随机模型，审慎确定参数进行合理定价。

第七条　变额年金保险的现金价值为保单账户价值与退保费用之间的差额。

保险公司可以收取的退保费用参照《投资连结保险精算规定》。

第八条　保险公司应当在保险合同中约定各项费用收取的最高水平。

引导问题 4：

- **个人延税型养老保险**

个人延税型养老险，是指投保人在______时可享受税前列支保费，在领取保险金时再缴纳______。这对于我们个人的______规划、______规划都将起到巨大的推动作用，并进一步使保险行业更健康、快速地发展。

【专栏 4-3-4】

税延型商业养老保险试点

2018 年 4 月 12 日，财政部、国家税务总局、人力资源和社会保障部、中国银行保险监督管理委员会、中国证监会五部门联合发布《关于开展个人税收递延型商业养老保险试点的通知》（以下简称《通知》）。根据《通知》，自 2018 年 5 月 1 日起，在上海市、福建省（含厦门市）和苏州工业园区实施个人税收递延型商业养老保险试点，试点期限暂定一年。

《通知》指出，对试点地区个人通过个人商业养老资金账户购买符合规定的商业养老保险产品的支出，允许在一定标准内税前扣除；计入个人商业养老资金账户的投资收益，暂不征收个人所得税；个人领取商业养老金时再征收个人所得税。

《通知》对个人缴费税前扣除标准做出了具体规定，取得工资薪金、连续性劳务报酬所得的个人，其缴纳的保险费准予在申报扣除当月计算应纳税所得额时予以限额据实扣除，扣除限额按照当月工资薪金、连续性劳务报酬收入的 6% 和 1 000 元孰低办法确定。取得个体工商户生产经营所得、对企事业单位的承包承租经营所得的个体工商户业主、个人独资企业投资者、合伙企业自然人合伙人和承包承租经营者，其缴纳的保险费准予在申报扣除当年计算应纳税所得额时予以限额据实扣除，扣除限额按照不超过当年应税收入的 6% 和 12 000 元孰低办法确定。

《通知》对于个人领取商业养老金征税也做了具体规定，对个人达到规定条件时领取的商业养老金收入，其中 25% 部分予以免税，其余 75% 部分按照 10% 的比例税率计算缴纳个人所得税，税款计入“其他所得”项目。

在试点期间商业养老保险产品及管理方面，《通知》要求个人商业养老保险产品按稳健型产品为主、风险型产品为辅的原则选择，采取名录方式确定。试点期间的产品是指由保险公司开发，符合“收益稳健、长期锁定、终身领取、精算平衡”原则，满足参保人对养老账户资金安全性、收益性和长期性管理要求的商业养老保险产品。

引导问题 5：

• 住房反向抵押养老保险

住房反向抵押养老保险是一种将住房抵押与终身养老年金保险相结合的创新型商业养老保险。即拥有房屋完全合法产权的老年人，将其房产抵押给保险公司（抵押权人），之后继续拥有房屋______、______、______和经抵押权人同意的______权，并按照约定条件领取养老金直至______。老年人身故后，保险公司有权依法行使抵押权，抵押房产处置所得将优先用于偿付养老保险相关费用。

引导问题 6：为什么住房反向抵押养老保险在我国遇冷？

____

____

____

____

【专栏 4-3-5】

全国人大代表周燕芳：住房反向抵押养老保险，改善老年人生活质量

“十四五”末期，我国老年人口规模估计将达到 3 亿人，我国将进入“中度老龄化”社会。住房反向抵押养老保险，作为“以房养老”创新型金融产品，有助于改善老年人生活质量、减轻社会保障压力。

2020 年，中国银保监会等 13 部门联合发布《关于促进社会服务领域商业保险发展的意见》，特别指出关于优化老年人住房反向抵押养老保险支持政策的重要性，在符合住房反向抵押养老保险产品发展特点的地区，优先试点出台专项支持政策，对于积极发展养老普惠金融有重要意义。

加快发展“以房养老”，首先要完善住房反向抵押养老产品的设计，建议由行业协会或监管部门牵头，通过精算模型设计跨周期及多层级的统一房养老险产品，满足市场需求及降低市场风险。同时，加大业务发展的政府支持力度。建议银保监会联合司法部门、民政部门、税务总局等相关部门共同建立支持业务发展的制度，对公证、抵押、继承、交易税费等事宜的流程进行简化，对业务费用进行优惠；建议银保监会推动以房养老保险保单的资产证券化的试点，以盘活固定资产、降低流动性风险，提高保险公司及其他金融机构对市场的参与度。

（资料来源：新民晚报。）

【产品示例】

产品名称：泰康永福人生年金保险（分红型）

这是专门为家庭储备子女教育金、婚嫁金、个人养老金等中长期理财目标而设计的一款稳健增值的分红型保险产品，具有强制储蓄、保本增值的功能，投保年龄为 0~60 周岁。

缴费方式：趸交、5 年交或 10 年交。

领取时间：生效后 15 年、20 年或至 55 周岁、60 周岁。

保险责任：在本合同保险期间内，我们承担下列保险责任：

生存保险金

被保险人于本合同约定的每个生存保险金领取日生存，我们按本合同约定的生存保险金领取方式和领取金额向生存保险金受益人给付生存保险金。

首个生存保险金领取日由您在投保时与我们约定，并在保险单上载明且不得变更。

身故保险金

（1）被保险人于本合同约定的首个生存保险金领取日前身故，我们向身故保险金受益人给付身故保险金，本合同终止。身故保险金数额为以下两项金额中的较大者：

①被保险人身故之日的本合同的现金价值；

②您已缴纳的本合同保险费数额的 110%。

(2) 被保险人于本合同约定的首个生存保险金领取日后身故，我们向身故保险金受益人给付身故保险金，本合同终止。身故保险金数额为

①如您选择按年领取生存保险金，等于年领取金额的 20 倍扣除生存保险金受益人已领取的生存保险金数额；

②如您选择按月领取生存保险金，等于月领取金额的 240 倍扣除生存保险金受益人已领取的生存保险金数额。

一次性领取选择权

如果被保险人生存至本合同约定的首个生存保险金领取日，生存保险金受益人可以选择一次性领取生存保险金，其数额等于保险单上所载的一次性领取金额，本合同终止。

生存保险金领取方式与领取日

生存保险金领取方式分为按年领和按月领。由您在投保时选择一种作为本合同的生存保险金领取方式，并在保险单上载明。

按年领取生存保险金的，我们每年按载明于保险单上的年领取金额向生存保险金受益人给付一次生存保险金，生存保险金领取日为本合同首个生存保险金领取日及其后的年生效对应日；按月领取生存保险金的，我们每月按载明于保险单上的月领取金额向生存保险金受益人给付一次生存保险金，生存保险金领取日为本合同首个生存保险金领取日及其后的月生效对应日。

【投保示例】

1. 储备教育金

王先生的儿子不足 1 岁，夫妇二人希望孩子能够接受良好的教育，拥有美好的未来。因此，为儿子投保永福人生，每年存 1 万元，共存 10 年，可获得以下利益，见表 4-3-1。

表 4-3-1　王先生儿子可获利情况

15~34 岁	34 岁时累积红利	利益合计
每年固定领取 6 700 元×20 次 = 134 000 元	低：18 242 元	低：152 242 元
	中：72 950 元	中：206 950 元
	高：127 662 元	高：261 662 元
到约定年期 15 岁时也可选择一次性领取，一次性领取后本保险终止		

注：实际派发红利视保险公司实际经营情况而定。

2. 养老年金

30 岁的张先生为自己投保泰康永福人生年金保险（分红型），想为自己的退休养老做准备。

缴费期间：10 年。

领取年龄：50 岁。

领取方式：年领。

投保份数：10 份。

红利领取方式：累积生息。

年交保费：10 000 元。

保险利益：

生存保险金

张先生从 50 岁开始每年领取 7 540 元作为养老金补充，保证领取 20 年，69 周岁时共领取 150 800 元；69 岁时的保单累计红利为 185 233 元（高档），合计收益 336 033 元。

身故保险金

（1）如果张先生在 50 周岁前不幸身故，我们向其身故保险金受益人给付身故保险金，本合同终止。身故保险金数额为以下两项金额中的较大者：

①被保险人身故之日的本合同的现金价值；

②您已缴纳的本合同保险费数额的 110%。

（2）如果张先生在 50 周岁后不幸身故，我们向其身故保险金受益人给付身故保险金，身故保险金数额为：150 800 元扣除已领取的生存保险金数额，本合同终止。

产品名称：满满盈养老年金保险（互联网）

1. 产品条款（节选）

（1）投保范围。

凡十八周岁以上，五十五周岁以下，身体健康者均可作为被保险人，由本人或对其具有保险利益的人作为投保人向中国人寿保险股份有限公司投保本保险。

（2）保险期间。

本合同的保险期间为本合同生效之日起至被保险人年满七十周岁的年生效对应日止、至被保险人年满七十五周岁的年生效对应日止、至被保险人年满八十周岁的年生效对应日止和至被保险人年满八十五周岁的年生效对应日止四种，投保人在投保时可选择其中一种作为本合同的保险期间。

（3）缴费方式。

一次性缴费/年交/月交（年交/月交方式下，缴费期间为 3 年/5 年）。

（4）保险责任。

在本合同保险期间内，本公司承担以下保险责任：

①养老年金。

自本合同约定的养老年金开始领取日起，至本合同保险期间届满前一年的年生效对应日止，若被保险人生存至本合同的年生效对应日，本公司每年按下列约定给付养老年金：

· 本合同缴费方式为一次性交付的，按本合同所交保险费（不计利息）×养老年金给付比例给付养老年金。

· 本合同缴费方式为分期交付的，按本合同基本保险金额确定的年交保险费×缴费期间（年度数）×养老年金给付比例给付养老年金。

其中，养老年金给付比例按表 4-3-2 约定：

表 4-3-2　养老年金给付比例

投保年龄/保险期间	至被保险人年满七十周岁的年生效对应日	至被保险人年满七十五周岁的年生效对应日	至被保险人年满八十周岁的年生效对应日	至被保险人年满八十五周岁的年生效对应日
18~30 周岁	20%	18%	15%	12%
31~40 周岁	18%	12%	10%	8%
41~55 周岁	12%	8%	6%	5%

②祝寿金。

被保险人生存至本合同保险期间届满的年生效对应日，本合同终止，本公司按本合同基本保险金额给付祝寿金。

③身故保险金。

被保险人于本合同生效（或最后复效）之日起身故，本合同终止，本公司按被保险人身故当时下列两者的较大值给付身故保险金：

· 本合同所交保险费（不计利息）；

· 本合同现金价值。

【投保示例】

王女士，28 岁，职场精英，投保该产品，每年交 12 000 元保险费，缴费期间为 5 年，5 年共缴费 60 000 元，60 周岁进入领取期，保险期间至 70 周岁，若客户生存至保险期间届满，共领取养老金及祝寿金 194 460 元。

梁先生，35 岁，家庭顶梁柱，年交 24 000 元保险费，缴费期间为 5 年，5 年共缴费 120 000 元，60 周岁进入领取期，保险期间至 70 周岁。若客户生存至保险期间届满，共领取养老年金及祝寿金 300 000 元。

任务要求及步骤

任务一

查找相关产品，对比传统型养老年金保险产品及分红型养老保险产品的区别，并分析适合购买各产品的人群特征。

任务二

以小组为单位，搜集多家不同保险公司的三款以上养老年金保险产品，并进行产品测评。

任务三

阅读以下信息并回答问题。

个人养老金是指政府政策支持、个人自愿参加、市场化运营、实现养老保险补充功能的制度。个人养老金实行个人账户制，缴费完全由参加人个人承担，自主选择购买符合规定的储蓄存款、理财产品、商业养老保险、公募基金等金融产品，实行完全积累，按照国家有关规定享受税收优惠政策。

个人养老金的参加人应当是在中国境内参加城镇职工基本养老保险或者城乡居民基本养老保险的劳动者。金融行业平台是金融监管部门组织建设的业务信息平台。参与金融机构包括经中国银行保险监督管理委员会确定开办个人养老金资金账户业务的商业银行，以及经金融监管部门确定的个人养老金产品发行机构和销售机构。

2022 年 4 月 21 日，国务院办公厅发布《关于推动个人养老金发展的意见》，明确参加人每年缴纳个人养老金的上限为 12 000 元。11 月 4 日，五部门联合发布《个人养老金实施办法》。11 月 25 日，人力资源和社会保障部宣布，个人养老金制度启动实施。

截至 2022 年底，个人养老金参加人数 1 954 万人，缴费人数 613 万人，总缴费金额 142 亿元。

根据个人养老金制度在我国的开展情况，试分析个人养老金制度面对的机遇和挑战。

小组计划与分工

小组计划与分工如表 4-3-3 所示。

表 4-3-3　小组计划与分工

任务内容	组员姓名	任务分工	评价

分析与总结

项目四 健康保险产品分析

情景描述

小张在骑车途中不慎被汽车撞伤，导致手臂骨折和其他伤病。由于需要手术治疗和康复护理，小王需要支付大量的医疗和护理费用。如果小张之前投保了健康保险，那么健康保险的哪些险种可以帮助他渡过这个难关?

学习目标

- 掌握健康保险产品概念。
- 了解健康保险产品分类。

能力要求

- 具备针对不同客户情况配置相应健康保险产品的技能。

知识准备

一、健康保险概述

（一）健康保险的定义

引导问题1：什么是健康保险？主要包含哪些险种？

____

____

____

____

____

知识要点：

我国《健康保险管理办法》第二条规定，健康保险是指疾病保险、医疗保险、失能收入损失保险和护理保险等方式对因健康原因导致的损失给付保险金的保险。

引导问题2：

健康保险的保险标的是____________，承保的事故包括__________和__________。

通常健康保险承保的责任范围主要包括两方面：一是由于疾病或意外事故所产生的____________；二是疾病或意外事故所致的____________。

知识要点：

健康保险简称健康险，是指被保人因意外伤害或疾病引起的住院、医疗费用开支及因此不能工作造成的收入损失，由保险人负责赔偿的保险。但并不是每一个健康保险的承保责任都包含所有费用和损失，否则成本过高。

引导问题3：健康保险中的“疾病”有什么构成条件？

____

____

____

____

____

知识要点：

构成健康保险中“疾病”的条件

（1）疾病必须是由明显非外来原因造成的。疾病是由身体内在的生理原因所致，如果是由外来的原因造成的病态可视为意外伤害。通常把是否由明显外来的原因所致作为疾病和意外伤害的判断标准。

（2）疾病必须是非先天性的原因造成的。由先天原因造成的身体缺陷或先天性疾病等，保险人不负责，保险人仅对被保险人的身体由健康状态转入病态而支付的医疗费或收入损失承担责任。

（3）疾病必须是由非长存的原因造成的。按照人的生命规律，机体衰老是一个长期的、自然的过程，对每一个人来讲，衰老都是必然的。因此，人到一定年龄以后出现的衰老现象不属于健康保险的疾病范围，但在衰老的同时可能诱发的其他疾病是健康保险的保障范围。

引导问题 4：自己或周围的亲朋是否有保险？说说他们的健康保险产品投保和理赔情况。

____

____

____

____

____

知识要点：

现代社会带给人类丰富的物质资料的同时，也使工作节奏加快，生活方式改变，环境污染加重，各种疑难病症接踵而至。高额的医疗费用往往在很短的时间内便使一个家庭陷入经济困难，许多重病患者由于难以负担高额的医疗费用而放弃治疗，因此健康保险越来越为人们所关注。为适应消费者的需求，各寿险公司也相继推出了名目不同的保险产品，如重大疾病终身保险、住院医疗保险和老年看护保险等，以满足人们转嫁健康风险所致经济损失的需要。

（二）健康保险的特征

1. 保险标的、保险事故具有特殊性

健康保险以人的身体为保险标的，以疾病（包括生育）、意外伤害引起的医疗费用和收入损失，以及由于疾病或生育致残、失能、死亡为保险事故。

2. 承保的风险具有变动性且难以测定

不论是疾病风险还是残疾风险都受很多因素的影响，且会随着内外部环境的变化而变化，要准确确定其发生的规律性是极其困难的。

3. 承保标准复杂

由于健康保险承保事故的特殊性，其承保条件比人寿保险复杂和严格得多。被保险人的健康状况除了要根据其病历了解既往病史、现病史，还要了解家族病史，并对其所从事的职业、居住的地理位置及生活方式进行评估。

4. 保险费率厘定的依据是平均保额损失率

健康保险通常依据平均保额损失率来厘定保险费率，但同时要考虑疾病的发生率、疾病持续时间、残疾发生率、死亡率、续保率附加费用、利率、保险公司展业方式、承保理赔管理公司主要目标、道德风险以及逆选择等因素对费率的影响。

5. 兼具补偿性和给付性

健康保险虽然是以人的身体为保障对象，是人身保险的一种，但疾病保险以外的健康保险是以被保险人因疾病或意外事故所致的医疗费用支出、收入损失、护理费用为保险责任，而医疗费用、收入损失、护理费用等都可以用货币衡量其大小，因此疾病保险以外的健康保险具有补偿性，可以设计为补偿性保险合同。疾病保险是给付性合同，当被保险人罹患合同约定疾病时，保险人按合同约定金额给付保险金。

6. 实行成本分摊

由于健康保险有风险大不易控制和难以预测的特性，因此保险人对所承担的医疗保险金的给付责任往往带有很多限制或制约性条款，以使被保险人与保险人共同承担所发生的医疗费用支出，进行成本分摊。

根据健康保险的特征回答以下问题：

引导问题 4：列出健康保险在保险标的和保险事故上与人寿保险、意外伤害保险的区别。

____
____
____
____
____

引导问题 5：健康保险承保的风险会根据哪些因素而变化？

____
____
____
____
____

引导问题 6：为什么健康保险的承保条件比人寿保险复杂和严格？

____
____
____
____
____

引导问题 7：健康保险费率的厘定参考哪些因素？

____
____
____
____
____

引导问题 8：健康保险实行成本分摊有什么作用？

____

____

____

____

____

（三）健康保险的分类

引导问题 9：

按照不同的标准可以对健康保险进行以下分类：

1. 按保障内容划分

健康保险按保障内容的不同可划分为__________、__________、__________和__________。

2. 按保险期限划分

健康保险按保险期限的不同可划分为____________和____________。

3. 按投保方式划分

健康保险按投保方式的不同可划分为____________和____________。

4. 按保险金给付方式划分

健康保险按保险金给付方式的不同可划分为__________、__________和__________。

知识要点：

健康保险的分类：

1. 按保障内容划分

（1）疾病保险：以保险合同约定的疾病的发生为给付保险金条件的保险。

（2）医疗保险：以保险合同约定的医疗行为的发生为给付保险金条件，为被保险人接受诊疗期间的医疗费用支出提供保障的保险。

（3）失能收入损失保险：以因保险合同约定的疾病或者意外伤害导致工作能力丧失为给付保险金条件，为被保险人在一定时期内收入减少或者中断提供保障的保险。

（4）护理保险：以保险合同约定的日常生活能力障碍引发护理需要为给付保险金条件，为被保险人的护理支出提供保障的保险。

2. 按保险期限划分

（1）长期健康保险：保险期间超过 1 年，或者保险期间虽不超过 1 年但含有保证续保条款的健康保险。

（2）短期健康保险：保险期间在 1 年及 1 年以下且不含有保证续保条款的健康保险。

3. 按投保方式划分

(1) 个人健康保险：保险人与保险单所有人之间达成的合同，是保险人以一个或数个自然人为保险对象提供健康保险保障的保险。

(2) 团体健康保险：保险人与团体保险单持有人（投保人一般为雇主或法人代表）之间达成的合同，是保险人对于主契约下的群体提供保险。但该团体不能是为购买团体健康保险而组成的团体。

4. 按保险金给付方式划分

(1) 定额给付型保险：保险人在被保险人发生合同约定的保险事件（如罹患合同约定的某种疾病）时，按照合同约定的保险金额和方法一次或分次给付保险金的保险。

(2) 实报实销型保险：保险人针对被保险人因患疾病或发生意外伤害实际支出的医疗费用按照保险合同的约定报销其费用，补偿其经济损失的保险。

(3) 津贴给付型保险：保险人按照被保险人的实际住院天数和合同约定的每天住院补贴的标准额度给付保险金的保险。

【专栏 4-4-1】

让“惠民保”带来更多“真实惠”（节选）

近年来，城市定制型商业医疗保险——“惠民保”在不少地方落地开花，受到越来越多消费者的青睐。中国保险行业协会发布的数据显示，截至 2021 年底，“惠民保”已覆盖 28 个省份，共有 1.4 亿人次参保，保费约 140 亿元。

“惠民保”受欢迎的原因，主要在于其普惠性。这种保险通常采取“政府指导+市场化运行”的模式，其作为多层次医疗保障体系中的有益补充，具有参保门槛低、保费低、保额高等特点。尤其是，“惠民保”支持高龄、慢性病人群投保，为这些群体提供了新的商业医疗保险选择；有的“惠民保”也可对既往病症治疗费用给予一定比例补偿，缓解一些重症患者就医的经济压力。

保险产品遵循“大数法则”，足够的参保率、续保率是其持续健康发展的重要基础。这也要求“惠民保”在“普惠”二字上下功夫，优化提升服务保障，把“真实惠”落到更广泛群体当中，才能赢得更多消费者的认可，实现持续健康发展。

从“惠民保”参保率较高地区的经验看，有关部门往往给予了较大力度的支持。根据实际情况，各地可为承保公司提供适当政策鼓励、数据支持等。例如，地方医保部门通过稳妥推动规范、高效、安全的数据交换和信息共享，帮助承保公司做好“惠民保”保费测算和保障方案制订。同时，金融管理部门也应加强监管，促进“惠民保”规范发展。

期待在多方面的共同努力下，“惠民保”能够持续健康发展，在多层次医疗保障体系中发挥长效作用，切实减轻百姓看病负担，助力更好实现“病有所医”，积极保障人民健康。

（资料来源：http://finance.people.com.cn/n1/2023/0612/c1004-40011037.html。）

（三）健康保险的特殊条款

在健康保险合同中，由于健康保险的风险具有变动性和不易预测性，赔付风险高，因此保险人对所承担的保险金给付责任还规定了一些特殊的条款，即健康保险所独有的条款。一般包含观察期条款、免责条款、免赔额条款、比例给付条款、给付限额条款等。

引导问题 10：为什么健康保险要设置观察期？

知识要点：

观察期条款

保险观察期又称保险等待期或免责期，保险合同在生效的指定时期内（多为 90 天、180 天），被保险人在这个时期发生保险事故，保险公司不需承担赔偿责任。

引导问题 11：列举健康保险中的免责条款。

知识要点：

免责条款

免责条款是指保险合同的除外责任，又称责任免除，它是为了避免保险人过度承担责任，以维护公平和最大诚信原则而对保险责任的限制。

引导问题 11：举例说明免赔额、比例给付和给付限额的区别。

知识要点：

免赔额条款

免赔额是指由保险人和被保险人事先约定，损失在规定数额之内，被保险人自行承担损失，保险人不负责赔偿的额度。

比例给付条款

比例给付是保险人采用与被保险人按一定比例共同分摊被保险人的医疗费用的方式进行保险赔付。

给付限额条款

给付限额是指保险人对被保险人因疾病或意外伤害所发生的医疗费用支付的最高限额，设定给付限额可以控制自己的总支出水平。

二、医疗保险

引导问题 1：

医疗保险，是指以约定的____________为给付保险金条件的保险，是一种旨在通过订立商业保险合同对被保险人因________或意外事故所致伤害时发生的医疗费用进行________或________的保险，是健康保险的主要内容之一。

知识要点：

医疗保险产品的定义

医疗保险的保障范围很广，一般依照其医疗服务的特征来区分，主要包括医生的门诊费用、药费、住院费用、护理费用、医院杂费、手术杂费、各类检查费用等。医疗费用是病人为了治病而发生的各种费用，不仅包括医生的医疗费和手术费用，而且包括住院、护理、医院设备等的费用。医疗保险就是医疗费用保险的简称。

引导问题 2：医疗保险有什么特点？

____

____

____

____

____

知识要点：

医疗保险的特点

1. 出险频率高，保险费率高

随着人们生活的日益富裕，生存已不是问题，疾病成为人类健康最频繁的危险之一，几乎每个人每年都会因患疾病而需要得到医疗服务，由此决定了医疗保险具有高出险率、高损失率的特点。再加上医疗保险的技术性强，其费用总额也要高于其他人身保险，保险费率自然也要高于其他险种。

2. 赔付不稳定且不易预测

人的健康状况受到诸多因素的影响，其中许多因素是不确定的，难以准确预测。另外，随着医疗条件的改善和医疗技术的日益发展，医疗费用开支中不能排除的人为因素，使得医疗费用总额的合理与否难以区分。因此，保险人的赔付也具有不易预测性。

3. 保险费率厘定困难，误差大

首先，决定医疗保险费率的因素比人寿保险以及其他险种要多，而且这些因素很难进行可靠、稳定的测量，除了年龄、性别、健康状况、职业与嗜好等因素外，还包括疾病发生率、残疾发生率、疾病持续时间、利息率、费用率、死亡率、损失率等因素。其次，同其他险种一样，类似保险单失效率、展业方式、承保习惯、理赔原则以及保险公司的主要经营目标等都影响着费率的高低。最后，由于医疗保险承保内容的特殊性，确定保险费时对诸如医院的管理、医疗设备以及经济发展、地理环境等条件的依赖程度较大，这些方面的些许变化都会使保险人对未来的赔付预测产生较大的影响。

4. 补偿性

在医疗保险中，疾病发生导致被保险人遭受实际的医疗费用损失可以用货币来衡量，所以医疗保险具有补偿性，即被保险人在保险金额的限度内补偿被保险人实际支出的医疗费用。

引导问题 3：医疗保险需要指定受益人吗？为什么？

____

____

____

____

____

引导问题 4：为什么医疗保险多为短期型产品？

____

____

____

____

____

引导问题5：为什么医疗保险有年龄分档要求和年龄限制？

引导问题6：医疗保险有哪些种类？请列举说明。

知识要点：

医疗保险的主要种类

1. 普通医疗保险

普通医疗保险又称基本医疗保险，负责补偿被保险人因为疾病或意外伤害所导致的直接费用，主要包括门诊费用、医药费用、手术费用等，是一种适用于一般公众的险种。

（1）门诊医疗费用保障。

门诊医疗费用保障多见于团体医疗保险，仅限于对被保险人住院前后一段时间内的门诊和治疗费用进行补偿，少数个人普通医疗保险中也包含对门诊医疗费用的补偿，但一般都仅限于一些特殊的门诊费用。

（2）住院医疗费用保障。

住院医疗费用保障，即对住院期间的各种医疗费用进行补偿，一般包括每天住院的床位费、医生诊疗费、药费、实验室及仪器检查费、各种治疗和护理费等。住院床位费和膳食费一般都规定了每日给付限额，而检查和治疗费则一般规定了每次住院最高限额。

（3）手术医疗费用保障。

手术医疗费用保障，即对住院期间的外科手术费用进行补偿，补偿范围包括手术费、麻醉费、各种手术材料费、器械和手术室费。

上面几种类型的医疗保障既可以由单独的普通医疗保险承保，也可以包含于同一个普通医疗保险产品中。但如前所述，普通医疗保险一般都规定了保险金支付限额和免赔额，使得普通医疗保险提供的保障非常有限，在个人和团体追求高保障时，这种保险也逐渐失去了其吸引力。

2. 综合医疗保险

综合医疗保险是保险人为被保险人提供的一种全面医疗费用的保险，其费用补偿的范围包括医疗、住院和手术等的一切费用。与基本医疗保险不同，综合医疗保险一般不对医疗服务费用设置单项限额，且除外责任比基本医疗保险少很多，但一般都有总的赔付限额。综合医疗保险对各种住院和门诊费用都提供了广泛的保障，其保险责任一般包括：住院床位费、检查检验费、手术费、诊疗费等。除此之外，综合医疗保险还对某些康复治疗的费用如假肢、人工关节和轮椅及救护车费用等进行补偿。综合医疗保险的保险费率较高，同时还会确定一个较低的免赔额及适当的分摊比例。

3. 高额医疗保险

高额医疗保险是在某一基本医疗费用保险的基础上补充签发的，既为超过基本保险单给付水平的医疗费用差额或不保部分提供保险金，也为基本医疗保险单保障范围内的医疗费用提供保险金。该险种主要是为被保险人遭遇重大且不可预期的疾病提供广泛的保障。高额医疗保险承保的医疗费用主要包括住院费、医院杂费、手术费、就诊费、急诊费以及看护费。这种保险通常有免赔额和比例分担规定，保单条款一般是比较灵活的，由当事人双方协商而定。

【专栏 4-4-2】

报销型住院医疗险和住院津贴险的区别

一般来说，住院医疗保险可以分为报销型的和津贴型的，两者的差别是比较大的：

1. 不管有没有社保，报销型住院医疗险是一定要有的

报销型住院医疗险也即依据一定的比例报销保险保障范围内的医疗费用，买了社保的客户，自己还有一份报销型住院医疗险可报销社保报销不了的医疗费用。

津贴型住院医疗险功能简单，是依据被保者实际住院的天数来赔付的。一般不限社保目录，只管按天补贴，所有人都适合配置。

2. 两者最大差别：可不可以重复理赔

报销型住院医疗险的报销是有次数和额度的限制的，想要获得理赔一定要递交齐全的相关理赔单证才可以，不然报销不了。

住院津贴医疗险通常是给付型的产品，确诊即一次性给付保险金。投保时要注意了解清楚保险产品的给付天数和免赔天数。一般此类保险的给付天数不是无限给付的，有限制，而免赔天数则或多或少存在。于被保者而言，选择给付天数越多，免赔天数越少的产品当然是最好的。申请理赔时不用递交医院发票，即可按天获赔，多买多得，能重复报销。

3. 报销条件以及理赔天数有别

报销型住院医疗险、津贴型住院医疗险都是消费型的险种，报销型住院医疗险便

宜、可单独买，保费随着年龄的增长而增加。有的公司的产品分有无社保两类设计报销。若被保者参加社保的，在社保赔付后，补充报销；若被保者没有社保的，直接向保险公司申请理赔即可。买一年可保障一年，满期后没有保费返还。

津贴型住院医疗险通常是附加在返还型重大疾病保险/年金险等主险上的，不同年龄投保虽然费率也有差别，但是一旦投保了每年的保费通常是固定的，可获得的保险金是按住院天数算的（通常免赔 3 天的产品，会规定赔付天数不多于 180 天、360 天等），每天可赔付的金额不同的产品是不同的（具体的看保单规定）。津贴型住院医疗保险若依据缴费期与保障期分可分为两大类：第一类津贴型住院医疗险投保者可选择缴费 10 年、20 年等，保障期与缴费期相同，到期无保费返还；第二类津贴型住院医疗险投保者可选择缴费期 10 年、20 年、30 年等，可保障的时间可选择保障至 60 岁、70 岁、80 岁等甚至终身。所以，津贴型住院医疗险的保费比例有差别，一般到期可返还保费，同时合同终止。配置这两类产品时，建议参照自身保障基础来选择搭配补充。

综上所述，住院津贴保险对被保者由于疾病或意外住院的治疗费用进行补偿，报销型住院医疗险和津贴型住院医疗险在能否重复理赔这个问题上的差别最大，大家要按需配置。

（资料来源：https://www.cignacmb.com/keywords/zyjtx.html。）

引导问题 6：医疗保险的保险期限和责任期限有什么区别和联系。

____

____

____

____

____

知识要点：

医疗保险的保险期限和责任期限

保险期限是指保险人对保险合同约定的保险事故所造成的损失承担给付保险金责任的时间段。责任期限则是指被保险人自患病之日起的时间段，如果被保险人患病治疗超过保险期限，则保险人只负责责任期限内的医疗费用开支。也就是说，只有发生在保险期限内的保险事故才能享受责任期限的待遇，被保险人在保险期内患病但在保险期内还未治愈，则从患病之日起的不超过责任期限内所消耗的医疗费用由保险人提供补偿保险金。责任期限一般可定为 90 日、180 日、360 日不等，以 180 日居多。

引导问题 7：

保险金额

医疗保险一般规定一个________保险金额，保险人在此限额内支付被保险人所发生的医疗费用，无论被保险人是________还是多次患病治疗；但超过之后，保险人就________支付。除此之外，在实践中还可采取规定每次门诊费的保险金额、规定每日住院金额数（平均数）、即时限额补偿、疾病限额补偿等方式确定医疗保险的保险金额。

引导问题 8：试列出医疗保险医疗费用的保障范围。

____

____

____

____

____

知识要点：

保障项目

被保险人患病治疗的过程中，医疗费用涉及的范围很广，既有治疗疾病的直接费用，如药费、手术费等，又有与治病无关但患者必须支出的费用，如假肢费、整形费等。对于这些名目繁多的费用，究竟是否属于保障范围，是保险人在进行赔付之前必须仔细区分的。原则是直接费用予以赔付，间接费用可赔可不赔，无关费用一律不予赔付。

引导问题 9：医疗费用的分摊有哪些形式？

____

____

____

____

____

知识要点：

医疗费用分摊

医疗费用分摊条款是医疗保险常用的条款之一，通常采取免赔额和比例分担两种形式。除此之外，还有给付比例与免赔额结合法、限额给付法、免责期限（即在合同生效的最初一段时间内，保险人对被保险人发生的保险事故不负赔付责任，以减少带病投保现象，降低保险人的经营风险）等方式。

【专栏 4-4-3】

国家医保局：助力商业医疗保险发展

2023 年 5 月 18 日上午，中华人民共和国国务院新闻办公室（以下简称“国新办”）举行“权威部门话开局”系列主题新闻发布会。国家医疗保障局负责人介绍贯彻落实党的二十大重大决策部署，着力推动医保高质量发展有关情况。党的二十大报告提出，要促进多层次医疗保障有序衔接，积极发展商业医疗保险。针对近年来各地开展的惠民保项目，国家医保局表示，在厘清基本医疗保险和商业医疗保险责任边界的基础上，惠民保可以作为一种具有普惠属性的商业医疗保险，也是完善多层次医疗保障体系的有益探索。医保部门探索采取措施，助力商业医疗保险发展。

国家医疗保障局副局长黄华波：在确保医保数据信息安全的前提下，我们在全国 12 个城市开展了医保个人信息授权查询和使用试点。我们鼓励商业保险公司参与大病保险、长期护理保险、医保基金监管等工作，承办基本医保的相关业务，不仅有利于商保公司进一步提高服务能力，而且有利于商保公司优化保险服务流程，打通经办服务渠道。我们深入推进集中带量采购和医保支付方式改革，常态化开展国家药品目录准入谈判，持续强化基金监管力度，严厉打击欺诈骗保行为，这些措施不仅减轻了参保患者的就医负担，而且在一定程度上解决了商保公司“进入医院监管难、本身议价能力弱、风险管控成本高”这些瓶颈问题，为商业医疗保险合理控费、降低经营压力，营造了更好的医疗服务环境。

（资料来源：http://www.nbd.com.cn/articles/2023-05-18/2831106.html。）

【产品示例】

产品名称：平安 e 生保医疗保险

1. 产品条款（节选）

（1）适用人群。

本产品接受的投保年龄为 0 周岁至 60 周岁，投保时被保险人为 0 周岁的，应当为出生满 28 日且已健康出院的婴儿。若您在被保险人 61 周岁至 99 周岁期间投保本产品，需要满足以下两个条件：

①非首次投保。

②您需在上一个保险期间届满后 60 日内提出重新投保申请。

（2）保险期限。

本主险合同为不保证续保合同。

本产品保险期间为一年。保险期间届满，您需要重新向我们申请投保本产品，并经我们同意，缴纳保险费，获得新的保险合同。

（3）保险责任。

被保险人因遭受意外伤害事故或因患疾病在医院接受治疗的，我们依照下列约定给付一般医疗保险金：

①住院医疗费用。

被保险人因疾病或意外伤害经医院诊断必须住院治疗的，对于住院期间发生的合理且必要的住院医疗费用，我们按本主险合同约定的保险金计算方法，在该项保险金的给付限额内给付一般医疗保险金。在每一保险期间内，因疾病或意外住院的最高给付日数为180日，疾病或意外住院累计超过180日后发生的医疗费用，不属于保险责任范围。对本主险合同到期日前发生的且延续至本主险合同到期日后30日内的住院治疗，对于合理且必要的住院医疗费用，我们按本主险合同约定的保险金计算方法计算并给付一般医疗保险金。

②指定门诊医疗费用。

被保险人因疾病或意外伤害在医院进行如下治疗发生的合理且必要的医疗费用：

（a）门诊肾透析费；

（b）门诊恶性肿瘤治疗费，包括化学疗法、放射疗法、肿瘤免疫疗法、肿瘤内分泌疗法、肿瘤靶向疗法治疗费用；

（c）器官移植后的门诊抗排异治疗费；

（d）门诊手术费。

对于因上述治疗发生的合理且必要的门诊医疗费用，我们按本主险合同约定的保险金计算方法计算并给付一般医疗保险金。

③住院前后门诊急诊费用。

被保险人在住院前7日内或出院后7日内，因与该次住院治疗相同原因而发生的合理且必要的门诊急诊医疗费用（不包括门诊肾透析费用、门诊恶性肿瘤治疗费用、器官移植后的门诊抗排异治疗费和门诊手术费），我们按本主险合同约定的保险金计算方法计算并给付一般医疗保险金。

【投保示例】

2023年3月23日，钱先生以有医保身份投保平安e生保医疗保险，年保费578元。

2023年4月26日，钱先生在当地二级及以上公立医院确诊急性支气管炎，并进行了住院治疗，共花费9 456元，医保统筹报销5 000元，剩余费用4 456元符合平安e生赔付范围。2023年5月7日，钱先生在当地二级及以上公立医院确诊胃恶性肿瘤，并进行了住院和化疗，共花费36.2万元，医保统筹报销19.2万元，剩余费用17万元。以上费用均符合重大疾病范围，所以100%报销。2023年5月10日，钱先生申请肿瘤特药服务，保险公司经审核确认，于一周内提供所需药品，垫付并报销了46 775元。

三、疾病保险

引导问题 1：

疾病保险是以保险期限内被保险人________诊断出保险合同约定的疾病为保险金给付条件的健康保险。

知识要点：

疾病保险的定义

疾病保险是指以疾病为给付保险金条件的保险。某些特殊的疾病往往会给病人带来沉重的经济负担。例如癌症、心脏疾病等，这些疾病一经确诊，必然会产生高额的医疗费用支出。因此，通常要求这种保险的保险金额比较大，以足够支付这些疾病产生的各种费用。疾病保险的给付方式一般是在确诊为特种疾病后，立即一次性支付保险金额。

引导问题 2：疾病保险的给付条件是什么？是否需要有医疗费用的支出？

____

____

____

____

____

知识要点：

疾病保险的性质

疾病保险是指当被保险人罹患合同约定的疾病时，只需向保险公司出具病情诊断书证实确实患病，保险公司就给予约定的保险金额，属于定额给付型保险。

引导问题 3：疾病保险有哪些特点？

____

____

____

____

____

知识要点：

疾病保险的基本特点

（1）个人可以任意选择投保疾病保险，疾病保险作为一种独立的险种，不必附加于其他某个险种之上。

（2）疾病保险条款一般都规定了一个等待期或观察期，等待期或观察期一般为180天（不同的国家规定可能不同），被保险人在等待期或观察期内因疾病而支出的医疗费用及收入损失，保险人概不负责，观察期结束后保险单才正式生效。

（3）疾病保险为被保险人提供切实的疾病保障。疾病保险保障的重大疾病，均是可能给被保险人的生命或生活带来重大影响的疾病项目，如急性心肌梗死、恶性肿瘤。

（4）保险期限较长。疾病保险一般都能使被保险人“一次投保，终身受益”。保险费交付方式灵活多样，且通常设有宽限期条款。

（5）疾病保险的保险费既可以按年、半年、季、月分期交付，也可以一次交清。

引导问题4：为什么疾病保险多为长期保险？

引导问题5：为什么疾病保险按性别设计不同险种？

引导问题6：从承保内容、特点、作用等方面对比疾病保险和医疗保险的异同。

引导问题7：疾病保险有哪些类别？举例说明具体险种。

知识要点：

疾病保险的基本分类

根据所保疾病不同，疾病保险可分为重大疾病保险和特种疾病保险。

1. 重大疾病保险

重大疾病保险，是指以特定重大疾病，如恶性肿瘤、心肌梗死、脑出血等为保险对象，若被保险人在保险期间罹患合同指定的疾病时，保险人按照合同约定给付保险金的商业健康保险。

2. 特种疾病保险

特种疾病保险是保险人以被保险人罹患某些特殊疾病为保险给付条件，按照合同约定金额给付保险金的保险产品。

【专栏 4-4-4】

重疾险新规正式出炉 险种扩至“28 种重疾+3 种轻疾”

2020 年 11 月，中国保险行业协会、中国医师协会发布《重大疾病保险的疾病定义使用规范（2020 年修订版）》，新规范保障范围进一步扩展，赔付条件更为合理。

整体来看，新规范修订取得三项成果：首先是优化分类，新规范建立重大疾病分级体系，首次引入轻度疾病定义，将恶性肿瘤、急性心肌梗死、脑中风后遗症 3 种核心疾病，按照严重程度分为重度疾病和轻度疾病两级，并且该三种轻度疾病保险金额比例上限确定为 30%。“30%的比例基本上能够覆盖轻症治愈，可以说是‘把钱用在刀刃上’。”中国保险行业协会相关负责人解读称。

此外，新规范增加病种数量，适度扩展保障范围，基于重大疾病评估模型，量化评估重大程度，并结合疾病定义的规范性和可操作性，将原有 25 种重疾定义完善扩展为 28 种重度疾病和 3 种轻度疾病，并适度扩展保障范围。

在原有重疾定义范围的基础上，新规范新增了严重慢性呼吸衰竭、严重克罗恩病、严重溃疡性结肠炎 3 种重度疾病；同时，新规范对恶性肿瘤、急性心肌梗死、脑中风后遗症 3 种核心重疾病种进行科学分级，新增了对应的 3 种轻度疾病的定义，扩展了保障范围。

新规范扩展了对重大器官移植术、冠状动脉搭桥术、心脏瓣膜手术、主动脉手术等 8 种疾病的保障范围，完善优化了严重慢性肾衰竭等 7 种疾病定义。

对消费者来说，在赔付方面，新规范放宽了部分定义条目赔付条件，如对“心脏瓣膜手术”取消了原定义规定的必须“实施了开胸”这一限定条件，代之以“实施了切开心脏”，切实维护了消费者的保障权益。

（资料来源：http://news.cctv.com/2020/11/06/ARTI1e1xVv7jCQ2dzZjNFNYj201106.shtml。）

【产品示例】

产品名称：新华保险多倍保障重大疾病保险

1. 产品条款（节选）

（1）适用人群。

满18周岁，男性不满51周岁，女性不满56周岁。

（2）保险期间。

被保险人终身。

（3）缴费方式。

5年交、10年交、20年交。

（4）保险责任。

疾病保险金包括轻症疾病保险金和重大疾病保险金。疾病保险金保障的疾病范围包括合同所指的轻症疾病和合同所指的重大疾病，所有疾病分为五组。在合同保险期间内，本公司按下列规定承担给付疾病保险金责任：

①疾病保险金单一组别给付限额和累计给付限额。

在合同保险期间内，本公司对“疾病分组与给付限额表”中单一组别内所有疾病（包括该组别中的轻症疾病和重大疾病，下同）累计给付的疾病保险金（包括轻症疾病保险金和重大疾病保险金之和，下同）以该组别对应的单一组别给付限额为限；当单一组别内所有疾病累计给付的疾病保险金达到该组别对应的单一组别给付限额时，本公司对该组别内的各项疾病不再承担给付疾病保险金责任。

单一组别给付限额是指在合同保险期间内，本公司按照合同疾病保险金给付规定，对某一组别内所有疾病（包括该组别中的轻症疾病和重大疾病）累计给付的疾病保险金（包括轻症疾病保险金和重大疾病保险金之和）的上限，各组别对应的单一组别给付限额具体见“疾病分组与给付限额表”。

在合同保险期间内，本公司对“疾病分组与给付限额表”中所有疾病的疾病保险金累计给付限额，按下列规定确定：

被保险人85周岁保单生效对应日之前，本公司累计给付的疾病保险金以各组别对应的单一组别给付限额之和为限，本公司累计给付的疾病保险金达到各组别对应的单一组别给付限额之和时，合同终止。

被保险人85周岁保单生效对应日及以后，本公司自合同生效之日起累计给付的疾病保险金（包括被保险人85周岁保单生效对应日之前和之后给付金额之和）以基本保险金额为限，本公司自合同生效之日起累计给付的疾病保险金达到基本保险金额时，合同终止。

被保险人85周岁保单生效对应日零时，如本公司自合同生效之日起累计给付的疾病保险金已达到或超过基本保险金额，合同自被保险人85周岁保单生效对应日零时终止。

② 轻症疾病保险金。

被保险人于合同生效（或合同效力恢复）之日起90日内因疾病原因，由本公司认可医院的专科医生确诊初次发生合同所指的轻症疾病（无论一项或多项），本公司不承担给付轻症疾病保险金责任，合同继续有效。

被保险人于合同生效（或合同效力恢复）之日起90日内因意外伤害原因，或于合同生效（或合同效力恢复）之日起90日后，由本公司认可医院的专科医生确诊初次发生合同所指的轻症疾病（无论一项或多项），本公司按基本保险金额的20%给付轻症疾病保险金，且应符合合同疾病保险金单一组别给付限额和累计给付限额的规定。

在合同保险期间内，本公司对每项轻症疾病给付次数以一次为限，每项轻症疾病保险金给付金额不超过20万元人民币。

③重大疾病保险金。

被保险人于合同生效（或合同效力恢复）之日起90日内因疾病原因，由本公司认可医院的专科医生确诊初次发生合同所指的重大疾病（无论一项或多项），本公司给付重大疾病保险金，其金额为本保险实际缴纳保险费的1.1倍，合同终止。

被保险人于合同生效（或合同效力恢复）之日起90日内因意外伤害原因，或于合同生效（或合同效力恢复）之日起90日后，由本公司认可医院的专科医生确诊初次发生合同所指的重大疾病（无论一项或多项），本公司按下列规定给付重大疾病保险金，且应符合合同疾病保险金单一组别给付限额和累计给付限额的规定：

若该项重大疾病确诊初次发生日期在被保险人85周岁保单生效对应日之前，本公司按基本保险金额与该项重大疾病所属组别对应的单一组别给付限额的余额二者之较小者，给付重大疾病保险金。

单一组别给付限额的余额指单一组别给付限额减去该组别疾病累计已给付的疾病保险金后的余额。

若该项重大疾病确诊初次发生日期在被保险人85周岁保单生效对应日及以后，本公司按基本保险金额减去自合同生效之日起累计给付的疾病保险金（包括被保险人85周岁保单生效对应日之前和之后给付金额之和）后的余额，给付重大疾病保险金，合同终止。

【投保示例】

被保险人：30岁，女。

产品名称：新华保险多倍保障重大疾病保险。

保险期限：至被保险人终身。

基本保额：30万元。

缴费方式：20年交。

年交保费：9 390 元。

保障责任：

（1）轻症疾病保险金：给付 6 万元，合同继续有效（给付金额与该项疾病所属组别对应的单一组别给付限额的余额二者之较小者）。

（2）重大疾病保险金：给付 30 万元，合同继续有效（给付金额与该项疾病所属组别对应的单一组别给付限额的余额二者之较小者）。

（3）身故保险金：给付 30 万元减去累计已给付的疾病保险金（最低为 0 元）。

（4）特定严重疾病保险金：在给付重疾保险金的同时额外给付 6 万元。

（5）前 10 年关爱保险金：在给付重疾保险金的同时额外给付 15 万元。

（6）豁免保险费：疾病保险金赔付达到 100% 基本保额，豁免余期未交保费，合同继续有效。

以上多倍保障重大疾病保险的保险责任为合同生效（或合同效力恢复）之日起 90 日（不含）后。

单一组别给付限额的余额：单一组别给付限额减去该组别疾病累计已给付的疾病保险金后的余额。

四、失能收入损失保险

引导问题 1：

失能收入损失保险，是指因保险合同约定的________或______________导致部分或全部______________丧失，以致失去________或________减少时，由保险人给付保险金的保险。

知识要点：

失能收入损失保险的目的

失能收入损失保险的主要目的是为被保险人因丧失工作能力导致收入方面的损失提供经济上的保障，缓解被保险人自身及家庭面临的经济压力。它并不承保被保险人因疾病或意外伤害所发生的医疗费用。失能收入损失保险要求被保险人在投保时必须有固定的全职工作；否则，如果原来就没有固定收入，那么也就没有保险的必要了。

引导问题 2：失能收入损失保险中，如何界定失能？

____

____

____

____

____

知识要点：

失能的定义

丧失工作能力是指被保险人在最初的一段时间内（也称等待期，如2年）无法从事其原有的工作，并且没有从事其他任何工作；在等待期后仍然无法从事任何与其以往接受的教育和培训合适的工作。

理解失能收入损失保险的保险责任需要强调以下相关内容：

1. 意外伤害

在失能收入损失保险中，一般规定造成被保险人失能的身体伤害，必须是外来原因导致的，而且是被保险人不可预见的。

2. 疾病

大多数失能收入损失保险都规定了引起被保险人失能的疾病，必须是被保险人在保险合同有效期内首次发生的疾病。实际上，为了防止被保险人的不如实告知和故意隐瞒既往存在的病症，一般都有既往病症除外的条款。

3. 全残

在失能收入损失保险中，最关键的一点是对全残的界定。每一份失能收入损失保险都要明确给出全残的定义，并规定相应的全残保险金。被保险人只有符合全残规定时，才能领取保险金。传统失能收入损失保险对全残所下的定义属于绝对全残，即要求被保险人由于意外事故或疾病而不能从事任何职业。但这一要求过于严格，它使得大多数被保险人不能领取残疾人收入保险金。

4. 推定全残

推定全残有两种不同的定义：一是指被保险人患病或遭受意外伤害后，在短期内还无法确定其是否会残疾，为此，保险人在保险条款中规定了定残期限，即被保险人如果在定残期限届满时仍无明显好转的征兆，将自动推定为全残；二是被保险人发生了保单所规定的伤残情况时，将被自动作为全残，如完全永久失明、任意两肢失去活动能力、语言或听力丧失等。发生推定全残后，保险人将一次性给付全额保险金，即使该保险人以后痊愈且恢复了原职业也不例外。

引导问题3：失能收入损失保险的保险金的给付方式有哪些？

知识要点：

失能收入损失保险金的给付方式

1. 一次性给付

（1）被保险人全残，保险公司通常按照合同约定的保险金额一次性给付被保险人。

（2）被保险人部分残疾，保险公司一般根据被保险人的残疾程度及其对应的给付比例支付保险金。

2. 分期给付

（1）按月或按周给付。保险人根据被保险人的选择，每月或每周提供合同约定金额的收入补偿。由保险公司在等待期末开始给付，直至最长给付期限。

（2）按给付期限给付。给付期限分为短期和长期两种。短期给付补偿是被保险人在身体恢复以前不能工作的收入损失补偿，期限一般为 1~2 年。长期给付补偿是被保险人因全部残疾而不能恢复工作的收入补偿，具有较长的给付期限。通常规定给付至被保险人年满 60 周岁或退休年龄；若此期间被保险人死亡，保险责任即告终止。

（3）按推迟期给付。被保险人残疾后的一段时期为推迟期，一般为 90 天或半年，在此期间被保险人不能获得任何给付补偿。超过推迟期，被保险人仍不能正常工作，保险人才开始承担保险金给付责任。推迟期的规定，是由于被保险人在短期内通常可以维持一定的生活；同时设定推迟期也可以降低保险成本，有利于为确实需要保险帮助的人提供更好的保障。

引导问题 4：失能收入损失保险的保险金额如何确定？

知识要点：

失能收入损失保险金的给付金额

失能收入损失保险中给付金额有两种确定方法，即固定金额法和收入公式法。

（1）固定金额法。固定金额法是在保单中规定一个固定的给付金额，当被保险人因为疾病或者意外事故而不能工作时，由保险人按照固定的金额定期向被保险人给付失能收入保险金。这种给付方式有利于防止道德风险，一般适用于个人失能收入损失保险。

（2）收入公式法。收入公式法是在保单中规定一个收入给付公式，保险人根据收入给付公式确定应该向被保险人定期支付的给付金额。收入公式法一般适用于团体失能收入损失保险。

引导问题5：失能收入损失保险有哪些特殊条款？

知识要点：

失能收入损失保险的特殊条款

失能收入损失保险除了在被保险人全残时给付保险金外，还可以提供其他利益。这些补充利益既可以自动包含于基本保险之内，也可以通过缴纳附加保费的方式获得。

1. 部分伤残保险金给付条款

部分伤残是指导致被保险人不能完成其原有职业的某些工作或全日从事其职业的伤残。作为对原有残疾收入保险业务的扩展，许多保险公司提供部分残疾收入保险金，当被保险人部分伤残时，可在约定期间内领取残疾收入保险金，给付金额将取决于被保险人因部分伤残而导致的收入损失程度。

2. 加保选择权益条款

加保选择权的全称是未来增加保险金额选择权，又可以称为保证未来的可保性，即被保险人在未来某个时期内如果收入有所增加，就有增加保险金额的权利，而不论当时的健康状况如何。被保险人在增加保险额度时，不必提供可保证明，但通常需要证明收入有相应的增加。一般而言，被保险人每年可以做一次增加购买，直到合同条款中规定的截止购买年龄止。每年可增加购买的保险额度依各公司的规定而不同，但一般不会超过最初合同给付额的两倍。

3. 通货膨胀条款

失能收入损失保险是为了对被保险人的收入损失进行有效的补偿，对于永久失能者来说，保险金的给付是长期的，在一个比较长的时期内，通货膨胀发生的概率较大。为了防止被保险人不因物价上涨而使生活困难，许多公司提供的保单中含有通货膨胀条款，即约定保险金额每隔一定期限以固定的比例增加。

4. 豁免保费条款

豁免保费条款通常作为附加条款，它是指保险公司承诺豁免被保险人在全残后的应交保费。该条款通常也包含一些限制条件，如规定等待期。

引导问题6：失能收入损失保险适合哪些职业的人群？

【专栏 4-4-5】

中国人寿职业运动员失能收入损失险已理赔超 166 万元

2019 年 4 月 27 日，中国人寿携手中国男子篮球职业联赛（CBA）联合推出了国内首款职业体育失能收入损失保险——国寿职业运动员失能收入损失保险。同时，自 2019—2020 赛季 CBA 联赛开始，如果签订了 CBA 标准合同的国内球员，在训练或比赛过程中生病、受伤，不能继续征战球场，中国人寿将按照球员签署聘用合同中载明的保障工资额度，按月给予赔付，通过合理的风险转移，让球员获得工资保障，俱乐部免除后顾之忧。

而就在 2019 年 12 月 25 日结束的 CBA 联赛上，中国男篮国手阿不都沙拉木受伤，赛后确诊为左膝关节前交叉韧带断裂，有可能伤停几个月。但得益于 CBA 联盟和中国人寿合作推出的中国人寿职业运动员失能收入损失保险，阿不都沙拉木和他所在的新疆广汇俱乐部这次不用为他伤停期间的“薪水”操心。

截至 2020 年 1 月底，中国人寿已先后为 13 家俱乐部的 15 位 CBA 联赛注册球员进行了国寿职业运动员失能收入损失保险的理赔，理赔总金额合计超 166 万元，有效减轻了俱乐部的经营压力，解决了职业球员的后顾之忧。

（资料来源：https://m.bbtnews.com.cn/article/174910。）

【产品示例】

产品名称：生命健宁天使失能收入损失保险

1. 产品条款（节选）

（1）投保范围。

被保险人年龄为 18 周岁至 50 周岁。

（2）保险责任。

①重度失能保险金。若被保险人于本合同生效日起 1 年内或效力恢复之日起 1 年内患疾病，由司法鉴定机构或其他有资质的医疗鉴定机构确诊发生本合同所定义的重度失能，本公司将无息退还投保人已交保险费，本合同终止；若被保险人于本合同生效日起 1 年后或效力恢复之日起 1 年后患疾病，且在该疾病被确诊之日起 180 日后由司法鉴定机构或其他有资质的医疗鉴定机构确诊发生本合同所定义的重度失能，本公司自被保险人被确诊发生重度失能之日起每月按基本保险金额的 1%给付重度失能保险金，直至被保险人重度失能状态消失；若被保险人遭受意外伤害事故，且在该意外发生之日起 180 日后由司法鉴定机构或其他有资质的医疗鉴定机构确诊发生本合同所定义的重度失能，本公司自被保险人被确诊发生重度失能之日起每月按基本保险金额的 1%给付重度失能保险金，直至被保险人重度失能状态消失。

②一般失能保险金。若被保险人于本合同生效日起 1 年内或效力恢复之日起 1 年

内患疾病，由司法鉴定机构或其他有资质的医疗鉴定机构确诊发生本合同所定义的一般失能，本公司将无息退还投保人已缴保险费，本合同终止；若被保险人于本合同生效日起 1 年后或效力恢复之日起 1 年后患疾病，且在该疾病被确诊之日起 180 日后由司法鉴定机构或其他有资质的医疗鉴定机构确诊发生本合同所定义的一般失能，本公司将按一般失能程度等级对应的给付比例与本合同基本保险金额的乘积给付一般失能保险金，本合同继续有效；若被保险人遭受意外伤害事故，且在该意外发生之日起 180 日后由司法鉴定机构或其他有资质的医疗鉴定机构确诊发生本合同所定义的一般失能，本公司将按一般失能程度等级对应的给付比例与本合同基本保险金额的乘积给付一般失能保险金，本合同继续有效。

③全残保险金。若被保险人于本合同生效日起 1 年内或效力恢复之日起 1 年内患疾病，并且自患疾病之日起 180 日内（含第 180 日）因该疾病被鉴定为本合同所定义的全残，本公司将无息退还投保人已缴保险费，本合同终止；若被保险人于本合同生效日起 1 年后或效力恢复之日起 1 年后患疾病，并且自患疾病之日起 180 日内（含第 180 日）因该疾病被鉴定为本合同所定义的全残，本公司将按本合同基本保险金额在扣除已经给付的重度失能保险金及一般失能保险金后给付全残保险金，本合同终止；若被保险人遭受意外伤害事故，并且自遭受意外伤害事故之日起 180 日内（含第 180 日）因该意外伤害事故被鉴定为本合同所定义的全残，本公司将按本合同基本保险金额在扣除已经给付的重度失能保险金及一般失能保险金后给付全残保险金，本合同终止。

④满期保险金。若被保险人在本合同保险单上所载明的合同期满日的 24 时仍生存，本公司将按本合同的已缴保险费总和（仅指以标准体费率计算的保险费部分，且不包括已豁免部分的保险费）给付满期保险金，本合同终止。

⑤公共交通意外额外保险金。若被保险人以乘客身份乘坐商业运营的公共交通工具遭受意外伤害事故，且在该意外发生之日起 180 日后由司法鉴定机构或其他有资质的医疗鉴定机构确诊发生本合同所定义的一般失能，本公司将在给付本条第二项所述一般失能保险金后，再给付等值于一般失能保险金的公共交通意外额外保险金，本合同继续有效。

⑥豁免保险费。若被保险人符合本条第一项所述重度失能保险金给付条件，本公司将豁免自被保险人被确诊重度失能之日起至重度失能状态消失期间应缴的续期保险费，本合同继续有效。

【投保示例】

金先生，30 周岁，企业白领，这两年刚刚通过贷款购置了房产，结婚且喜得贵子；目前，房屋按揭 20 年，月供 3 000 元，还需还银行贷款 48 万元，为自己投保“生命健宁天使失能收入损失保险”，该保险具体内容见表 4-4-1。

表 4-4-1　险种基本内容

险种	保险金额	年缴保险费	保障期	缴费期
生命健宁天使失能收入损失保险	5 万元	3 650 元	30 年	20 年
总计	每天 10 元购买 50 万元的高额保障			
保险责任	最高给付		备注	
重度失能保险金	177 万元		每月 5 000 元	
一般失能保险金	32.5 万元			
公共交通意外额外保险金	65 万元		一般失能的 2 倍	
全残保险金	50 万元			
满期保险金	7.3 万元		满期退还所缴保险费	

五、长期护理保险

引导问题 1：

长期护理保险又名长期看护健康保险、老年护理健康保险或老年看护健康保险。它是指为那些因________、________或伤残而需长期照看的被保险人提供护理服务的费用补偿的健康保险。它是一种用来负担老年人专业护理和其他相关服务费用支出的新型健康保险产品。

知识要点：

长期护理保险的定义

护理保险是指按照保险合同约定为保险人日常生活能力障碍引发护理需要提供保障的保险。

长期护理保险是指保险期间不低于 5 年的护理保险。它是一种用来负担老年人专业护理和其他相关服务费用支出的新型健康保险产品。长期护理健康保险是为老人提供的一种重要经济保障，具有为商业健康保险的发展提供契机和减轻社会负担的双重功效。

引导问题 2：长期护理保险主要针对哪些人群？保险保障的目的是什么？

____

____

____

____

____

【专栏 4-4-6】

试点开启！寿险转换长护险，缓解失能人群护理费用压力

老龄化时代，养老要体面，保障是关键。国家卫健委的数据披露，截至2021年年底，我国60岁以上老年人口已达2.7亿，其中失能人数在4 500万左右。要解决这些家庭的长期照护需求，保全失能老人的养老尊严，长期护理险（简称“长护险”）亟待发挥作用。

中国银保监会印发《关于开展人寿保险与长期护理保险责任转换业务试点的通知》（以下简称《通知》），决定自2023年5月1日起开展人寿保险与长期护理保险责任转换业务（以下简称“转换业务”）试点，试点期限暂定两年。

什么是转换业务？

转换业务是指人身保险公司根据投保人自愿提出的申请，将处于有效状态的人寿保险保单中的身故或满期给付等责任，通过科学合理的责任转换方法转换为护理给付责任，支持被保险人在因特定疾病或意外伤残等原因进入护理状态时提前获得保险金给付。

试点时间及范围

时间：2023年5月1日起，期限暂定2年。

范围：经营个人普通型人寿保险的人身保险公司。

两种转换方法

《通知》提出适用不同人群的两种责任转换方法，包括保单贴现法和精算等价法。

1. 保单贴现法

保险公司将原本在身故等保险责任发生时才能给付的保险金，通过保险金折价的方式提前给付给被保险人。

适用人群：适用于申请办理转换业务时已进入约定护理状态的被保险人，且被保险人年龄应满18周岁。

适用产品：未附加其他人身保险产品的个人普通型定期寿险和终身寿险保单，且保单合同生效时间超过2年。

操作流程：①投保人或其合法的代理人提出转换申请（须经被保险人确认同意）；②人身保险公司审核通过，并进行批注或订立操作流程变更协议；③投保人或其合法的代理人提出保险金折价给付申请；④人身保险公司进行理赔核定后，按约定将保险金折价为护理贴现金一次性给付。

判定条件：

保险人进入约定护理状态的判定条件是其罹患10种特定疾病，或者因意外伤害达到《人身保险伤残评定标准及代码》（JR/T 0083-2013）第1至3级伤残。

其中，10种特定疾病包括严重脑中风后遗症、严重阿尔茨海默病、多个肢体缺失、严重脑损伤、严重脑炎后遗症或严重脑膜炎后遗症、严重原发性帕金森病、双目失明、严重特发性肺动脉高压、瘫痪和严重运动神经元病，其疾病定义应当与《重大疾病保险的疾病定义使用规范（2020年修订版）》保持一致。

2. 精算等价法

人身保险公司将人寿保险的部分保单价值转换为长期护理保险的保单价值，并以转换后的长期护理保险保单价值计算长期护理保险保额；在办理转换业务后，如被保险人进入约定的护理状态，人身保险公司按转换后的长期护理保险保额进行给付。

适用人群：申请办理转换业务时尚未进入约定护理状态的被保险人，满足拟转换的长期护理保险的投保要求，且年龄满18周岁。

人身保险公司可基于风险控制需要，合理设置申请转换业务时的被保险人年龄上限。

适用产品：个人普通型人寿保险。

操作流程：①投保人提出保险责任转换申请；②人寿保险保单做减保处理，按投保人选择的转换比例进行等比例减少；③新订立一份长期护理保险保单。（注：投保人可以就同一份人寿保险保单多次申请办理转换业务。）

判定条件：与保单贴现法相同。

（资料来源：太平人寿公众号。）

引导问题3：

长期护理保险负责提供被保险人在符合给付条件的情况下享受______________所支付的费用，其中包括具有治疗性质的如诊断、预防、________等以及其他不具有治疗性质的________________、成人日常护理等。

引导问题4：长期护理保险的给付条件是什么？如何评判各项标准？

____

____

____

____

____

知识要点：

长期护理保险的给付条件

长期护理保险金的给付以被保险人因健康缺陷而发生长期护理需求并接受长期护理服务为条件，保险公司评判被保险人长期护理的需求是否必需所采用的标准主要有健康标准、日常活动能力标准和认知能力的认定标准。

引导问题5：举例说明长期护理保险按生活不能自理程度提供护理服务的类型。

知识要点：

长期护理保险的护理服务

长期护理保险的护理服务是指保险公司在被保险人家中或专门的机构中向被保险人提供的，包括医疗护理、住宿、饮食、社交、交通以及护理员在内的一切护理服务。

引导问题6：举例说明长期护理保险的补偿方式。

知识要点：

长期护理保险的补偿方式

长期护理保险的补偿方式包括费用补偿、定额给付和实物给付。

引导问题7：长期护理保险有哪些特点？

知识要点：

长期护理健康保险的特点

1. 保险责任主要是满足被保险人的各种护理需要

与医疗费用保险中对医疗服务费用的补偿不同，长期护理健康保险主要是为被保险人接受各类护理服务的费用提供补偿。医疗费用保险费的产生主要在医生的诊所或医院，长期护理健康保险费则发生在老年护理中心和其他一些康复机构，甚至是被保险人的家中；被保险人接受医疗服务的原因是对疾病和各种身体损伤的治疗，而护理服务的原因除了伤病的恢复外，还包括年老体弱造成的生活不能自理。

2. 保险金给付中一般都有抵御通货膨胀的措施

长期护理健康保险的保险金给付中一般都有专门抵御通货膨胀的措施，以尽可能地避免通货膨胀的不利影响。有的长期护理健康保险不规定保险金给付的总额，只规定随着通货膨胀而增加的每日给付的金额。有的长期护理健康保险按每年 3%或者 5%的比率调整给付额。虽然这种保险较贵，但在护理费用不断上涨的趋势下，这种措施对被保险人来说是非常有用的，尤其是对年轻购买者而言显得更为重要。有的长期护理健康保险允许被保险人在将来不必提供可保证明的条件下定期增加保险金额。

3. 保障的长期性

所有的长期护理健康保险都保证对被保险人续保到某一特定年龄，如 79 岁，有的保险甚至保证对被保险人终身续保，即只要被保险人按期缴纳保险费，保险人不得取消这种可续保性的保障。保险人可以在保险单更新时提高保险费率，但费率的提高不得针对具体的某个人，必须一视同仁地对待同样风险情况下的所有被保险人。

4. 保险单的现金价值

由于长期护理健康保险的保险费通常都是平准费率，与医疗费用保险大多采用自然保险费制不同，长期护理保险中保险合同拥有一定的现金价值，此权利不因保险效力的变化而丧失。当被保险人做出撤销其现存保险单的决定时，保险人可向其提供不丧失价值的选择。

引导问题 8：长期护理保险的保险条款有哪些？请举例说明。

____

____

____

____

____

知识要点：

长期护理健康保险的保险条款

1. 长期护理健康保险的保险责任

长期护理健康保险的保险责任为对被保险人在康复机构的专门护理或在家中进行的各项日常家庭护理服务提供保险金给付。专门护理是指由专业护理人员，如注册护士或执业护士进行的或在他们的指导下进行的护理服务。家庭护理是指在病人家中为病人提供的日常生活照顾，如洗澡、做饭等，而不是医务人员的专业护理。不同保险公司的保险单中对家庭护理的要求不尽相同，有的须经过医生的鉴定方可给付，有的则要在被保险人丧失一定生活能力时才可进行给付。

2. 长期护理健康保险的除外责任

长期护理健康保险的除外责任一般包括各种精神疾患导致的护理服务，但老年人中常见的老年性痴呆症不属于除外责任，如投保前已患有此病的则属除外责任。如果是由投保时健康不良导致的护理服务，则在保险单生效之后的6~12个月内不属保险责任。

3. 长期护理健康保险的给付条款

长期护理健康保险中保险金的给付期限有一年、数年和终身等几种不同的选择，同时也规定有20天、30天、60天、90天、100天或180天等多种免责期，从保险人开始接受承保范围内的护理服务之日起算，如有20天免责期的长期护理保险，被保险人在看护中心接受护理的前20天不属保障范围。免责期的规定实质上是免赔额的一种，目的是消除小额索赔，减少保险人员的工作量。

4. 长期护理健康保险的保险费豁免条款

在长期护理健康保险中一般都有保险费豁免条款，即当保险人开始履行给付保险金责任一定时间（通常几个月）后，被保险人无须再缴纳保险费。

5. 长期护理健康保险的不没收价值条款

长期护理健康保险的不没收价值条款规定，当被保险人做出撤销其现存保险单的决定时，保险人向其退还保险单的不没收价值，即将保险单积累的现金价值退还给投保人，投保人也可以选择将现金价值作为净保险费，用以购买减额交清保险的保障。

6. 长期护理健康保险的通货膨胀保护条款

长期护理健康保险的通货膨胀保护条款，要求保险单根据通货膨胀指数对给付额进行调整，或者按每年3%或5%的比率调整给付额。在护理费用不断上涨的情况下，通货膨胀保护条款对于被保险人而言就显得尤为重要。

引导问题9：长期护理保险按不同划分方式有哪些类型？

____

____

____

____

____

知识要点：

长期护理保险的类型

1. 按保险责任划分

（1）单一责任护理保险，该种保险除非附加附约，否则仅仅承担长期护理责任，即在保险期间内被保险人接受符合条件的护理服务，保险公司按规定给付保险金。

(2) 综合责任护理保险，即在承担长期护理责任的基础上，增加生存和死亡给付责任的保险。

(3) 伤残收入补偿保险的扩展，即残疾者在退休前所购买的长期护理保险在其退休后，由保险公司提供给被保险人与残疾收入补偿等额的保险金。实际上是将残疾收入补偿保险自动转为长期护理保险。

(4) 医疗费用保险附约。长期护理保险和医疗费用保险都属于健康保险，都涉及费用补偿，所以，可以将长期护理保险视为医疗费用保险的一种延伸。

2. 按投保人划分

(1) 个人长期护理保险，即只为单一被保险人提供保障服务的保险。

(2) 团体长期护理保险，即用一份保单为一个团体的部分或者全部成员提供保障的护理保险，最常见的是由雇主为其雇员以团体的形式购买的长期护理保险计划。

3. 按保额是否变化划分

(1) 保额固定型长期护理保险，按合同中约定的金额给付，固定不变。

(2) 保额递增型长期护理保险，随着生活费用指数和护理院的护理费用指数的变化，逐年增加保险金给付。

【产品示例】

产品名称：金六福护理保险

1. 产品条款（节选）

(1) 投保年龄。

投保年龄指投保时被保险人的年龄，投保年龄以周岁计算。

(2) 保险期间。

本合同的保险期间为 6 年，自保险单上记载的保险合同生效日零时起至保险期届满之日二十四时止。

(3) 保险责任。

在本合同有效期内，我们承担如下保险责任：

护理保险金。被保险人进入符合本合同约定的长期护理状态，并在观察期结束后仍处于长期护理状态的，我们将给付护理保险金，护理保险金可用于支付被保险人所需的护理服务与费用；同时，本合同效力终止，护理保险金由以下两部分组成：

①观察期结束当日二十四时的个人账户价值。

②风险保额。

疾病身故保险。因意外伤害之外的其他原因导致被保险人身故，我们将给付疾病身故保险金；同时，本合同效力终止，疾病身故保险金由以下两部分组成：

①被保险人身故当日二十四时的个人账户价值。

② 风险保额。

健康维护保险金。本合同的保险期间届满时，被保险人仍然生存的，我们按保险期间届满当日二十四时个人账户价值的103%给付健康维护保险金；同时，本合同效力终止。

【投保示例】

安先生今年35岁，购买金六福护理保险，趸交保险费5万元，未追加保险费，基本保险金额为0，保险期间6年。

安先生所享有的保障利益如表4-4-2所示。

表4-4-2 安先生所享有的保障利益 单位：元

保单年度	年末疾病身故保险金			年末护理保险金			健康维护保险金		
1	59 642	60 806	61 679	79 523	81 075	82 239			
2	61 120	63 528	65 365	81 495	84 704	87 153			
3	62 633	66 371	69 270	83 510	88 495	92 361			
4	64 182	69 340	73 408	85 576	92 453	97 877			
5	65 768	72 440	77 790	87 691	96 586	103 720			
6	67 391	75 676	82 432	89 855	100 902	109 909	57 844	64 955	70 754

小组任务及步骤

任务一

根据自己家庭情况，对比市面上医疗保险产品的内容及条款，结合相关发病率、医疗费用、理赔情况等数据，为自己的家庭成员选择医疗保险产品，并分析原因。

任务二

2021年2月1日，由中国保险行业协会以及中国医师协会共同制定并发布的《重大疾病保险的疾病定义使用规范》(2020修订版)（以下简称“重疾新规”）正式实施。2020年版的重疾新规相较2007年的旧规范（《重大疾病保险的疾病定义使用规范》）有哪些改变？搜集相关资料，以小组为单位对比新旧重疾险使用规范。

任务三

以小组为单位，选择市面上两款以上重大疾病保险产品，就基础保障情况、价格、病种数量、给付次数、责任扩展、附加服务等方面对比分析其优缺点。

任务四

材料阅读分析

2016 年 6 月，人力资源和社会保障部印发《人力资源和社会保障部办公厅关于开展长期护理保险制度试点的指导意见》，提出开展长期护理保险制度试点工作的原则性要求，明确河北省承德市、吉林省长春市、黑龙江省齐齐哈尔市等 15 个城市作为试点城市，标志着国家层面推进全民护理保险制度建设与发展的启动。

2020 年 5 月，国家医保局发布的《关于扩大长期护理保险制度试点的指导意见》（征求意见稿）提出扩大试点范围，拟在原来 15 个试点城市的基础上，按照每省 1 个试点城市的原则，将试点范围扩充为 29 个城市，试点期限两年。2020 年 9 月，经国务院同意，国家医保局会同财政部印发《关于扩大长期护理保险制度试点的指导意见》，长期护理保险试点城市增至 49 个。

2020 年 11 月 8 日，深圳市人大常委会发布《深圳经济特区养老服务条例》，明确长期护理保险于 2021 年 3 月 1 日起实施。每人全年缴费约 128 元，在岗职工由单位和个人各缴 50%，退休人员、居民及其他人员则个人缴费，困难人群缴费由财政补助。

以小组为单位，根据以上社保“第六险”长期护理保险在我国的试点情况，结合国外长期护理险的发展，用 SWOT 分析法对长期护理保险制度进行简要分析。

任务五

案例分析

王先生除了有社会医保以外，还拥有两份商业医疗保险：一份是单位投保的团体保险，另一份是自己购买的医疗保险。2019 年 3 月份，王先生患病住院，花去医疗费用 10 000 元，其中医保统筹支付 6 000 元，自付费用 4 000 元。出院后，王先生拿着相关材料分别向两家保险公司申请理赔。结果是，团体保险支付赔款 3 000 元，但王先生购买的个人医疗保险却没有给予赔偿。令王先生感到疑惑的是，本次治疗剩余自付的 1 000 元，为何不能得到保险呢？

根据以上信息，分析王先生不能得到保险的情况。

小组计划与分工

小组计划与分工如表 4-4-3 所示。

表 4-4-3　小组计划与分工

任务内容	组员姓名	任务分工	评价

表4-4-3(续)

任务内容	组员姓名	任务分工	评价

分析与总结

项目五　人身意外伤害险产品分析

情景描述

2013 年 6 月，一场车祸过后，同样是家境并不富裕的两个农民，经抢救无效死亡后，其家人却有着不同的遭遇。而导致两个不幸家庭不同境遇的正是一份保险费仅仅 100 元的意外保险。

2012 年 7 月，没有任何社保保障、家庭经济状况也不是很好的山东平度农民王某，通过中介购买了某人寿团险产品"一帆风顺"。100 元保险费即可获得 8 万元的保障，保障期限为一年。保险公司得到王某车祸的消息后立即展开调查，根据保险条款规定，保险公司总共给付王某家人赔偿金 85 030 元。

而另一位村民生前没有任何社会或商业保障，肇事司机虽已被拘留，却表示无力偿还死者家属提出的赔款。

思考：为什么在同一场车祸中身故的两个人其家庭的境遇却不一样呢？人身意外伤害保险的保障性体现在哪里？

学习目标

- 掌握人身意外伤害保险产品概念。
- 了解人身意外伤害保险产品分类。

能力要求

- 能够针对不同客户配置合适的人身意外伤害保险产品。

知识准备

一、人身意外伤害保险的定义

引导问题1：如何定义人身意外伤害保险中的“意外伤害”？举例说明。

____

____

____

____

____

知识要点：

意外伤害的定义

“意外伤害”在人身意外伤害保险中具有特定的含义，它包含意外和伤害两层含义，两者缺一不可。

1. 意外

人身意外伤害保险中的意外特指伤害事件的发生是被保险人事先没有遇见的或者是违背被保险人的主观意愿的，这是就被保险人的主观状态而言的。意外事故既是伤害的直接原因，也是被保险人或受益人主张保险给付的根据。意外事故由“外来”“突然”“非本意”三个要素构成。

2. 伤害

伤害是指被保险人身体遭受外来事故的侵害发生了损失、损伤的客观事实。伤害必须由致害物、侵害对象和侵害事实三个要素共同构成，三者缺一不可。

引导问题2：

人身意外伤害保险是指在保险合同有效期内，被保险人由于外来的、突发的、非本意的、非疾病的客观意外事故造成身体的________，并以此为直接原因致使被保险人________或________时，由保险人按合同规定向被保险人或受益人给付保险金的一种保险。

人身意外伤害保险承保的危险是意外伤害事故造成的残疾或死亡。这里具体包括三个要点：

（1）客观上必须有________事故发生，事故原因为意外的、偶然的、不可预见的。

（2）被保险人必须有因客观事故造成人身________或________的结果。

（3）意外事故的发生和被保险人遭受人身伤亡的结果之间存在着内在的、必然的联系，即意外事故的发生是被保险人遭受伤害的________，而被保险人遭受伤害是意外事故的________。被保险人突然死亡且原因不明，或未经医学鉴定证实其死亡为意外伤害所致的，不构成意外伤害保险的保险金给付责任。

【专栏 4-5-1】

意外险，不赔医药费

案情：2013 年 9 月，万先生购买了一份保额为 5 万元的一年期人身意外伤害保险。2014 年 3 月，万先生驾车时遭遇严重车祸，造成右脚粉碎性骨折，身体多处受伤。为此，万先生在医院共住院 17 天，医疗费花去 1 万余元。伤势虽然稳定了，但万先生的右脚却被医院诊断为永久丧失机能。就在他极度痛苦时，万先生想起自己在 2013 年曾经向保险公司购买过一份人身意外伤害保险。于是，便向保险公司提出索赔。

分析：保险公司分析认为，该保险的保险责任列明，被保险人因遭受意外伤害导致的死亡或残疾，由保险人承担责任，但不包括意外伤害导致的医疗费用。根据被保险人提供的情况及资料证明，被保险人发生意外并导致了身体部分残疾，根据保险合同中的残疾给付比例表，万先生属于 5 级残疾，按照保险金额的 20%给付保险金，即 1 万元。但所发生的医疗费用不属于保险责任范围内，因此对于医疗费用部分，保险人不予赔偿。万先生听后不能理解，“为什么医疗费不赔，这不也是意外造成的吗?”为此，保险公司理赔人员进行了耐心的解释：每一种保险条款都有其各自不同的保险责任，通过不同险种及其组合搭配，满足被保险人不同层次的保险需求。人身意外伤害保险的特点是保险费低、保额高，但保险责任比较单一，仅限于意外事故导致的死亡或残疾。如果被保险人希望获得全面的保障，可以选择保障全面的人身意外伤害保险并包含医疗费的其他产品，但保险费也相对较高。投保人在选择保险产品时应充分考察保险责任范围，依据自身需求并结合经济能力选择相应的产品。

二、人身意外伤害保险的特点

（一）人身意外伤害保险的保险责任

意外死亡给付和意外伤残给付是人身意外伤害保险的基本保险责任。疾病导致被保险人的死亡和残疾不属于人身意外伤害保险的保险责任。

（二）人身意外伤害保险的保险费率厘定

人身意外伤害保险的保险费率是根据保险金额损失率计算的。人身意外伤害保险的被保险人遭受意外伤害的概率取决于其职业、工种或所从事的活动，一般与被保险人的年龄、性别、健康状况无必然的内在联系。人身意外伤害保险保险费的计算原理近似于非寿险，即在计算人身意外伤害保险保险费率时，应根据意外事故发生频率及其对被保险人造成的伤害程度，对被保险人的危险程度进行分类，对不同类别的被保险人分别厘定保险费率。

（三）人身意外伤害保险的承保条件

相对于其他业务，人身意外伤害保险的承保条件一般较宽，高龄者也可以投保，而且对被保险人不必进行体格检查。

（四）人身意外伤害保险的保险期限

人身意外伤害保险的保险期较短，一般不超过1年，最多3年或5年。但是，有些意外伤害造成的后果却需要一定时期以后才能确定，因此，人身意外伤害保险有一个关于责任期限的规定，即只要被保险人遭受意外伤害的事件发生在保险期限内，自遭受意外伤害之日起的一定时期内即责任期限内（通常为90天、180天或1年）造成死亡或残疾的后果，保险人就要承担给付保险金的责任。即使在死亡或者被确定为残疾时保险期限已经结束，只要未超过责任期限，保险人就要承担给付保险金的责任。

（五）人身意外伤害保险保险金的给付

人身意外伤害保险属于定额给付保险。在人身意外伤害保险中，死亡保险金的数额是保险合同中约定的，在被保险人死亡时如数给付；残疾保险金的数额多按保险金额的一定百分比给付，一般由保险金额和残疾程度两个因素确定。

（六）人身意外伤害保险责任准备金的计算

人身意外伤害保险在责任准备金的提存和核算方面，与寿险业务有着很大的不同，往往采取非寿险责任准备金的计提原理，即按当年保险费收入的一定百分比（如40%、50%）计算。

根据人身意外伤害保险的特点回答以下问题：

引导问题1：猝死、急死等类似的突然死亡是否属于人身意外伤害保险的保险责任？为什么？

____

____

____

____

____

引导问题2：对比人寿保险和人身意外伤害保险的保险费率厘定的影响因素。

____

____

____

____

____

引导问题 3：对比人寿保险和人身意外伤害保险的承保条件。

引导问题 4：举例说明人身意外伤害的责任期限与保险期限的区别和联系。

引导问题 5：说明人身意外伤害保险保险金在不同意外事故下的给付方式。

【专栏 4-5-2】

投保意外伤害险后猝死 保险公司赔不赔

唐某是乌鲁木齐市某汽车用品公司职员。2018 年 7 月，唐某所在公司为唐某等 70 名员工在某保险公司投保了“经济型”团体保险，包括团体意外伤害、附加伤害医疗和附加现金补贴，其中团体意外伤害保险的保险金额为 65 000 元/人，保险期为 2018 年 7 月 14 日至 2019 年 7 月 13 日。

2018 年 8 月 5 日，唐某在公交车站候车时突然倒地，经抢救无效死亡。医院急救中心出具的“死亡医学证明书”表明，其死亡原因为猝死。唐某亲属认为唐某的具体死亡原因没有查清，不应排除有外来伤害的可能，要求该保险公司按“意外伤害保险”条款支付死亡赔偿金 65 000 元。

而保险公司认为唐某的猝死系疾病所致，非意外伤害事故，拒绝理赔。唐某亲属遂将该保险公司诉至乌鲁木齐铁路运输中级人民法院。

该院主审法官高华东介绍，法院在审查中留意到，双方签订的团体意外伤害保险条款中，第十七条将“意外伤害”界定为：遭受外来的、突发的、非本意的、非疾病的使身体受到伤害的客观事件；第三条“责任免除”中规定了免责情形，其中因自身疾病猝死导致被保险人死亡未包括在内。

“团体意外伤害保险中意外伤害包括‘意外’和‘伤害’两层含义，其中‘意外’的构成必须具备意外发生、外来原因造成、突然发生三个要件；‘伤害’的构成必须具备致害物、伤害对象、伤害事实三个要件。”高华东说，根据双方当事人订立的保险合同，“意外伤害”是指遭受外来的、突发的、非本意的、非疾病使身体受到伤害的客观事件，而“猝死”在法医学上明确为外表似乎健康的人因内在病变而发生的死亡。

高华东进一步解释说，尽管猝死具备“突然的”和“非本意”的形式要件，但它并不同时具备“外来的”特别是“非疾病”的客观要件，所以“猝死”不在双方约定的意外伤害险承保范围内。最终，因唐某的亲属不能提供相关证据，法院判决驳回其向保险公司索赔65 000元的诉讼请求。

（资料来源：https://xjrb.ts.cn/xjrb/20190103/121957.html。）

三、人身意外伤害保险的分类

引导问题1：人身意外伤害保险按保险对象分类可分为______________________________和________________________；按承保风险分类可分为______________________________和______________________________________；按保险期限分类可分为____________、____________和____________。

知识要点：

人身意外伤害保险的主要分类：

（1）按保险对象分类，人身意外伤害保险可分为个人人身意外伤害保险、团体人身意外伤害保险。

（2）按承保风险分类，人身意外伤害保险可分为普通人身意外伤害保险、特种人身意外伤害保险。

（3）按保险期限分类，人身意外伤害保险可分为短期、一年期、多年期。

引导问题2：试列出人身意外伤害保险按其他方式划分的分类。

____

____

____

____

____

【专栏 4-5-3】

老年人意外伤害保险

目前，我国已快速步入人口老龄化社会。根据国家统计局统计数据，2018 年我国人口从年龄构成来看，16~59 周岁的劳动年龄人口为 89 729 万人，占总人口的比重为 64.3%；60 周岁及以上人口为 24 949 万人，占总人口的比重为 17.9%，其中 65 周岁及以上人口为 16 658 万人，占总人口的比重为 11.9%。2016 年 6 月，全国老龄办、民政部、财政部、保监会四部门联合印发《关于开展老年人意外伤害保险工作的指导意见》，在全国范围内正式推出老年人意外伤害保险，构筑老年人风险抵御防线，惠及广大老年人群。

老年人意外伤害保险是投保人与保险人签订保险合同，在被保险人因遭受外来、突发、非本意、非疾病的事件直接导致老年人身体伤害或死亡时，依照合同约定，给付受益人保险金的一种商业保险。被保险人一般 60 周岁以上，最小不低于 50 周岁。保险的责任范围包括老年人生产生活的各个场所，包括在居家生活、乘坐公共交通工具、参加公共场所活动、外出旅游时发生的各种伤害事故。开展老年人意外伤害保险意义重大：老年群体作为特殊人群，由于身体机能和自理能力的下降，更容易受到意外伤害的侵袭，老人遭受意外事故时，高昂的医疗费用通常会给家庭带来沉重的经济负担。建立和完善老年人意外伤害保险制度，对于缓解老年家庭经济压力，增强老年人抵御风险能力具有重要作用，也是建立健全社会养老保障网络的重要环节。

国务院《关于加快发展养老业的若干意见》中提出“引导和规范商业银行、保险公司、证券公司等金融机构开发适合老年人的理财、信贷、保险等产品”。目前我国已步入快速老龄化社会，推动养老服务业与现代保险业的深度融合，开发诸如老年人意外伤害保险等养老保险产品，是促进现代保险业发展壮大，提升保险产业发展实力的重要途径。

四、人身意外伤害保险的责任范围与除外责任

人身意外伤害保险中，保险人承担着被保险人遭受意外伤害的风险，但是并非一切意外伤害都是人身意外伤害保险所能承保的。根据意外伤害是否可被承保来划分，人身意外伤害保险分为不可保意外伤害、特约保意外伤害和一般可保意外伤害。

引导问题 1：举例说明属于不可保意外伤害的风险。

知识要点：

不可保意外伤害

人身意外伤害保险的不可保意外伤害，一般是指被保险人因违反法律规定和社会公共道德规范而引发的意外伤害，保险人一般不承担这类风险的给付责任，这类风险一律作为意外伤害保险的除外责任出险。

引导问题 2：举例说明属于特约保意外伤害的风险。

知识要点：

特约保意外伤害

特约保意外伤害是指那些保险人考虑到保险责任不易区分或限于承保能力，一般不予承保，只有经过投保人与保险人特别约定，有时还要加收保险费后才能承保的意外伤害。

引导问题 3：举例说明属于一般可保意外伤害的风险。

知识要点：

一般可保意外伤害

一般可保意外伤害，即在一般情况下可以承保的意外伤害。除上述不可保意外伤害、特约保意外伤害以外，均属一般可保意外伤害。

五、人身意外伤害保险产品

（一）普通意外伤害保险

引导问题 1：普通意外伤害保险，又称一般意外伤害保险，或称日常或个人意外伤害保险，该类人身意外伤害保险是承保由________风险而导致的各种人身意外伤害事件，普通意外伤害保险的保险期限一般以________或不到________为期，其特点是保持传统的个人投保方式，向居民提供一种安全保障。

【产品示例】

产品名称：新华优选意外保险 a 款

1. 产品条款（节选）

(1) 投保范围。

凡 18 周岁至 65 周岁，身体健康，能正常生活或工作者可作为被保险人参加此保险。

(2) 保障期间。

本保障计划保险期间为一年，自投保人缴纳保费的第三日零时起生效。

(3) 保险责任。

①意外伤害残疾保险金。被保险人自意外伤害发生之日起 180 日内因该意外伤害导致本合同所附《人身保险伤残评定标准（行业标准）》所列残疾程度之一的，本公司按下列公式计算并给付意外伤害残疾保险金：

意外伤害残疾保险金=意外伤害残疾保险金额×身体残疾所对应的给付比例

②意外伤害身故保险金。被保险人自意外伤害发生之日起 180 日内因该意外伤害身故的，本公司按本合同意外伤害身故保险金额给付意外伤害身故保险金，本合同终止。

被保险人因同一意外事故造成伤残且身故的，本公司只给付意外伤害身故保险金或意外伤害残疾保险金二者之较高金额的保险金，本公司对该被保险人的保险责任终止。

【投保示例】

2022 年 10 月，郭先生在支付宝为自己、妻子和女儿购买了新华优选意外保险 a 款，保额 300 万元。

出险

2022 年 12 月，郭先生女儿因意外导致腰部椎骨骨折，进行住院治疗。

报案

2022 年 12 月 15 日，郭先生向保险公司进行报案，保险公司进行核实理赔成立。

2022 年 12 月 20 日，郭先生向保险公司提交齐全理赔材料。

理赔

2022 年 12 月 22 日，保险公司在 2 个工作日内完成结案赔付。

被保险人治疗共花费医疗费用 89 626.44 元，其中医保报销 29 400 元，扣除 1 000 元免赔额后，全家无忧保赔付 59 226.44 元。

（二）特种意外伤害保险

特种意外伤害保险是一种保险责任仅限于某种特种原因造成意外伤害的保险，其中最主要的是旅行意外伤害保险和交通事故意外伤害保险。

引导问题 2：除以上险种外，还有什么特种意外伤害保险？

【产品示例】

产品名称："畅行天下"交通工具乘客意外伤害保险

1. 产品条款（节选）

（1）投保范围。

凡年满 3 周岁以上、70 周岁以下，身体健康的交通工具乘客，都可作为本合同的被保险人。

（2）保险责任。

在保险期间内，被保险人踏入乘坐的交通工具入口，在交通工具内因交通事故导致身故或残疾的，保险人依照下列约定给付保险金。

①被保险人自交通事故发生之日起 180 日内因同一原因身故的，保险人按本保险合同上所载的相应交通工具所对应的保险金额给付意外身故保险金，对该被保险人的保险责任终止。

②被保险人因遭受交通事故，并自事故发生之日起 180 日内因同一原因造成残疾，保险人按给付比例乘以相应交通工具所对应的保险金额给付残疾保险金，如治疗仍未结束，按第 180 日的身体情况进行残疾鉴定，并据此给付残疾保险金。

③保险人对被保险人乘坐同一类别交通工具给付上述各保险金的责任，以该类别交通工具所对应的保险金额为限。一次或累计给付的保险金达到该类交通工具的保险金额时，保险人对被保险人乘坐该类别交通工具的保险责任终止。

（3）保险金额。

本合同的保险金额是保险人承担给付保险金责任的最高限额。保险金额按份计算，每份保险的累计保险金额为人民币 110 万元，其中各类交通工具所对应的保险金额如下：飞机为人民币 50 万元；火车（含地铁、轻轨）为人民币 30 万元；船舶（指客船、渡船、游船）为人民币 20 万元；汽车（含电车、有轨电车）为人民币 10 万元。保险金额由投保人和保险人约定，但同一被保险人最多只可投保 4 份本保险。

（4）保险费。

保险费由投保人在订立保险合同时一次缴清，每份保险费为人民币 120 元。

（5）保险期间。

本合同的保险期间为 1 年，以保险单载明的起讫时间为准。

【投保示例】

王先生投保"'畅行天下'交通工具乘客意外伤害保险"1份，一次缴清保险费120元，保险期间为1年。在保险期间内，王先生在开车下班途中与一辆货车相撞，不幸身故，保险公司根据保险合同的规定向受益人支付保险金10万元。

（三）团体意外伤害保险

引导问题3：为什么意外伤害保险适合以团体方式投保？

知识要点：

团体意外伤害保险定义

团体意外伤害保险是以团体方式投保的人身意外伤害保险，其保险责任、给付方式均与个人投保的意外伤害保险相同。该保险为一个团体内的全部或大部分成员集体向保险公司办理投保手续，以一张保险单承保的意外伤害保险。团体是指投保前即已存在的机关、学校、社会团体、企业、事业单位等，而不是为了投保而结成的团体。

团体投保的意外伤害保险与个人投保的意外伤害保险在保险责任、给付方式等方面相同，只是保险单效力有所区别。在团体意外伤害保险中，被保险人一旦脱离投保的团体，保险单效力对该被保险人即行终止，投保团体可以为该投保人办理退保手续，保险单对其他被保险人仍然有效。

引导问题4：团体意外伤害保险的投保注意事项有哪些？

知识要点：

团体意外伤害保险的投保注意事项

投保团体意外伤害保险，除一般应保管好保险合同、履行好如实告知义务、索赔注意单证齐全等各种保险常规知识外，还需要注意以下几点：

一是投保团体意外伤害保险前后应采用适当方式明确告知员工。经常听见有人说，人死了，残废了，钱还有什么用？但在现实生活中，发生人死亡、伤残的意外事故后，解决问题的焦点恰恰集中在钱赔多少上。因此明确告知员工，是必要和合适的，体现了管理层对员工的关怀和爱护。

二是需提供投保员工人数、职业或工种、保额需求或费用预算等信息；需填写投保书、提供员工清单、通过现金或支票缴费。

三是投保后被保险员工人数或工种发生变化，应于10日内书面通知保险公司，对相关事项进行合同批改处理，避免因工作疏忽，造成不必要的理赔纠纷。

四是要明确指定受益人，主要是身故保险金受益人。没有指定受益人，该保险金按法定继承程序分割。明确指定受益人，可以减少事后处理的精力。投保后，要求变更受益人，应及时书面告知保险公司。

【产品示例】

产品名称：平安团体意外险

1. 产品条款（节选）

(1) 投保范围。

年龄在10周岁至65周岁、身体健康、能正常工作或正常生活的投保团体中的成员或其家庭成员可作为本保险合同的被保险人。

经保险人同意，并在保险合同中约定，被保险人身体健康的配偶（65周岁以下）、子女（指未满18周岁的子女，在全日制学校就读可放宽至23周岁）和父母（65周岁以下）可作为本保险合同的被保险人，但需该部分人员书面同意。

(2) 保险责任。

在保险期间内被保险人遭受意外伤害，并因该意外伤害导致身故、残疾的，保险人依照下列约定给付保险金，且给付各项保险金之和不超过该被保险人的保险金额。

身故保险责任。在保险期间内被保险人遭受意外伤害，并自意外伤害发生之日起180日内因该意外伤害身故的，保险人按保险金额给付身故保险金，对该被保险人的保险责任终止。被保险人因遭受意外伤害且自该意外伤害发生日起下落不明，后经人民法院宣告死亡的，保险人按保险金额给付身故保险金。但若被保险人被宣告死亡后生还的，保险金受领人应于知道或应当知道被保险人生还后30日内退还保险人给付的身故保险金。

被保险人身故前保险人已给付约定的残疾保险金的，身故保险金应扣除已给付的保险金。

残疾保险责任。在保险期间内被保险人遭受意外伤害，并自该意外伤害发生之日起180日内因该意外伤害造成本保险合同所附《人身保险伤残评定标准》（简称《评定标准》）所列伤残程度之一的，保险人按《评定标准》所对应伤残等级的给付比例乘以保险金额给付残疾保险金。如第 180 日治疗仍未结束的，按当日的身体情况进行伤残评定，并据此给付残疾保险金。

①被保险人因同一意外伤害造成两处或两处以上伤残时，保险人根据《评定标准》规定的多处伤残评定原则给付残疾保险金。

②被保险人如在本次意外伤害之前已有残疾，保险人按合并后的残疾程度在《评定标准》中所对应伤残等级的给付比例扣除原有残疾程度在《评定标准》中所对应伤残等级的给付比例，给付残疾保险金。

【投保示例】

某建筑工地为其工人购买了团体意外险，某一天，某建筑工地工人意外受伤，花了几十万元医疗费、司法鉴定 8 级伤残。如果投保单位已经支付三者费用或者需要调解，则需要将此部分的赔偿写明在调解书上，或者支付投保人需要被保险授权。

需要准备住院病例、检查报告单、诊断证明书、发票、医疗清单、入院记录、出院记录、重大手术记录、工资表、劳动合同、员工证明书单位盖章、司法鉴定书。单位第一时间报案、报保险公司、保险公司现场查勘、住院查勘。其余还需要准备单证：营业执照、非自然人信息采集表、法人身份证、被保险人身份证、账户信息、保险公司内部审批表、赔案报告书、查勘调查报告、理赔申请书等。

最后，建筑工人获得赔付医疗 10 万元，八级伤残 30 万元，最终共计 40 万元赔偿。

任务要求及步骤

任务一

公众对于意外险有很多误解，有人认为突发就算意外，有人认为只要发生意外，保险公司就应该承担起包括医疗在内的所有责任……

以小组为单位，收集身边人对于意外险的疑惑和误解，通过查找相关产品信息及条款，从保险从业人员的角度，利用新闻解读、赔付案例分析、图表说明等形式用通俗易懂的语言写一份购买注意事项帮助客户区分人寿保险、人身意外伤害保险和医疗险等险种。

任务二

选择两款人身意外伤害保险产品，对比意外死亡和意外伤残的给付区别。

任务三

案例分析 1

郭某之父，于某年 6 月 8 日因患心肌梗死到某医科大学附属第一医院住院治疗，入院时与某人寿保险公司签订了住院病员医疗责任及人身意外伤害保险单。保险单中约定，病员在保险有效期间因意外伤害事故或医疗事故导致死亡的，保险公司给付保险金 1 万元。在住院期间，郭某父亲病情稳定准备出院，却因关灯琐事与同室患者发生争执而猝然死亡。郭某即向某人寿保险公司申请保险金，而保险公司却认为郭某父亲的死亡原因不属于保险责任，拒绝给付保险金。郭某一纸诉状将保险公司告上了法庭。

问题：请分析该案例中保险公司是否应该负保险责任？

案例分析 2

两年前，某工厂为单位所有职工投保了团体意外伤害保险，每人保险金额 2 万元，保险期限为 1 年。3 个月后，该厂职工孙某患急性化脓性梗阻性胆管炎。在医院进行手术治疗的时候，孙某突然出现心跳过速、呼吸骤停。医生采取紧急措施使其复苏后，孙某一直处于脑缺氧状态，一个星期后死亡。医疗事故鉴定委员会对这一事故进行了鉴定，结论是孙某属于医疗意外死亡。事后，孙某的家属持医院证明向保险公司提出索赔，保险公司以孙某并非遭受意外伤害，而属于疾病死亡为理由拒绝赔付。

问题：请问保险公司的观点是否正确？为什么？

任务三

题目演讲

结合国内外热点事件，谈谈如何防范意外险成为骗保工具，让意外险发挥自己的作用更好服务百姓生活。

小组计划与分工

小组计划与分工如表 4-6-1 所示。

表 4-6-1　小组计划与分工

任务内容	组员姓名	任务分工	评价

表4-6-1(续)

任务内容	组员姓名	任务分工	评价

分析与总结

模块五

人身保险业务操作流程

项目一 人身保险投保操作流程

情景描述

王先生，40 岁，王太太，35 岁，都是国企员工。王先生父母身体健康，有一个 10 岁的女儿，家庭年收入 20 万元左右。除了社保以外，王先生一家没有购置任何商业保险。现王先生想了解相关保险产品，可以通过哪些渠道购买保险？在购买保险时，填写保险单有哪些注意事项？

学习目标

- 熟悉人身保险合同投保单涉及的主体。
- 了解人身保险的投保途径。
- 熟悉人身保险投保流程。
- 掌握投保单的填写内容。

能力要求

- 掌握不同投保方式及相关服务。
- 掌握投保规则，能对填写的投保单进行审核。

知识准备

一、人身保险的投保渠道

引导问题 1：网上有哪些保险销售平台？如何选择和辨别？

____

____

____

知识要点：

人身保险的网络购买渠道

人身保险网上购买渠道主要有保险公司自营平台、保险中介公司自营平台、第三方网络平台这三类。

保险公司自营平台一般指保险公司官方网站及旗下的电商平台等由保险公司直接运营的平台，通过官方平台可以了解该保险公司各种产品信息及相关资讯，消费者选中合适的产品，可自行下单投保，后期的理赔也直接在购买渠道申请。不过有些保险产品并不在官方线上商城销售，还是需要通过线下渠道去买。

保险中介公司自营平台是指由银保监会批准成立的专业中介公司运营的保险电商网站，一般由保险代理公司或保险经纪公司管理并运营，具有合法资质可以销售产品、代收保费。他们可以签约很多家保险公司，产品线丰富。消费者可以根据自己的需求，选择适合自己的保险产品。

第三方网络平台包括各种各样与保险公司或者中介公司合作的网站，有专业的保险比价平台，也有各种生活类型网站。一些平台会提供专业的保险测评，给予用户客观公正中立的建议，指导用户买到性价比高的产品。消费者可以选择多个保险产品进行横向对比，减少信息不对称，优化选择。

网购保险一定要看清平台，有些与官网高度相似的钓鱼网站在域名上会有细微区别，假冒网站通常功能单一产品较少，用户体验很差，与正规网站仍有一定差别，消费者需要注意识别。

网购保险平台除了电脑端的网站以外，还包括各大保险公司、保险中介以及第三方平台开发的移动端产品，包括 APP、微信公众号和小程序等多种形式，方便客户投保。

【专栏 5-1-1】

哪些人身保险可通过互联网购买？

据银保监会官网消息，为加强和改进互联网人身保险业务监管，规范市场秩序、防范经营风险，促进公平竞争，切实保护保险消费者合法权益，2021 年 10 月 12 日银保监会印发了《中国银保监会办公厅关于进一步规范保险机构互联网人身保险业务有关事项的通知》（简称《通知》）。《通知》明确，保险公司可通过互联网开展的人身保险业务范围包括：意外险、健康险（除护理险）、定期寿险、十年期及以上普通型人寿保险和十年期及以上普通型年金保险及中国银保监会规定的其他产品。

近年来，互联网保险发展较快，已成为保险销售的重要渠道之一。由于部分保险机构违规经营、不当创新，互联网渠道投诉激增、竞争无序，严重损害消费者权益，引发社会各界关注。银保监会持续完善互联网保险监管制度体系建设，《互联网保险业务监管办法》于2021年2月1日修订实施。《通知》作为配套规范性文件，着力规范互联网人身保险领域的风险和乱象，统一创新渠道经营和服务标准，旨在支持有实力、有能力、重合规、重服务的保险公司，应用互联网、大数据等科技手段，为社会公众提供优质便捷的保险服务。

银保监会有关部门负责人介绍，保险公司通过设立自营网络平台，或委托保险中介机构在其自营网络平台，面向非特定人群，公开销售互联网人身保险产品，适用本《通知》，可在全国范围内经营。

《通知》主要内容包括哪些方面？该负责人表示，一是明确互联网人身保险业务经营条件。满足偿付能力充足、综合评级良好、准备金提取充分、公司治理合格相关要求的保险公司，可以在全国范围内开展互联网人身保险业务。同时，细化了保险公司开展互联网人身保险业务所需技术能力、运营能力和服务能力。

二是实施互联网人身保险业务专属管理。明确保险公司可通过互联网开展的人身保险业务范围，细化互联网人身保险产品专属监管规则，包括特殊的产品定价和精算规则，专门的产品审批备案要求等。完善互联网渠道业务监管规则，重点解决互联网保险服务不到位、产品不适当、核保“空心化”等问题。

三是加强和改进互联网人身保险业务监管。首次实施定价回溯监管，要求保险公司定期回溯实际经营结果与定价假设偏离情况，并引入主动调整、公开披露和主动上报机制。建立登记披露机制，要求保险公司每年对照《通知》要求，主动登记互联网人身保险经营险种范围，并向社会披露。建立问题产品事后处置机制，对于查实确有缺陷的互联网人身保险产品，要求保险公司公告并整改。

“《通知》进一步强化对互联网人身保险消费者的保护。在经营主体方面，对保险机构技术能力、运营能力和服务能力提出明确要求，重点解决消费者反映突出的找不到退保页面、找不到投诉入口、退市产品查不到保单、买得快退得慢等服务问题。在产品开发方面，从源头上规范了首月‘0’元、长险短做等销售误导问题，以及退保高扣费、健康告知晦涩难懂等投诉集中问题。在改进监管方面，加大信息披露力度、引入社会监督，重点监管互联网人身保险产品定价科学性。”上述负责人说。

（资料来源：http://finance.people.com.cn/n1/2021/1022/c1004-32261585.html。）

引导问题2：对比各类人身保险网络购买渠道，分别有哪些优缺点？

____

____

____

____

____

知识要点：

人身保险网络购买渠道对比，如表 5-1-1 所示。

表 5-1-1 人身保险网络购买渠道对比

渠道	代表平台	优点	缺点
保险公司自营平台	泰康在线、平安金管家	对产品的把握有更多的灵活性和自主性，战略自由度大，能够按照产品形态设计承保流程，在续期缴费和后续服务上具有天然优势	一些产品只能通过线下渠道购买；产品单一，只能选择该公司的产品，不能横向做对比
保险中介公司自营平台	慧择保险网、中民保险网、小雨伞保险	可以选择多个产品进行横向对比	必须和保险公司建立合作关系才能售卖，没有自己的保险产品，产品的种类和定价受制于保险公司，缺乏自主性
第三方网络平台	支付宝、京东、携程	独立于保险公司，可对比多家保险公司的不同产品，减少信息不对称，优化选择	后续服务难以保障

引导问题 3：如何在网上购买人身保险产品？列出相关步骤。

【专栏 5-1-2】

互联网保险迎来爆发期 这份线上投保指南请收好

近年来，随着互联网和电商的快速发展，互联网保险迎来了爆发期，而这次新冠病毒感染疫情发生后，更是促进越来越多的客户选择线上投保。据悉，自新冠病毒感染疫情发生以来，很多保险公司全面利用各种远程办公系统协同工作，同时为客户提供 7×24 小时线上服务，包括在线投保、申请理赔等，让客户享受方便快捷的保险服务。

据了解，目前线上保险种类很丰富，包括各类意外险、养老险、医疗险、重疾险等产品都可以在线投保。不过，有消费者提出，在网上买了保险以后，如果需要理赔没有纸质保单怎么办？事实上，网上投保得到的一般都是电子保单，但它与纸质保单具有同等法律效力。客户只要根据电子保单上的保险公司统一客服电话进行报案，然后按照客服人员告知的理赔手续和流程进行操作，通常在线提交材料即可。

虽然线上投保简单快捷，但是消费者要小心钓鱼网站以及网络营销圈套，比如，警惕朋友圈转发的使用“秒杀”“全国疯抢”“限时限量”等用语的销售误导，学会提高自我保护意识，避免冲动消费。为避免上当受骗，生财君建议，线上投保一定要选择正规渠道，比如保险公司官方网站、官方 APP，还有微信公众号以及持牌照的保险中介网站等。

线上投保操作完成后，也就是消费者在收到电子保单后应该立即通过保险公司官方服务电话查询保单是否真实有效。注意核对保单号、险种名称、保单生效时间、保险期限、保险金额、被保险人姓名及身份证号等关键内容。通常保单上会有保险公司印章、该公司的客服电话和保单查询方式。

需要提醒的是，线上投保人身险时，对于询问页面出现的问题请如实回答，特别是如实告知自己的健康状况，以免日后发生理赔纠纷。按照我国《保险法》的规定，保险公司在 2 年内发现消费者有故意不如实告知，且足以影响承保结论的情况下，有权利直接解除保险合同，并不退还保费。

此外，无论是线上还是线下，买保险不能盲目跟风，而是要根据自己的年龄阶段、保障需求、收入水平等因素综合考虑，在不影响自己生活品质的前提下，选择符合自己保险诉求的产品及合适的缴费年期、缴费金额。同时，认真阅读条款内容、投保须知、免责事项等。如果遇到不明白的条款，一定要请客服人员答疑解惑后再决定是否投保。

（资料来源：http://www.ce.cn/xwzx/gnsz/gdxw/202003/04/t20200304_34400856.shtml。）

【专栏 5-1-3】

网上投保也有“陷阱”，明辨产品才能不被“套路”

案情简介：

“我今年 65 岁了，去年 8 月份的时候有一次刷抖音，看到上面有个广告‘1 元买保险，纯保障，不吃亏’，就点了那个链接进去。想着就 1 块钱，买了也不会吃亏，我就绑定了微信扣款。没想到，除了第一个月扣了 1 块钱，后面每个月保费越来越多，到今年 7 月份，我让儿子查了下，居然断断续续被扣了 4 000 多块钱！儿子帮我打电话给保险公司退款，对方却说只能退还 200 多块钱。这可是我辛辛苦苦攒下来的退休金啊！”张大爷说起自己购买互联网保险产品的过程，悔不当初。

案例分析：

2022 年 2 月 1 日，互联网保险新规正式实施。从经营门槛、产品范围、费用控制等诸多方面对互联网保险业务进行规范，为广大消费者购买互联网保险产品“遮风挡雨”。但是新规之下，仍然存在一些片面信息披露、不实产品宣传的误导消费行为，严重侵害了消费者的合法权益。主要表现如下：

一、以“保费优惠”为饵，诱导消费者

片面宣传“首月 1 元”“免费领取”，吸引消费者的注意力，实则是将保费分摊至后期，缴纳的保费层层递增。等消费者发现被“套路”想退保时，往往已经损失惨重，严重侵害了消费者的知情权。

二、链接“暗藏套路”，处处有陷阱

近年来通过互联网购买保险产品的现象已经屡见不鲜，部分互联网销售平台利用老年消费者存在数字鸿沟的弱点，在发布的营销广告中设置不清晰，甚至以自动续费、默认勾选等方式进行强买强卖，严重侵害了消费者的自主选择权。

风险提示：

伴随数字时代的来临，互联网保险也受到了消费者的广泛欢迎。良性的市场发展，不仅需要规范经营的保险机构，也需要理性的消费者。

一、理性选择产品，明确保险功能

保险作为防范风险的重要渠道，对保障个人及家庭财产安全、生活安定具有重要的意义，消费者应根据自身实际需要进行投保，选择适合自身的产品。

二、仔细阅读条款，谨防误导宣传

在购买互联网保险产品时，消费者要详细阅读合同条款，尤其是涉及保险责任、责任免除、缴费、理赔等关键内容，警惕“套路”广告。

三、留心页面内容，提防默认选项

消费者确认购买保险产品时，要逐一查看平台上所示的内容，尤其留心设置的默认勾选项，避免被强制搭售其他产品。在签订合同时，对于缴费的方式、渠道、频次都要进行确认，老年消费者最好在家人的陪伴下进行投保，以避免不必要的经济损失。

四、关注线下环节，通过合法渠道维权

消费者投保前要全面评估保险机构关于线上服务的情况说明，以及缺少线下网点可能存在的服务不到位等情况，避免引发后续纠纷。若发生消费纠纷，可以向当地保险协会申请调解、仲裁，以及通过向法院提请诉讼等渠道进行维权。切勿通过网络不法分子等“代理维权”，避免个人信息泄露、资金受损、失去保险保障，甚至遭受诈骗的风险。

（资料来源：http://qingdao.sdchina.com/show/4733751.html。）

引导问题4：如何通过保险营销人员购买人身保险产品？以及购买的基本流程包含哪些？

____

____

____

____

____

通过保险营销人员购买的基本流程包含：①填写＿＿＿＿＿，购买保险的过程是一个签订合同的过程，投保人必须提供真实详尽的相关信息，这是合同有效的关键，同时保险营销人员也会为投保人提供服务和指导帮助其仔细填写，并确认投保人亲笔签名。②缴纳首期保费。在缴纳首期暂交保险费时，投保人可以选择以下几种缴费方式：

＿＿

＿＿

＿＿

＿＿

＿＿

③公司审核。保险公司审核投保人的投保资料，根据情况，保险公司可能需要对被保险人进行生存调查或＿＿＿＿＿；投保资料审核通过后，保险公司将缮制保险合同。④合同、发票送达。保险公司营销员会把保险合同和保险费发票送达投保人，并收回收款收据，投保人在保险合同送达回执上＿＿＿＿＿，保险公司会收回该回执。现在，大多数保险公司为了办理业务更加方便快捷，合同、发票及回执等都可直接用官方客户端直接操作完成。

【专栏 5-1-4】

购买保险的注意事项

在购买一份保单时需要注意以下几点：

1. 详细了解保险合同的条款内容

不能将保险产品的广告、公告等宣传材料视同为保险合同，应当要求公司销售人员提供相关保险产品的条款。投保人应认真阅读条款内容，重点关注保险责任、责任免除、投保人及被保险人权利和义务、免赔额或免赔率的计算、申请赔款的手续、退保的规定、费用扣除、产品期限、合同效力的中止及恢复等内容。

2. 充分认识分红保险、万能保险等人身保险新型产品的风险和特点

若购买分红保险产品，需注意分红水平主要取决于保险公司的实际经营成果。

若购买万能保险产品，需注意万能保险产品通常有最低保证利率的约定，最低保证利率仅针对投资账户中的资金。

3. 年长客户投保新型产品风险提示

投保人年龄超过65周岁或期交产品投保人年龄超过60周岁的客户，建议您购买保单利益确定的保险产品。

对于保单利益不确定的新型保险产品（分红型保险、投资连结保险、万能保险），其分红险的红利分配是不确定的，在保险期满前退保可能产生损失；万能险超过最低

保证利率的收益是不确定的；投资连结险投资回报是不确定的，实际投资收益可能会出现亏损。

在选择新型保险产品时，请您综合考虑自身的保险需求、财务状况、风险承受能力等因素，理性选择适合自己的保险产品。

4. 选择健康保险产品时需要注意产品特性和条款的具体约定

健康保险产品是具有较强风险保障功能的产品，既有定额给付性质的，也有费用补偿性质的。

5. 注意查看保险产品责任免除条款

多数保险产品在投保时都有关于责任免除的条款，常见的有以下几种情形：

(1) 投保人对被保险人的故意杀害、故意伤害。

(2) 被保险人故意自伤、故意犯罪或者抗拒依法采取的刑事强制措施。

(3) 被保险人自本主合同成立或者合同效力恢复之日起2年内自杀，但被保险人自杀时为无民事行为能力人的除外。

(4) 被保险人主动吸食或注射毒品（见主合同释义）。

(5) 被保险人酒后驾驶、无合法有效驾驶证驾驶，或驾驶无有效行驶证的机动车。

(6) 被保险人感染艾滋病病毒或患艾滋病，但对重大疾病列表内“经输血导致的人类免疫缺陷病毒感染”和“因职业关系导致的人类免疫缺陷病毒感染”保险公司仍负重大疾病保险金的给付责任。

(7) 战争、军事冲突、暴乱或武装叛乱。

(8) 核爆炸、核辐射或核污染。

(9) 遗传性疾病，先天性畸形、变形或染色体异常。

6. 需要如实填写投保资料、如实告知有关情况并亲笔签名

我国《保险法》对投保人的如实告知行为进行了明确的规定。投保时，客户填写的投保单应当属实；对于销售人员询问的被保险人的有关问题，客户也应当如实回答，否则可能影响投保人和被保险人的权益。

（资料来源：https://finance.hebnews.cn/2022-01/17/content_8710639.htm。）

引导问题5：通过保险营销员购买保险有哪些注意事项？

____

____

____

____

____

知识提示：

应该从保险营销员的资质，是否准确、详细地解释保险产品的特点，是否给投保人强调相关如实告知义务，业务流程是否合规等方面进行回答。

【专栏 5-1-5】

银保监会点名保险销售误导行为！还提到三大注意事项

2022 年 9 月 6 日，银保监会官网发布关于防范保险销售误导的风险提示。近期，有消费者反映，某些保险销售人员为提高销售业绩，在保险产品销售过程中，向消费者提供与实际不符或让人误解的信息，诱导消费者购买保险产品，存在套路营销、诱导消费、强制搭售等问题，侵害了消费者的合法权益。

保险销售误导是指保险公司、保险代理机构、保险销售人员在保险销售业务活动中，违反法律法规和有关规定，通过欺骗、隐瞒或者诱导的方式，对保险产品的情况作引人误解的宣传或者说明的行为。

销售误导行为的三大表现

银保监会表示，销售误导行为侵害消费者的知情权、自主选择权和公平交易权等权利。

表现一：隐瞒、混淆产品信息误导消费者。故意隐瞒保险产品属性，将具有相近保险责任的产品进行混淆，或混淆保险产品和其他理财产品，侵害消费者的知情权。比如以银行理财产品、银行存款、证券投资基金份额等其他金融产品的名义宣传销售保险产品；或者使用保险产品的分红率、结算利率等比率性指标，与银行存款利率、国债利率等其他金融产品收益率进行简单对比，给消费者造成误导，容易引发理赔争议或退保纠纷。

表现二：暗藏搭售误导消费者。在保险产品销售过程中，个别销售人员为提高销售业绩，以折扣优惠、公司规定、核保政策为由，变相误导消费者盲目投保高保额产品。也有部分网页、APP 操作页面，以默认勾选、强制勾选等方式捆绑搭售，强制要求消费者购买非必要的产品或服务等，侵害了消费者自主选择权。

表现三：夸大保险责任或承诺保证收益误导消费者。在保险产品营销过程中，个别销售人员介绍保险责任时断章取义、避重就轻，夸大保险责任范围，弱化保险责任免除等关键信息。比如向投保人口头承诺“什么都能赔”，故意曲解保障范围误导消费者，给消费者理赔埋下隐患；或在销售分红险、投资连结险、万能险等人身保险新型产品时，存在只强调“高收益”而不展示不利信息、承诺保证收益等虚假宣传行为。

防范销售误导行为的三大注意事项

针对保险销售误导行为，银保监会不断完善制度、强化监管力度，联动相关单位齐抓共管，有力整治突破道德底线、漠视群众利益的行为。同时，银保监会消保局提示保险消费者：在购买保险产品时，不盲目跟风、不随意委托、不轻信“代理退保”“代理维权”，谨防销售误导风险。

一、不盲目跟风，确认保险合同内容后再投保

保险合同是投保人与保险公司订立的约定保险权利义务关系的协议。保险产品所提供的保障范围以合同条款中的保险责任为准，建议消费者根据自身保险需求，认真了解拟购买保险产品的承保机构、保障范围、除外责任、保费、保险金赔偿或给付条件等，选择最适合自己需求、风险承受能力和经济实力的保险产品。注意防范营销过程中混淆、模糊、夸大保险责任等风险。此外，在投保时，无论是线下投保还是线上投保，缴费前一定要仔细核对投保险种，在了解合同重要条款后再投保。

二、不随意委托，注意保护个人信息安全

消费者在选择和购买保险产品时，不要随意委托他人办理投保，不要随意签字授权，注意保管好重要证件、账号密码、验证码、人脸识别等个人信息，线上、线下投保务必做到本人确认，谨慎对待签字、授权、付费等重要环节，确保自己了解所签署或授权的协议内容。

三、不轻信“代理退保”“代理维权”，选择合法合理途径维权

如您对保险产品或服务有异议，或在购买保险过程中存在纠纷等，要注意保留相应证据，及时向保险公司投诉，或向行业调解组织申请调解，必要时还可以根据合同约定，申请仲裁或向法院起诉。通过正常渠道用法律武器维护自身权益，不轻信“代理维权”“代理退保”等虚假承诺，不参与违背合同约定、提供虚假信息、编造事实的不法活动。

（资料来源：https://www.21jingji.com/article/20220906/herald/1cc540d890da2c8a32c44823eb2 db979.html。）

引导问题 6：除网络销售平台及保险营销员购买人身保险外，还有哪些人身保险购买渠道？各渠道适合哪些人身保险产品类型？

____

____

____

____

____

【专栏 5-1-6】

人身险公司银保业务高增长 大型险企率先开辟多元渠道业务（节选）

银保渠道保费保持高增长，为人身险公司 2022 年的保费增长做出较大贡献。从上市险企披露的银保业务数据来看，今年前三季度，寿险公司更加重视银保渠道的地位，大型险企纷纷选择同时推动个代渠道、银保渠道等多元渠道发展，并通过多种方式提升银保业务对公司的价值贡献度。与此同时，银保渠道的竞争持续加剧。

事实上，近两年，人身险公司银保渠道业务持续保持较高增长。中国保险行业协会历史统计数据显示，2020 年，人身险银保渠道原保险保费收入回归万亿元级别，为 10 108 亿元，同比增长 12.6%；2021 年增长至 11 990.99 亿元，同比增长 18.63%。银保渠道原保费规模超过人身险公司保费收入总量的三分之一。

在人身险市场整体比较低迷的态势下，今年前三季度，银保渠道保费依然保持了较高增长。业内人士认为，这源于保险公司和银行两方面的“强推动”。

从保险公司来看，今年个代渠道保险营销员持续流失，新业务增长持续承压，因此，加大银保渠道的投入力度是保持公司稳定发展的重要举措。

从银行方面来看，银行持续推动代销等中间业务收入增加，今年受证券市场波动影响，代销基金难度有所增加，积极把握代销保险的机会是重要选择。例如，平安银行三季报指出，公司积极把握寿险市场及财富管理市场变革机遇，强化银保业务升级及队伍建设，持续打造一支懂保险的新财富队伍。

避免过度依赖单一渠道

信达证券非银金融行业首席分析师王舫朝在研报中表示，当前，处于深度调整期的寿险行业，银保渠道成为增长主力军，虽然各公司寿险业务转型不一，但纷纷开始重新重视银保渠道，发展以银保渠道为代表的多元渠道成为各大险企的共同选择。

不过，业内人士同时指出，尽管当前银保渠道业务发展的速度和质量皆持续提升，但发展银保业务仍需警惕一些问题。例如，银行“不懂保险”和险企“不懂银行”的问题依然较为突出；银保渠道产品“同质化”严重，基本以增额终身寿险为主打产品等。对于保险公司而言，发展银保业务一方面要提高其业务价值，另一方面也要多渠道推进业务发展，避免对单一渠道的过度依赖。

（资料来源：http://epaper.zqrb.cn/html/2022-11/01/content_889870.htm。）

二、人身保险投保单的构成及填写说明

引导问题 1：投保单包含哪些内容？

____

____

____

____

____

知识要点：

人身保险投保单的构成

投保单又称要保书，是投保人向保险人申请订立合同的书面要约。投保单通常为表格形式，投保人依照保险人所列项目逐一填写。填写项目通常包含被保险人的基本信息、健康状况及经济情况等告知信息。它是核保人员评估被保险人风险程度的最基本核保资料，一经保险人接受并签章，即成为保险合同的重要组成部分，具有法律效力。

投保单一般由四部分组成：一是客户基本资料，包括投保人和被保险人的姓名、性别、年龄、职业、身份证号码、婚姻状况，联系地址等；还有受益人的姓名、证件号码、与被保险人之间的关系等。二是要约主要内容，包括投保的险种和保险金额、保险费交付方式等。三是告知事项，包括被保险人过去和现在的健康状况等。四是声明与授权。

寿险公司不同，其投保单的设计也会略有差异，但主体内容基本一致，寿险公司往往针对不同类别的产品设计不同的投保单，如人寿保险投保单、万能险投保单、投资连接保险投保单及意外伤害保险投保单等。

引导问题 2：填写投保单涉及哪些主体？

知识要点：

投保单涉及的主体及其特征

填写投保单涉及的主体及其特征如表 5-1-2 所示。

表 5-1-2　投保单涉及主体及其特征

投保单主体		主要特征
合同当事人	保险人	经营保险业务必须事先取得政府有关部门的批准； 只能在被核定的业务范围内从事保险经营活动
	投保人	具有完全民事权利能力与行为能力； 对被保险人具有保险利益； 有持续缴纳保费的能力； 拥有合同规定的各项权益

表5-1-2(续)

投保单主体		主要特征
合同关系人	被保险人	人身受保险合同保障的人； 被保险人只能是自然人； 享有保险金请求权及合同规定的其他权益
	受益人	享有保险金请求权； 一般无资格限制； 由投保人或被保险人指定，当投保人指定受益人时，须经被保险人同意； 可以为一人或多人
合同中介人	保险代理人	根据保险人的委托授权，代理经营保险业务，并收取代理费用； 在保险人授权的范围内以保险人的名义进行业务活动； 在保险人授权的范围内代理保险业务的行为所产生的法律责任，由保险人承担
	保险经纪人	基于投保人的利益，为投保人与保险人订立人身保险合同，并依法收取佣金； 保险经纪人因过错给投保人、被保险人造成损失的，由保险经纪公司承担赔偿责任

【专栏 5-1-7】

投保单填写要求及规定

1. 一般要求

投保单是投保人与保险人订立保险合同的重要依据，也是保险合同的构成要件之一，因此投保单的填写要严格认真规范并保证所填写的各项内容真实、准确、完备。投保单须使用黑色钢笔或黑色签字笔填写，填写时应字迹清晰、字体工整，填写一律用简体字，不得使用繁体字和变体字。投保单要求保持整洁，不得随意折叠、涂改和使用修改液，否则视为无效，需更换投保单。投保单的填写，须有投保人、被保险人（或其监护人）的亲笔签名，否则保险合同无效或保险合同部分无效。

2. 各项填写规定

(1) 客户基本资料。

①被保险人。

被保险人的姓名、性别、出生日期必须与身份证一致，业务员应对客户身份证核对后再填写。如被保险人为未成年人时，则对其证件的要求为必须在以下三者中择一：提供未成年人的身份证件号码或户口簿复印件；提供未成年人出生证明（必须带有足印）；在被保险人签名栏中提供未成年人手指印。

身份证或护照号码是证明客户身份的标识，从号码中的数字可以知道客户身份证的签发地、客户的出生年月日及性别等资料，很多保险公司都规定客户可以通过该号码向其查询保单资料。持非中国居民身份证的港澳台同胞也需附其当地身份证复印件。

投保人年龄必须以周岁为准，计算公式如下：

当起保日期在生日之前：年龄 = 投保年份 - 出生年份 - 1

当起保日期在生日之后：年龄 = 投保年份 - 出生年份

如发生起保日期与生日为同一天，则按后者计算。若出生日期与身份证上的出生日期不相符，应附上客户身份证复印件。另外，需特别注意客户年龄必须符合产品的投保年龄要求。

住所和工作地址必须填写清楚完整，填写时应尽量详尽，以确保当其作为通信地址时，保险公司的函件能及时准确送达。邮编、电子邮箱和电话号码应尽可能提供详细，以便保险公司能准确及时地与客户进行联系。

服务单位名称填写被保险人现时就职的单位名称。公司业务性质说明被保险人从事哪个行业的工作。职位与职务内容均应如实填写，应详细明确工作内容。这些内容会帮助核保部直接了解业务员对被保险人之职业所定的风险等级。

被保险人资料填写项目如表 5-1-3 所示。

表 5-1-3　被保险人填写项目

姓名：	□男性□女性	身份证号码(护照号码)		
出生日期：　年　月　日	年龄：　周岁		□单身　□已婚 □鳏寡　□离婚	国籍：
住所：				邮编：
电子邮件信箱：	联系电话：	日间：	夜间：	手机：
服务单位名称：			公司业务性质：	
工作地址：			电话：	邮编：
职业代码：		职位：		职务内容：

②投保人。

被保险人资料填写方式与投保人资料相同。同一张保单上，若投保人与被保险人为同一人，则此栏可不必填写；若被保险人与投保人非同一人，则将投保人的姓名以正楷填入此栏，正确填写身份证上面的身份证号码，并填写与被保险人的关系。

《中华人民共和国保险法》第三十一条规定，投保人对下列人员具有保险利益：本人；配偶、子女、父母；前项以外与投保人有抚养、赡养或者扶养关系的家庭其他成员、近亲属；与投保人有劳动关系的劳动者。除前款规定外，被保险人同意投保人为其订立合同的，视为投保人对被保险人具有保险利益。

被保险人资料填写项目如表 5-1-4 所示。

表 5-1-4　投保人填写项目

姓名：	身份证号码（护照号码）			国籍： 与被保险人的关系：
住所：			邮编：	
电子邮件信箱：	联系电话：	日间：	夜间：	手机：

③通信地址。

保险公司对于通信地址的填写和确认十分重视，公司承保后信函的邮递将以该地址为准。同时，保险公司的承保业务有一定的区域范围，因此通信地址的填写需与此规定相吻合。

填写通信地址时，投保人可以在栏目内勾选，可以选择与投保人住所地址相同，可以选择与被保险人住所地址相同，或者重新登记其他地址，登记其他地址时同样要求详尽，邮编要求确实，不接受以业务人员地址为通信地址的填写，在投保单上若未对通信地址做勾选，则保险公司默认以投保人住所为通信地址。

通信地址填写项目如表 5-1-5 所示。

表 5-1-5　通信地址填写项目

□同投保人住所	□同被保险人住所	为确保您的权利，请慎填此栏，以利本公司所发之通知及时送达。
□同被保险人单位地址	□其他地址：	邮编：

④身故保险金受益人。

按照我国《保险法》的规定，受益人由被保险人或投保人指定。投保人指定受益人时，须经被保险人同意。被保险人为无民事行为能力或限制民事行为能力人时，可以由其监护人指定受益人。

选择被保险人身故保险金受益人时，则要在有可保利益的前提下，指定被保险人身故后保险金的领取人。受益人可以为一人或者数人，若受益人为一人，受益份额栏填写 100%；若受益人为数人，投保人、被保险人应确定受益顺序和受益份额；若投保人、被保险人指定多个受益顺序，并且同一受益顺序下的各个受益人确定了受益份额的，则同一受益顺序下各个受益人的受益份额之和必须为 100%；同一受益顺序下的各个受益人没有确定受益份额的，则每个受益人按照相等份额享有受益权。若投保人、被保险人没有指定受益顺序的，默认为所有受益人均为同一受益顺序，则各个受益人的受益份额之和也必须为 100%。

受益人栏避免只填写法定继承人，尽量对受益人按顺序指定明确的人选及份额，以维护客户的利益。

受益人的身份证、护照号码也需正确填写，为日后界定受益人提供更为全面有效的帮助。

身故保险金受益人填写项目如表 5-1-6 所示。

表 5-1-6　身故保险金受益人填写项目

姓名	受益份额	年龄（周岁）	与被保险人的关系	身份证/护照号码

⑤年金领取。

年金是对一系列按照相等时间间隔支付款项的付款方式的统称，年金保险中一般包含年金给付，若合同款条款中有年金给付，则在此项中选择；若未勾选，则以后年金给付需客户再行确认。

年金领取填写项目如表 5-1-7 所示。

表 5-1-7　年金领取填写项目

年金受领人：	□投保人	□被保险人

（2）要约主要内容。

①可申请保险项目。

寿险公司的产品通常分为主险和附加险，主险是可以单独承保的寿险产品，附加险是不可以单独承保，只能在主险承保的基础上承保的险种，且附加险的投保一般与主险之间具有一定的关系。填写投保金额时，应根据被保险人的不同年龄与职业，参照投保规则中的相关险种保额限制。注意填写保险费时，传统寿险的标准保险费是按照被保险人的年龄、性别、保险金额查询保险条款费率表后得出的保险费金额；投连险和万能险的标准保险费是客户投保时选择的分期缴付的基本保险费金额。填写缴费年期时必须填写清楚所投保的是何种缴费年期，例如，趸缴、10 年缴、缴费至 59 岁等。该部分的设计不同公司可能略有不同，但意义是相同的。这部分内容的填写，一般需要结合保险公司的投保和核保规则进行，业务员在客户填写时需要进行指导。

可申请保险项目如表 5-1-8 所示。

表 5-1-8　可申请保险项目

寿险主合同	保险品种： 缴费年期：	基本保险金额　　　　元； 月付年金金额　　　　元；　年金额领取年限　　　　年
	保险品种： 缴费年期：	基本保险金额　　　　元； 月付年金金额　　　　元；　年金额领取年限　　　　年

表5-1-8(续)

附加合同	保额	保费		附加合同	保额	保费
	元	元			元	元
	元	元			元	元
	元	元			元	元
附注：						

②被保险人保险项目。

客户根据保险公司提供选项选择合适的缴费方式。通过银行转账缴费的，客户需要填写一份“保险费自动转账付款授权书”，同时附上授权银行账户复印件，客户须在签署投保单后一天内将足额的初算保险费直接存入该账户。对于保费过期未付选择，可参照合同条款让客户选择。如保险合同中载有生存现金或现金红利利益的，需请客户勾选领取方式。

被保险人保险项目如表5-1-9所示。

表5-1-9 被保险人保险项目

1. 缴费方式：□年缴 □半年缴 □季缴 □一次性缴付 □月缴（仅限于银行自动转账，首期需缴付首两个月的保险费）
每期初算保险费： 元 保险专用收款通知书编号：
□通过银行转账（请填写随附保险费自动转账付款授权书）□到本公司指定地点缴费
2. 保费过期未付选择：□自动垫交保险费 □中止合同 （本项仅当保险合同载有该项利益及有现金价值时生效）
3. 生存现金/现金红利：□储存于本公司 □直接领取 □抵缴保险费 （保险合同中未载有生存现金/现金红利利益者，免填此栏，误填者不享有相关利益）

（3）告知事项。

①被保险人告知事项。

被保险人告知事项的填写需要提醒客户如实告知，任何勾选“是”的部分，均需在投保单指示用于说明的地方详细说明。

被保险人告知事项如表5-1-10所示。

表5-1-10 被保险人告知事项

1. 被保险人是否已购买人身保险？ □是□否 若“是”，公司名称：________ 保险金额：________ 日期：________
2. 被保险人的人寿保险、人身意外或健康保险申请是否曾被拒保、推迟、加费或作任何形式修改？若“是”，请说明。 □是□否
3. 去年全年收（包括基本工资和红利）￥________

表5-1-10(续)

4. 是否曾向任何保险公司提出索赔申请？若“是”，请说明。	□是□否
5. 是否现役军、警服役？若“是”，请详细说明____________________	□是□否
6. 是否正在或试图参加私人性质飞行，或携带氧气桶潜水，或登山，或有危险性的运动？若“是”，请填妥相关问卷，连同此投保单一并交回本公司	□是□否
7. 在非洲、加勒比海地区、印度、缅甸及泰国等国家持续居住超过三个月或正拟往上述国家	□是□否
8. 是否正计划往其他国家或海外地区旅行？若“是”，请详述旅行时间及具体前往旅行国家/海外地区。	□是□否
9. 平均每年搭乘飞机在250小时以上	□是□否
10. a. 摩托车为工作所必需之工具 b. 摩托车为上下班之交通工具	□是□否 □是□否

②被保险人健康告知。

填写身高和体重时，业务员需提醒客户注意身高和体重的计量单位。对于是否接受过相关项目检查的，凡选择“是”的，须在说明栏清晰告知“何时何原因接受过何种项目体检，结果如何”。

客户健康资料的说明须注意以下几点：在每个需要详述的健康问题前标明具体项目编号；在描述意外或病情时，应包括事件发生或疾病就诊的具体时间（至少包括年月）、具体诊断（包括部位）、治疗方法（注明是否手术治疗）及恢复情况，否则核保员无法准确判断客户的健康风险，需要缮发照会给予确认。

提交投保单时需要同时提供完整病历原件（包括门诊病历、出院小结、所有检查报告、病理报告等）。被保险人有理赔记录时，须详细告知治疗状况、恢复情况、目前状况并附病史小结。

被保险人健康告知如表5-1-11所示。

表5-1-11　被保险人健康告知

1. a. 身高（厘米）	b. 体重（千克）	c. 过年一年内体重之增减：　千克	d. 原因：	
2. 目前接受药物治疗，外科手术或服用药物				□是□否
3. a. 是否吸烟，若“是”，已吸烟____年、__支/天；曾吸烟，若“是”，曾吸烟____年、____支/天 停止吸烟原因____________________ b. 是否饮酒，若“是”，已饮酒__年、种类____；数量____（两/周）；曾饮酒，若“是”，曾饮酒__年、种类_____；数量__（两/周）；停止饮酒原因____________________ c. 曾接到医生对你饮酒、吸烟的建议和警告____________________				□是□否 □是□否 □是□否
4. 身体残障状况：a. 有无：四肢、五官、手指、足趾缺损 b. 有无：视力、听力或中枢神经系统障碍 c. 有无：脊柱、胸廓、四肢或手指、足趾畸形、跛行、脊髓灰质炎等其他缺陷				□是□否 □是□否 □是□否
5. 过去五年曾：a. 做过X光、电脑扫描、心电图、活体检查、血液、超声波、内窥镜等检查 b. 接受诊疗、外科手术、住院治疗				□是□否 □是□否

表5-1-11(续)

6. 你曾有下列疾病：	
a. 头晕、持续性头痛、晕厥、胸闷、胸痛、心慌、气急、不能平卧、发绀、不明原因皮下出血点、咳血、呕血、不明原因浮肿、腹痛、肝区疼痛、便血、血尿、蛋白质、肿块、眼睛胀痛、视力或听力明显下降、视物不清、不明原因的声嘶、关节红肿、关节酸痛	□是□否
b. 眼、耳、鼻、喉或口腔之疾病	□是□否
c. 癫痫、重症肌无力、多发性硬化性症、帕金森氏综合征、肌肉萎缩、脊髓灰质炎、精神病、聋哑、四肢机能障碍、下肢静脉曲张、智能障碍及其他各种类型畸形或残缺	□是□否
d. 血管畸形、视网膜出血或剥离、视神经病变、青光眼、白内障、失明、脑动脉血管瘤、眼底病变	□是□否
e. 慢性支气管炎、哮喘、肺脓肿、肺栓塞、胸膜炎、肺气肿、支气管扩张、肺结核、尘肺、硅肺	□是□否
f. 高血压症、缩窄性心包炎、心内膜炎、风湿性心脏病、先天性心脏病、缺血性心脏病、心肌梗死、心肌肥厚、主动脉血管瘤、脑血管意外、心律失常、心肌病	□是□否
g. 肝炎病毒携带者、肝硬化、肝脓肿、肝内结石、肝炎、肝脾肿大、胆囊炎、胆结石、化脓性胆管炎、消化道溃疡、出血及穿孔、溃疡性结肠炎、胰腺炎、肛管疾病	□是□否
h. 肾炎、肾病综合征、肾功能异常、尿毒症、肾囊肿、肾下垂、尿路结石、尿路畸形	□是□否
i. 糖尿病、痛风、肥端肥大症、垂体机能亢进或减退、甲状腺或甲状旁腺机能亢进或减退、肾上腺机能亢进或减退等内分泌系统疾病	□是□否
j. 恶性肿瘤、或尚未证实为良性或恶性之肿瘤、息肉、硬块、囊肿、赘生物	□是□否
k. 血友病、白血病、各类贫血、紫癜及其他各种类型的血液系统疾病、被建议不宜献血	□是□否
l. 风湿性关节炎、类风湿性关节炎、红斑狼疮、胶原症及其他结缔组织系统疾病	□是□否
m. 性病、酒精或药物滥用成瘾、各种眩晕症	□是□否
n. 胸、颈、腰椎骨疾病及其他骨骼系统疾病	□是□否
o. 是否还有以上未述的其他疾病及症候	□是□否
7. 您或您的配偶曾接受或试图接受艾滋病 AIDS 及有关的医疗咨询、检验或治疗。曾在过去 6 个月内持续一周以上有下列症状：体重下降、食欲不振、盗汗、腹泻、淋巴结肿大及皮肤溃疡	□是□否
8. a. 您的家属曾患有高血压、肾病、心脏病、囊肿、肝硬化、糖尿病、精神病、白血病、结核病、多发性硬化症、赘生物、癌症或曾被发现乙型肝炎、非甲非乙型肝炎带菌者	□是□否
b. 您的直系亲属中有早于 60 岁前去世的，若“是”，请说明原因	□是□否
9. 妇女适用：	
a. 是否怀孕？若“是”，怀孕　月	□是□否
b. 患有乳腺炎、乳房或生殖器官病症，包括不正常之涂片细胞检查及月经失调	□是□否
c. 曾有子宫内膜异位症，阴道异常出血、性传播性疾病	□是□否
d. 家庭成员中是否有人患过乳腺癌	□是□否
10. 被保险人投保年龄未满 7 周岁时，请补充告知：	
a. 被保险人为孕______周出生的儿童，出生时体重为______克，是否为多胞胎之一？	□是□否
b. 被保险人出生时是否曾患有窒息症，是否有抢救史或置于保温箱史？	□是□否
c. 被保险人从出生至今是否曾患有肺炎、支气管炎、肠套叠、抽搐等疾病？	□是□否
d. 被保险人是否曾或被告知患有先天性疾病、遗传性疾病、先天性畸形或缺陷？	□是□否
e. 被保险人的母亲在怀孕期间是否曾接到医生有关母婴健康方面的建议和忠告？	□是□否
被保险人健康告知项目中，若有回答为“是”者，请具体说明： 项目编号：　疾病名称：　患病时间：　医院名称： 治疗情况：	

③投保人健康告知。

投保带有投保人保险费豁免责任的险种时，须告知投保人健康状况。投保人健康告知如表 5-1-12 所示。

表 5-1-12　投保人健康告知

保费豁免险种之投保人是否有上述被保险人健康告知栏中所列出的情况？若回答为“是”，请具体说明：	□是□否

(4) 声明与授权。

声明与授权是被保险人或投保人签署投保单前必须认真阅读的内容，是保险人履行如实告知义务的体现，有法律效力。

投保人及被保险人在认真阅读填写完毕的保险单及清楚阅读并理解被保险人及投保人声明与授权后，方签署姓名。在见证代理人/直属主管签名处签上业务人员的姓名并请直属主管签名。申请日期为投保单的填写日期，不能涂改，要写清楚年月日。

声明与授权如表 5-1-13 所示。

表 5-1-13　声明与授权

投保人与被保险人声明与授权		
1. 本投保单、与投保单有关的各份问卷及文件，对本保险公司广州分公司（以下简称“贵公司”）体检医生的各项声明与陈述确实无误。若不属实，本合同无效。 2. 本人已认真阅读并理解了保险合同条款，并知晓所有保险责任均以本合同所载为准，除由贵公司经正式程序修改或批注的内容外，其他任何人的口头及书面陈述、报告或合约，贵公司无须负责。 3. 对于本人所投保的分红保险产品，本人已认真阅读并了解产品说明书。 4. 本人接受贵公司签发的保险单及任何经本人签署的文件，均视为本人已承认贵公司在投保单内的批注或任何附加及更改。 5. 本人授权贵公司从任何内、外科医生，医院，诊所，保险公司或任何组织单位，就有关保险事宜，查询有关投保人及被保险人的资料或索取其他有关证明文件。 6. 本人在此授权贵公司从各种渠道收集与本保险申请有关的任何本人的个人资料，并同意贵公司持有、使用该个人资料或将其用作处理本人保险合同、审核与保险产品及服务有关的申请，同时授权贵公司将该个人资料提供及披露予与贵公司有关联的个人或组织或任何被选择的境内外第三方，以便于处理本保险申请及提供有关售后服务及其他金融产品和服务，进行直接促销及资料处理、资料核对、资料挖掘，并为上述目的与本人联系。本人有权向贵公司查阅及申请更正本人的所有个人资料，该申请可在贵公司客户服务中心办理。 7. 本人已知晓在收到保险合同正本并书面签收后的十天内投保人可以行使合同撤销权而向贵公司申请终止保险合同，并可取回扣除保险合同工本费 10 元后其余已缴的保险费，但若本合同有理赔申请或在上述十天期限内有保险品种、保险金额或缴费方式等的变更，则投保人撤销本合同时将不享有取回上述已缴保险费的权利。 8. 本人已知晓在收到保险合同前三个保险单年度的退保金额。 9. 本人已知晓：即使本人已缴付部分或全部保险费，本合同也不必然生效，只有在贵公司依据本投保单批准或签发有关保险单，且于送交保险合同时本人身体仍为健康的前提下，本合同才生效，生效日以保险单所载日期为准。 10. 本人同意在投保单上载明的住所及通信地址为保险合同约定的通信地址。本人的电子邮件信箱地址仅作为沟通的一种渠道，不做前述通信地址之一用途。		
为维护您的利益，请勿在空白投保单上签名，签名前，请再次核对所填资料：		
________ 见证代理人/直属主管签名	________ 被保险人签名	
________ 投保人签名	年　　月　　日 申请日期	________ 签署地

【专栏 5-1-8】

贵州银保监局：线上投保不要“一勾到底”

贵州银保监局表示，近期，有消费者反映被套路营销、诱导消费购买了保险产品，合法权益受到侵害。保险销售误导行为通常表现为以欺骗、隐瞒或者诱导的方式，对保险产品的情况作引人误解的宣传或者说明，侵害消费者的知情权、自主选择权和公平交易权等权利。

贵州银保监局提醒广大消费者：购买保险产品时，要注意防范混淆产品类型、隐瞒保险信息、夸大保险责任等销售误导行为。

一、混淆产品类型。混淆保险产品属性，未如实向消费者说明营销宣传的是保险产品，混淆保险产品和其他金融产品，将具有相近保险责任的产品进行混淆等。比如，以银行理财产品、银行存款、基金等其他金融产品的名义宣传销售保险产品；将保险产品宣传为与商业银行共同开发的产品，套用“本金”“利息”“存入”等概念；使用保险产品的分红率、结算利率等，与银行储蓄、银行理财、基金、国债等其他金融产品收益进行简单比较；混淆不同类别保险之间的保障范围和理赔条件差异等。

二、隐瞒保险信息。未如实向保险消费者说明与保险合同相关的重要信息，故意曲解相关条款，影响消费者投保决定。比如隐瞒保险产品的除外责任、健康告知、体检要求、产品缴费期限、犹豫期及相应权利、现金价值、提前解除保险合同可能产生的损失等。

三、夸大保险责任或产品收益。在保险产品营销过程中，夸大保险责任范围，弱化保险责任免除等关键信息。比如，向投保人口头承诺“什么都能保”“什么都能赔”；在销售分红险、投资连结险、万能险等人身保险新型产品时，只强调“高收益”而不展示不利信息，承诺保证收益，未如实说明保单利益的不确定性等。

四、诱导消费或强制搭售。部分销售人员、直播视频、网络平台等以“产品停售”“限时销售”“折扣优惠”“首月 2 元”等，诱导消费者冲动消费、盲目投保；在网络场景、APP 销售页面，以默认勾选、强制勾选等方式捆绑搭售，强制消费者购买非必要的产品或服务等。

同时，贵州银保监局提示消费者：在购买保险产品时，谨防销售误导风险，认真甄别营销宣传的陷阱和套路，明明白白消费。

一是看清保险合同。保险合同是投保人与保险公司订立的约定保险权利义务关系的协议。消费者在办理投保时应仔细完整阅读保险条款，认真了解拟购买保险产品的承保机构、保障范围、除外责任、保费金额、缴费方式、缴费年限、保险金赔偿或给付条件等，选择适合自己需求、风险承受能力和经济实力的保险产品。

二是理性对待营销。消费者通过电话销售、网络等方式投保时，应了解清楚保险产品类型，重视保险保障功能，谨慎对待身份识别、签字确认、授权委托、密码校验、费用支付等重要环节，尤其是线上签约投保时不要图方便“一勾到底”，避免陷入“捆绑销售”“自动续费”“停售涨价”“红包返利”“免费保障”等套路陷阱，购买本不需要的保险产品。

三是重视保险回访。回访是为保护保险消费者权益，确保消费者本人投保并知悉合同主要内容的制度安排。建议消费者根据实际情况回答保险公司的回访问题，勿随意回答“是”“知道”“清楚”等，维护好自身的合法权益。

四是用好犹豫期。保险期间超过一年的人身保险合同一般会约定犹豫期，投保人在犹豫期内可以无条件解除保险合同。消费者要充分用好犹豫期，冷静思考所购买的保险产品是否符合需求，如需退保尽量在犹豫期内退保，避免产生损失。

（资料来源：https://m.sohu.com/a/655680593_115865? _trans_=010004_pcwzy。）

任务要求及步骤

任务一

根据自己家庭情况，为一家庭成员投保某公司的终身寿险附加重大疾病保险。要求选择合适的投保渠道找到产品信息，并按照要求正确填写投保单。

步骤 1：熟悉人身保险的投保途径，选择合适的渠道了解人身保险产品信息。

步骤 2：掌握人身保险投保单填写的方法及了解填写的注意事项。

步骤 3：投保单中投保人、被保险人和受益人资料填写。

步骤 4：购买险种名称、保险金额及保费的填写。

步骤 5：填写健康告知部分。

步骤 6：授权银行账号信息填写。

步骤 7：将投保单填写完成后提交。

任务二

在实训软件中完成人寿保险业务系统下定期寿险项目投保业务“出单员—投保”的操作。投保流程图如图 5-1-1 所示。

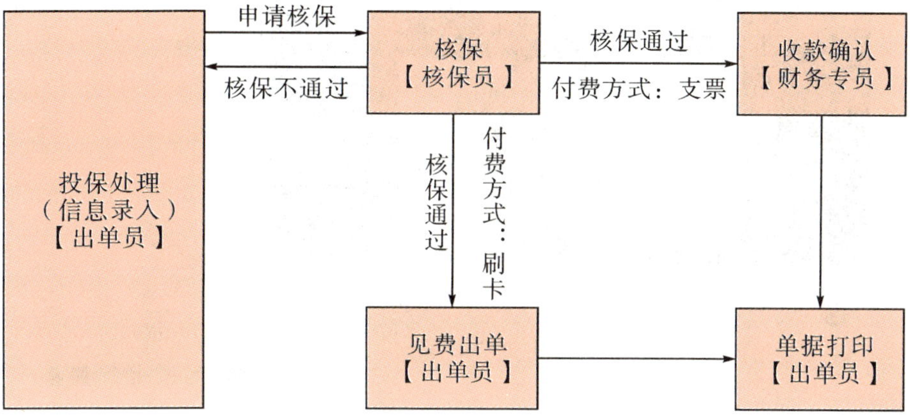

图 5-1-1　投保流程图

步骤 1：登录以渔有方实训平台（www.iyyyf.com），进入“以渔有方保险综合实训软件 V1.0”，可进入如下“我的应用”面板。

图 5-1-2　“我的应用”面板

步骤 2：在图 5-1-2 的“我的应用”弹窗中点击“进入应用”，可进入保险综合实训子系统“理论教学”界面，可通过右方“目录”栏切换实验项目，如图 5-1-3 所示。

图 5-1-3 “理论教学”界面

步骤 3：点击图 5-1-3 右下方的“个人练习”按钮，出现保险综合实训系统全部实训项目，如图 5-1-4 所示。（点击图 5-1-2 中的“个人练习”按钮，可以跳过理论学习，直接进入实训项目选择列表，选择某一实验，点击“进入项目”按钮即可进入练习。）

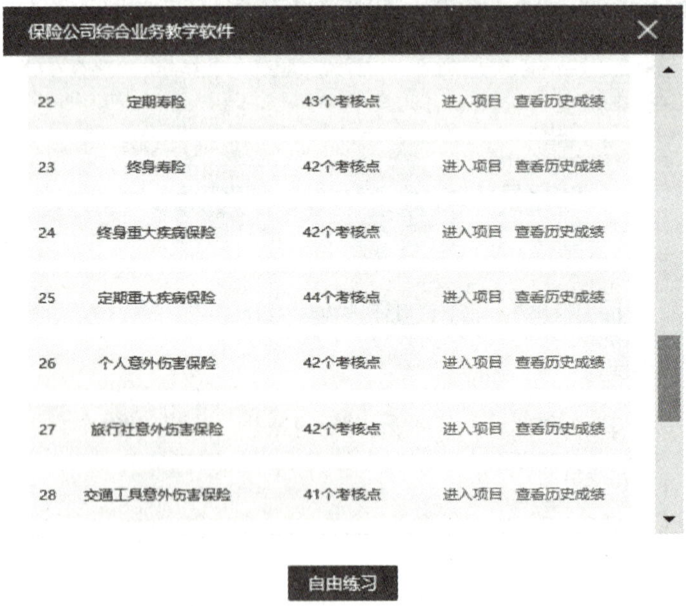

图 5-1-4 进入实训项目

步骤 4：点击图 5-1-4“定期寿险”项目后的“进入项目”按钮，点击右上角“当前角色”下拉框，选择“出单员”角色（默认角色），可进入实训项目，如图 5-1-5 所示。

图 5-1-5　进入保险综合实训项目

步骤 5：点击图 5-1-5 中的“新增业务”按钮，然后点击右侧展开实训信息，根据其中的案例内容，找到对应信息，完成投保处理页面各字段的填写，如图 5-1-6 所示。

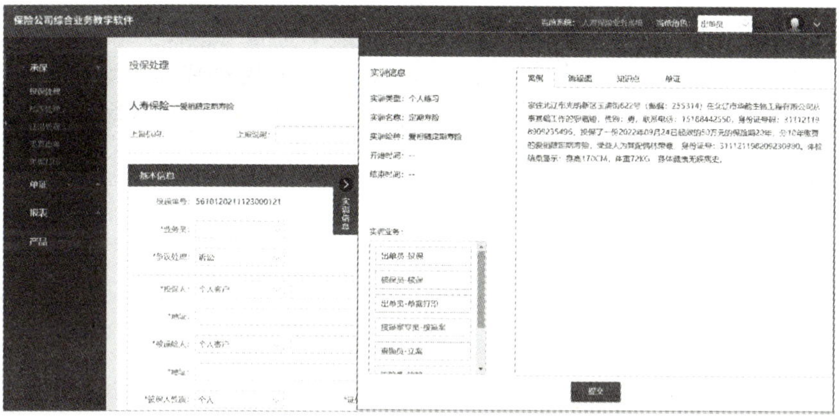

图 5-1-6　填写投保处理

步骤 6：按照不同的险种类型，投保处理页面包含不同的填写信息，一般包括基本信息、客户信息、标的信息、险别及缴费方式、健康状况、受益人清单、特别约定、其他承保信息等，点击各模块右上角的按钮，启用编辑，完成相关信息填写后，点击即可保存该模块信息。（基本信息为必填项，必须完成并保存基本信息后才能进行后续操作。）

步骤 7：填写险别及缴费方式。在险别及缴费方式列表中，选择投保险别及对应信息，点击右侧进行添加。添加完成后，点击“计算”按钮，系统将自动进行保费计算。完成保费计算后，才能保存所有险别及缴费方式信息。

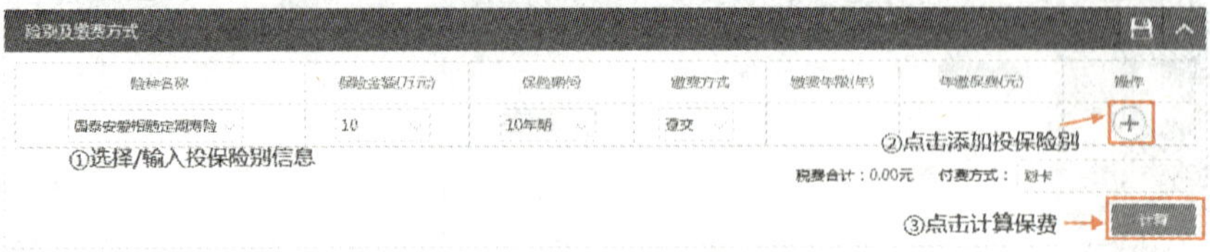

图 5-1-7　填写险别及缴费方式

步骤 8：完成“投保处理”中实训业务“出单员—投保”的所有信息填写后，每一项点击保存，然后点击“申请核保”，进行下一步核保操作。（前述所有步骤操作可参照系统中的实训演练视频。）

注意事项：

（1）当选择自由练习时，进入系统点击“新增业务”按钮后，还需要选择险种，选择险种后点击“新增”按钮即可进入险种对应投保处理操作台。

（2）投保处理列表中的保单分为暂存、待修改、已申请核保三种状态，保单保存并第一次申请核保前，均为“暂存”状态，申请核保后以及核保通过后均为“已申请核保”状态，申请核保后撤回或核保不通过打回后均为“待修改”状态。

（3）投保处理中，部分必填字段内容无法在案例中找到对应答案的，表示该字段为实际业务场景中需要重点关注的，但非本系统业务考核点，可任意填写合理范围内的值，不影响实训成绩。

（4）投保处理操作一旦提交后，出单员无法直接修改投保单信息。如需修改，请切换至“核保员”角色，并选择核保意见为“不通过”，将保单打回后，再回到“出单员—待修改”处进行修改。

分析与总结

附件 1：

人身保险投保单

投保单编号：□□□□□□□□□

第一部分

代理人代号：________组别：______ 营销服务部：______ 主管姓名：________

A. 被保险人

姓名：	□男性□女性	身份证号码（护照号码）	
出生日期： 年 月 日	年龄： 周岁	□ 单身 □ 已婚 □ 鳏寡 □ 离婚	国籍：
住所：			邮编：
电子邮件信箱：	联系电话： 日间：	夜间：	手机：
服务单位名称：		公司业务性质：	
工作地址：		电话：	邮编：
职业代码：	职位：	职务内容：	

B. 投保人（如投保人为被保险人本人，可免填本栏）

姓名：	身份证号码（护照号码）		国籍： 与被保险人关系：
住所：		邮编：	
电子邮件信箱：	联系电话： 日间：	夜间：	手机：

C. 通信地址（若未勾选，以投保人住所为准）

□同投保人住所	□同被保险人住所	为确保您的权利，请慎填此栏，以利本公司所发通知及时送达。
□同被保险人单位地址	□其他地址：	邮编：

D. 身故保险金受益人（必须是被保险人的父母、子女、配偶或法定监护人，除另有声明外；若不填写受益份额，身故保险金将被平均分配。）

姓名	受益份额	年龄（周岁）	与被保险人的关系	身份证/护照号码

E. 年金领取（保险责任中不包括年金利益的免填本栏）

年金受领人	□投保人	□被保险人

F. 可申请保险项目（月付年金金额和年金领取年限仅供投保年金保险时使用）

寿险主合同	保险品种： 缴费年期：	基本保险金额 元； 月付年金金额 元； 年金额领取年限 年
	保险品种： 缴费年期：	基本保险金额 元 月付年金金额 元； 年金额领取年限 年

附加合同	保额	保费		附加合同	保额	保费
	元	元			元	元
	元	元			元	元
	元	元			元	元
附注：						

G. 以下各项未勾选者，以第一格为准

1. 缴费方式：□年缴 □半年缴 □季缴 □一次性缴付 □月缴（仅限于银行自动转账，首期需缴付首两个月保险费）
每期初算保险费： 元 保险专用收款通知书编号：
□通过银行转账（请填写随附保险费自动转账付款授权书）□到本公司指定地点缴费
2. 保费过期未付选择：□自动垫交保险费 □中止合同 （本项仅当保险合同载有该项利益及有现金价值时生效）
3. 生存现金/现金红利：□储存于本公司 □直接领取 □抵缴保险费 （保险合同中未载有生存现金/现金红利利益者，免填此栏。误填者不享有相关利益。）

第二部分

A. 被保险人告知各事项

1. 被保险人是否已购买人身保险合同？ 若“是”，公司名称：________________保险金额：________________日期：________________	□是□否
2. 被保险人的人寿保险、人身意外或健康保险申请是否曾被拒保、推迟、加费或作任何形式修改？若“是”，请说明。	□是□否
3. 去年全年收入（包括基本工资和红利）¥________________	
4. 是否曾向任何保险公司提出索赔申请？若“是”，请说明。	□是□否
5. 是否现役军、警服役？若“是”，请详细说明________________________	□是□否
6. 是否正在或试图参加私人性质飞行，或携带氧气桶潜水，或登山，或从事有危险性的运动？ 若“是”，请填妥相关问卷，连同此投保单一并交回本公司	□是□否
7. 在非洲、加勒比海地区、印度、缅甸及泰国等国家持续居住超过三个月或正拟往上述国家。	□是□否
8. 是否正计划往其他国家或海外地区旅行？若“是”，请详述旅行时间及具体前往旅行国家/海外地区。	□是□否
9. 平均每年搭乘飞机在 250 小时以上。	□是□否

10. a. 摩托车为工作所必需之工具 b. 摩托车为上下班之交通工具	□是□否 □是□否

B. 被保险人健康告知（如为体检件，不需填写此部分）

1. a. 身高（厘米）	b. 体重（千克）	c. 过去一年内体重之增减：　　千克	d. 原因：
2. 目前接受药物治疗，外科手术或服用药物			□是□否
3. a. 是否吸烟，若“是”，已吸烟___年、___支/天；曾吸烟，若“是”，曾吸烟___年、___支/天 停止吸烟原因___ b. 是否饮酒，若“是”，已饮酒_年、种类___；数量___（两/周）；曾饮酒，若“是”，曾饮酒_年、 种类_____；数量_（两/周）；停止饮酒原因___ c. 曾接到医生对你饮酒、吸烟的建议和警告___			□是□否 □是□否 □是□否
4. 身体残障状况：a. 有无：四肢、五官、手指、足趾缺损 b. 有无：视力、听力或中枢神经系统障碍 c. 有无：脊柱、胸廓、四肢或手指、足趾畸形、跛行、脊髓灰质炎等其他缺陷			□是□否 □是□否 □是□否
5. 过去五年曾a. 做过X光、电脑扫描、心电图、活体检查、血液、超声波、内窥镜等检查 b. 接受诊疗、外科手术、住院治疗			□是□否 □是□否
6. 你曾有下列疾病： a. 头晕、持续性头痛、晕厥、胸闷、胸痛、心慌、气急、不能平卧、发绀、不明原因皮下出血点、咳血、呕血、不明原因浮肿、腹痛、肝区疼痛、便血、血尿、蛋白质、肿块、眼睛胀痛、视力或听力明显下降、视物不清、不明原因的声嘶、关节红肿、关节酸痛 b. 眼、耳、鼻、喉或口腔之疾病 c. 癫痫、重症肌无力、多发性硬化性症、帕金森氏综合征、肌肉萎缩、脊髓灰质炎、精神病、聋哑、四肢机能障碍、下肢静脉曲张、智能障碍及其他各种类型畸形或残缺 d. 血管畸形、视网膜出血或剥离、视神经病变、青光眼、白内障、失明、脑动脉血管瘤、眼底病变 e. 慢性支气管炎、哮喘、肺脓肿、肺栓塞、胸膜炎、肺气肿、支气管扩张、肺结核、尘肺、硅肺 f. 高血压症、缩窄性心包炎、心内膜炎、风湿性心脏病、先天性心脏病、缺血性心脏病、心肌梗死、心肌肥厚、主动脉血管瘤、脑血管意外、心律失常、心肌病 g. 肝炎病毒携带者、肝硬化、肝脓肿、肝内结石、肝炎、肝脾肿大、胆囊炎、胆结石、化脓性胆管炎、消化道溃疡、出血及穿孔、溃疡性结肠炎、胰腺炎、肛管疾病 h. 肾炎、肾病综合征、肾功能异常、尿毒症、肾囊肿、肾下垂、尿路结石、尿路畸形 i. 糖尿病、痛风、肥端肥大症、垂体机能亢进或减退、甲状腺或甲状旁腺机能亢进或减退、肾上腺机能亢进或减退等内分泌系统疾病 j. 恶性肿瘤、或尚未证实为良性或恶性之肿瘤、息肉、硬块、囊肿、赘生物 k. 血友病、白血病、各类贫血、紫癜及其他各种类型的血液系统疾病、被建议不宜献血 l. 风湿性关节炎、类风湿性关节炎、红斑狼疮、胶原症及其他结缔组织系统疾病 m. 性病、酒精或药物滥用成瘾、各种眩晕症 n. 胸、颈、腰椎骨疾病及其他骨骼系统疾病 o. 是否还有以上未述的其他疾病及症候			 □是□否 □是□否 □是□否 □是□否 □是□否 □是□否 □是□否 □是□否 □是□否 □是□否 □是□否 □是□否 □是□否 □是□否 □是□否
7. 您或您的配偶曾接受或试图接受艾滋病AIDS及有关的医疗咨询、检验或治疗。曾在过去6个月内持续一周以上有下列症状：体重下降、食欲不振、盗汗、腹泻、淋巴结肿大及皮肤溃疡。			□是□否
8. a. 您的家属曾患有高血压、肾病、心脏病、囊肿、肝硬化、糖尿病、精神病、白血病、结核病、多发性硬化症、赘生物、癌症或曾被发现乙型肝炎、非甲非乙型肝炎带菌者 b. 您的直系亲属中有早于60岁前去世的，若“是”，请说明原因			□是□否 □是□否

9. 妇女适用： a. 是否怀孕？若“是”，怀孕　月 b. 患有乳腺炎、乳房或生殖器官病症，包括不正常之涂片细胞检查及月经失调 c. 曾有子宫内膜异位症，阴道异常出血、性传播性疾病 d. 家庭成员中是否有人患过乳腺癌	 □是□否 □是□否 □是□否 □是□否
10. 被保险人投保年龄未满7周岁时，请补充告知： a. 被保险人为孕______周出生的儿童，出生时体重为______克，是否为多胞胎之一？ b. 被保险人出生时是否曾患有窒息症，是否有抢救史或置于保温箱史？ c. 被保险人从出生至今是否曾患有肺炎、支气管炎、肠套叠、抽搐等疾病？ d. 被保险人是否曾或被告知患有先天性疾病、遗传性疾病、先天性畸形或缺陷？ e. 被保险人的母亲在怀孕期间是否曾接到医生有关母婴健康方面的建议和忠告？	 □是□否 □是□否 □是□否 □是□否 □是□否
被保险人健康告知项目中，若有回答为“是”者，请具体说明： 项目编号：　　疾病名称：　　患病时间：　　医院名称： 治疗情况：	

C. 投保人健康告知

保费豁免险种之投保人是否有上述被保险人健康告知栏中所列出的情况？若回答为“是”，请具体说明：	□是□否

投保须知

为保护您自身的权益，请您在投保前详细阅读以下注意事项：

1. 投保文件填写：投保单、健康及财务告知书，以及其他表明投保意愿或申请变更保险合同的文件必须由投保人及被保险人亲笔签名，若被保险人为未成年人，则需由其监护人亲笔签名。签名前，请对所有已填写内容进行核对，确认无误后，再签名。
2. 保险代理人应当向您详细说明投保单内容。
3. 保险代理人应当向您详细解释保险合同条款的内容，特别是对其中的责任免除条款，更应向您作明确说明，并提请您充分注意。
4. 保险代理人应当向您出示退保说明和保单前三年度退保金额。
5. 保险代理人应当向您详细说明犹豫期内的各项权利。

投保人与被保险人声明与授权

1. 本投保单、与投保单有关的各份问卷及文件，对本保险公司广州分公司（以下简称“贵公司”）体检医生的各项声明与陈述确实无误。若不属实，本合同无效。

2. 本人已认真阅读并理解了保险合同条款，并知晓所有保险责任均以本合同所载为准，除由贵公司经正式程序修改或批注的内容外，其他任何人的口头及书面陈述、报告或合约，贵公司无须负责。

3. 对于本人所投保的分红保险产品，本人已认真阅读并理解、了解产品说明书。

4. 本人授受贵公司签发的保险单及任何经本人签署的文件，均视为本人已承认贵公司在投保单内的批注或任何附加及更改。

5. 本人授权贵公司从任何内、外科医生，医院，诊所，保险公司或任何组织单位，就有关保险事宜，查询有关投保人及被保险人的资料或索取其他有关证明文件。

6. 本人在此授权贵公司从各种渠道收集与本保险申请有关的任何本人的个人资料，并同意贵公司特有、使用该个人资料或将其用作于处理本人保险合同、审核与保险产品及服务有关的申请，同时授权贵公司将该个人资料提供及披露予与贵公司有关联的个人或组织或任何被选择的境内外第三方，以便于处理本保险申请及提供有关售后服务及其他金融产品和服务，进行直接促销及资料处理、资料核对、资料挖掘，并为上述目的与本人联系。本人有权向贵公司查阅及申请更正本人的所有个人资料，该申请可在贵公司客户服务中心办理。

7. 本人已知晓在收到保险合同正本并书面签收后的十天内投保人可以行使合同撤销权而向贵公司申请终止保险合同，并可取回扣除保险合同工本费 10 元后其余已缴的保险费，但若本合同有理赔申请或在上述十天期限内有保险品种、保险金额或缴费方式等的变更，则投保人撤销本合同时将不享有取回上述已缴保险费的权利。

8. 本人已知晓在收到保险合同前三个保险单年度的退保金额。

9. 本人已知晓：即使本人已缴付部分或全部保险费，本合同也不必然生效，只有在贵公司依据本投保单批准或签发有关保险单，且于送交保险合同时本人身体仍为健康的前提下，本合同才生效，生效日以保险单所载日期为准。

10. 本人同意在投保单上载明的住所及通信地址为保险合同约定的通信地址。本人的电子邮件信箱地址仅作为沟通的一种渠道，不做前述通信地址之一用途。

为维护您的利益，请勿在空白投保单上签名，签名前，请再次核对所填资料。

______________ 见证代理人/直属主管签名	______________ 被保险人签名	
______________ 投保人签名	年　月　日 申请日期	______________ 签署地

附件 2：

保险费自动转账付款授权书

被保险人/投保人（以下简称立授权书人）对本保险公司广州分公司（以下简称本公司）及下述勾选银行（以下简称授权银行）授权如下：

一、立授权书人同意授权本公司与授权银行从立授权书人，即被保险人或投保人的授权银行个人结算账户内扣取下列保险合同编号的投保申请或保险合同的初算保险费或合期到期保险费。

二、立授权书人同意于此账户中扣缴下列投保申请或保险合同的初算保险费或各期到期保险费优先于其他任何用途的支付。

三、立授权书人同意划账金额以初算保险费为准，并从授权账户中转账。以下投保申请一经本公司同意承保且转账成功后，本公司将缮发保险合同，首期保险费发票将连同保险合同经代理人送至投保人。

四、立授权书人同意在签署投保单后一天内将初算保险费存入自动转账账户内，而每期收保险费以本公司邮寄之“缴付保险费通知书”为准。如账户内无足够余额时，授权银行将不予转账，由此产生的相关责任将由立授权书人承担。

五、立授权书人同意此账户用作扣取以后各期到期保险费，除经新生意一同申请外，至少在当期保险费到期日前一个月向本公司申请办理自动转账手续，并同意于当期保险费到期日前一周内将足额的保险费存入自动转账账户内。如账内无足够余额时，授权银行将不予转账，由此产生的保险单终止责任将由立授权书人承担。

六、每期保险费转账成功后，本公司将按保险合同档案内所载的最后住所或通信地址邮寄保险费发票联至投保人。立授权书人如因授权银行自动转账与应缴保险费金额不符或对保险费率计算有异议时，应自行向本公司洽询理清。

七、立授权书人同意授权书人在同一指定自动转账付款账户内同时授权自动转账交付两张或以上保险单之保险费或其他自动转账业务时，依照本公司规定的转账顺序转账。

八、立授权书人同意每期保险费转账后，需在账户中保留至少一元人民币作为余额，否则，此账号将被视为自动清账并终止授权。

九、立授权书人欲终止使用授权账户缴付保险费时，应于当期保险费到期日一个月前向本公司递交书面终止授权申请，由本公司转知会授权银行停止转账，但投保人仍负有以其他方式缴付保险费的义务。

十、立授权书持续有效直至下列情况之一者将自动终止：

（1）立授权书人申请终止授权；（2）授权账户终止；（3）保险合同效力终止。

<table>
<tr><td>保险合同编号</td><td colspan="2"></td><td>新申请授权账户</td></tr>
<tr><td>银行名称
（只限勾选其中之一）</td><td colspan="2">□中国工商银行广东分行营业部
（广州行政区个人结算账户）
□中国农业银行广东分行营业部
（广州行政区个人结算账户）
□中国建设银行广东省分行
（广州行政区个人结算账户）</td><td>开户行地址：</td></tr>
<tr><td>授权账户账号</td><td colspan="3"></td></tr>
<tr><td>账户所有人姓名</td><td></td><td>账户所有人身份证号码</td><td></td></tr>
</table>

立授权书人/账户所有人签名：__________　　__________

（被保险人）　　（投保人）

（请保持签名样本与上述编号之投保单一致）

授权日期：　　　　年　　月　　日

填写说明：

1. 银行账户所有人以保险单之被保险人/投保人为限，被保险人为未成年人时则为投保人。

2. 账户所有人签章必须与银行账户所载姓名相同。递交此授权书时，必须同时递交载有账户姓名及账号号码的银行存折复印件。

3. 所提供之授权账户必须为授权银行开立的个人结算账户。

此栏由本公司填写：

受理意见：□受理　　　　承办人：________日期：____________

□不受理，原因______________________________　　审核人：________日期：____________

项目二 人身保险核保、承保操作流程

情景描述

王先生，40 岁，职业是出租车司机，有固定住房无贷款，打算为自己投保一份保额 30 万元，缴费期限为 20 年的终身保险。王先生填写了投保单，注明有吸烟史 15 年，平均每天 10 支，父亲是高血压患者，其他健康告知无异常。

如果将以上投保信息提交核保，还需要考虑哪些方面的风险因素？需要提供哪些资料呢？王先生的投保申请，在保险公司内部会经过怎样的核保处理流程才会处理保险单呢？在核保阶段他还应该配合做些什么？会安排王先生进行体检吗？公司会给王先生怎样的核保结论呢？

学习目标

- 掌握人身保险核保常见的风险评估流程。
- 熟悉人身保险核保、承保流程。

能力要求

- 建立个人风险分析概念，初步掌握个人风险的分析方法。
- 能够在一定程度上掌握人寿保险的核保规程。

知识准备

一、人身保险核保因素

引导问题 1：人身保险核保要考虑哪些方面的因素？

____

____

____

知识提示：

人身保险核保要收集较多的信息，以便综合评估被保险人所面临的风险，厘定合理的费率，提供适当的保障。

引导问题2：人身保险核保要考虑哪些与健康相关的因素？这些因素是怎么影响被保险人风险的？

____

____

____

____

____

知识提示：

人身保险核保健康因素

（1）年龄、性别；

（2）体格；

（3）健康状况；

（4）身体现症；

（5）既往病史与现病史；

（6）家族病史。

引导问题3：人身保险核保要考虑哪些非健康因素？这些因素是怎么影响被保险人风险的？

（1）保险利益。保险利益是指投保人对保险标的具有的法律上承认的利益。根据我国《保险法》第三十一条的规定，投保人对下列人员具有保险利益：______________________________；前项以外与投保人有抚养、赡养或者扶养关系的家庭其他成员、近亲属；与投保人有劳动关系的劳动者。除前款规定以外，被保险人________投保人为其订立合同的视为投保人对被保险人具有保险利益。订立合同时，投保人对被保险人不具有保险利益的，合同无效。

知识提示：

人身保险核保中保险利益的相关规定

在核保具体操作中，关于被保险人同意规定的应用范围相对严格，必须要求投保人与被保险人之间存在一定的经济利益关系。主要包括以下关系类型：

（1）雇佣关系。企业对于具有合法雇佣关系的人员具有保险利益。

（2）合伙人关系。一方合伙人对于另一方合伙人具有保险利益。

（3）债权债务关系。债权人对其债务人具有保险利益。

（4）其他合法关系。合理的经济利益关系。

理论上，人身保险利益没有量的限制性，但实务中父母为未成年子女投保以死亡为给付保险金条件的保险，保险利益受限。

（2）职业。被保险人从事的职业与其______________有很大的关系，职业更是直接影响意外事故发生率以及对人体造成伤害的程度，因此，职业是人身意外伤害保险核保的最核心要素，职业风险要素包括以下两个方面。

①职业意外事故风险。易发生意外事故的职业一般包括：____________________

____

____

②职业健康风险。某些职业会带来一定的健康危害，长期从事该职业的人员甚至会患有______________。

保险公司依据各种职业的危险程度，制定职业等级分类表，核保人员对于职业危险的核保是根据职业分类表进行的，对于具有较高职业风险等级的被保险人，常采用加费承保或限额承保，有的还会拒保。

③业余爱好和生活习惯。

业余爱好指被保险人的消遣娱乐或业余运动，没有报酬。风险较高的业余爱好包括：

____

____

吸烟、酗酒是个人生活习惯审核的重点。另外，某些无业人员生活颓废，与社会不良人员及非法组织来往密切，也值得核保人员提高警惕。

④投保履历。

了解过去是否曾投保或目前正在申请保险，是否曾被加费、延期或__________，是否有过理赔记录等。

⑤其他。

其他人身保险核保要考虑的非健康因素有：________________________________

____

____

____

引导问题4：财务核保需要审核哪些资料？

____

____

____

____

知识提示：

财务核保在核保中占据着重要地位。其目的在于确定合理的保额，减少逆选择、骗保骗赔和退保等，财务核保时，核保人员需要综合分析影响保险需求的诸多因素，包括被保险人年龄、职业、收入、性别、婚姻状况等，据此来综合判断被保险人的真实财务状况和合理保险需求。

二、人身保险核保信息

引导问题1：可以从哪些来源获得投保方的人身保险核保信息？这些信息对核保有什么作用？

知识要点：

人身保险核保投保方资料来源

核保过程实际上就是对各种资料进行分析判断综合的过程及依据有关资料划分风险等级，确定承保条件的过程。为了有效进行核保，保险公司必须获得有关投保方和保险标的的各种信息和资料。

1. 投保单

投保单是投保人向保险人申请订立保险合同的书面要约。投保单是保险人事先准备、具有统一格式的书据。投保人必须依其所列项目一一如实填写，以供核保人员决定是否承保或以何种条件、何种费率承保。保险单本身并非正式合同的文本，但一经保险人接受后，即成为保险合同的重要组成部分。

2. 体检报告

体检报告是在核保过程中，存在被保险人健康告知异常，年龄、保额达到公司规定的体检标准，或通过其他各种途径获得的信息不能有效帮助核保人员进行风险评估等情形时，要求其做专项体检而形成的报告。一般普通的体检报告分为三部分：被保险人的健康告知情况、体检结果表、检查异常提示及医师核保建议。

3. 既往病史与住院病历

过去曾患过某种疾病或曾有外伤或手术及健康异常史等称为既往病史。过去的病症，有的虽已痊愈，但仍有复发的可能，或遗留有后遗症、并发症等，这些情形很有可能转变为额外的风险因素。保险人在核保时应提高警惕。

住院病历是被保险人在住院期间医师对其进行诊治过程的记录。通过调阅病历，保险人能够确切地了解被保险人既往治疗经过及疾病转归，确定其风险程度，从而决定是否承保以及如何承保。

4. 各类问卷

问卷是核保人员为了准确全面地搜集被保险人的相关风险信息，要求被保险人填写某些特殊的调查问卷。这些问卷通常包括三类，第一类是关于健康的问卷，主要包括两方面，一方面是客户既往病史及客户本人患病治疗及目前情况；另一方面是客户家族病史，即客户父母或直系亲属中是否有家族遗传性疾病。第二类是关于个人因素的问卷，包括高风险职业问卷、出国人员问卷、机动车驾照者问卷等。第三类是高保额财务问卷。

这些问卷经被保险人签字确认后即成为保险合同的组成部分，属于被保险人告知的内容。因此，被保险人投保时应如实填写问卷，并完成问卷中各类问题的告知。另外，保险公司对客户的问卷资料要严格保密。

5. 财务证明资料

财务证明资料是指能证明投保人和被保险人经济情况的合法有效文件，包括薪资证明、股票、债券、房地产投资、企业经营执照、财务报表、股权证明、验资报告、完税证明等客观性的财务资料。

引导问题 2：可以通过保险方的哪些资料获取更多人身保险核保信息？这些信息对核保有什么作用？

____

____

____

____

____

知识要点：

人身保险核保保险方资料来源

1. 业务员报告书

业务员报告书是营销员在展业过程中，通过面晤、观察、询问了解客户情况后，按公司要求而填写的报告书。

2. 生存调查报告

生存调查是指在保险公司合同成立前后，由保险公司调查人员收集投保方的各项资料，为核保决定提供依据的风险调查过程。生存调查是核保人员获得更完整的核保信息，对被保险人的风险评估更科学、更公平合理的重要途径。

3．既往投保信息

既往投保信息是指投保人、被保险人以往在本公司或同业公司投保类似险种的承保情况和理赔情况。

引导问题3：可以通过第三方哪些资料获取更多人身保险核保信息？这些信息对核保有什么作用？

知识要点：

人身保险核保第三方资料来源

1．诚信记录

诚信记录是指包含投保人、被保险人在内的有民事行为能力的自然人在社会经济活动中诚信行为的记录。目前，国内还没有建立统一的全国性个人诚信档案，但很多行业已经开始着手建立自己行业内的诚信登记制度。

2．财务状况证明

第三方财务状况证明是指由投保人、被保险人和保险人之外的相关部门和个人就投保人、被保险人的经济情况所提供的合法证明材料。如从银行等金融机构获取其金融资产状况，从税务部门了解其纳税情况，从公证机构了解其遗产继承情况等。

3．投保人与被保险人关系证明

如县级以上民政部门出具的婚姻证明、县级以上民政部门出具的收养关系证明、县级以上人力资源和社会保障部门出具的劳动关系证明等，都是证明是否具有保险利益、具有法律效力的证明文件。

4．其他资料

在核保过程中还可能需要一些其他由第三方提供的资料，如从交通管理部门获取驾驶信息以及驾驶违章记录，从某些特殊团体获取其会员的活动记录等。

三、人身保险核保流程

引导问题1：人身保险核保包含哪些风险选择阶段？

知识提示：

核保是保险公司的风险控制关口，一份人身保险合同的订立必须经过多环节的风险选择，才能确定合理的承保条件。一般情况下，核保分为五次风险选择阶段。

引导问题2：销售人员核保包括哪些方面？

____

____

____

____

____

知识要点：

第一次风险选择——营销人员核保

营销人员核保称为"第一次风险选择"。营销人员在推销保单的过程中，直接与投保人、被保险人接触，对其职业、生活环境及健康状况等有较直观的了解，因此他们对保险标的的初步选择和向保险公司的核保人员提供的信息在核保过程中起着重要的作用。

在目前我国的营销体制下，营销人员与保险公司的利益并不完全一致，极大部分业务人员的收入采用佣金制，在经济利益的驱使下，他们更偏重于销售保单的数量，其核保往往是有限的和不彻底的。

引导问题3：电脑系统自动核保与传统人工核保相比有什么优点和缺点？

____

____

____

____

____

知识要点：

第二次风险选择——电脑系统自动核保

电脑系统的自动核保称为"第二次风险选择"。电脑系统自动核保是将录入的投保单所载信息与电脑相应模块中的标准信息进行比对的过程。电脑系统核保通过者称为电脑标准件，不能通过者为非标准件。随着信息技术的发展，系统自动核保过程已经成为不可或缺的过程。目前保险公司自动核保通过率一般在60%~80%。

自动核保是将投保申请涉及的风险因素，预先设置正常情况，若所有风险因素一切正常，则可自核通过；若存在一项异常，则不能通过，需要人工审核。因此自动核保条件的设置，相当重要。不同公司对不同风险的承受能力不一样，同样的风险要素，自动核保条件也会不一致。

【专栏 5-2-1】

蚂蚁保“金选”保险接入“智能核保”功能：让用户明明白白买对保险

2022 年 8 月 25 日，保险代理平台“蚂蚁保”上的“金选”保险产品全面接入“智能核保”功能。该功能可帮助用户准确评估自身健康状况，快速判断出用户是否符合投保要求，让用户明明白白买对保险。

世界卫生组织此前公布的一项全球性调查结果显示，全球健康人群仅占人口总数的 5%，已病人群占 20%，亚健康人群占 75%，也就是说有健康问题的人群占全球总人数的 95%。在中国，拿最常见的甲状腺结节来说，成人患病率超过 20%，逾 2 亿人深受其扰。而甲状腺结节患者在购买保险时，常会因为不符合健康要求而无法投保。

“智能核保”就是为了降低消费者在投保时的理解门槛，解决有健康问题人群的投保难问题。在投保过程中，用户可以通过“智能核保”一问一答的互动式提问，提供自己的健康信息，系统会根据用户回复的内容快速、准确地做出判断，告诉用户是否符合投保条件。除了甲状腺结节，患有乙肝、高血压、糖尿病、肺结节、乳腺结节等常见疾病的用户均可以通过“智能核保”功能来判断是否符合投保要求。

（资料来源：https://company.stcn.com/gsdt/202208/t20220825_4820721.html。）

【专栏 5-2-2】

首创团体智能核保 平安养老险荣获“2020 保险业线上技术应用案例一等奖”

2020 年 12 月 18 日，由中国银行保险报主办的“2020 中国保险业信息技术年会”在海口隆重举行，该峰会以“数智引领，重塑生态”为主题，旨在“聚焦数智场景，重塑行业生态”。大会现场公布的“2020 保险业信息化优秀案例”评选结果中，平安养老险的“团体保险线上核保模型”以其行业首创的核保技术模式及所获得的突破性实践成果，荣获“2020 保险业线上化技术应用案例一等奖”。

团体保险亟须科技创新，助推行业降本增效

随着知识经济时代的到来，团体保险已成为国内企业人力资本投资战略中的重要一环，团体保险市场逐渐成熟，保费规模不断扩大。但团体保险与个人保险存在差异，每个销售场景都需要根据企业保障需求和财务安排进行方案设计，并重新定价，在此过程中，需要更多差异化风险数据和不同风险评估模型进行支持，以便提供更专业的保障规划，这对保险公司团险核保人员的经验、风险判断水平、保障方案设计能力等均有着较高的要求。

在国内团体保险稳中有进的发展态势下，保险公司在团险业务方面仍面临一些问题，如团险定价精准度和时效性方面太过依赖于人工，不仅成本较高，为企业提供的方案也不够灵活；或者面对风险不同的企业定价没有明显差异，存在价格不公平的情形；又或者方案沟通及核保报价时效较长，效率低下无法满足企业需求等。面对这些问题，从保险公司自身经营角度来讲，可降本增效的核保报价模式创新势在必行。

“团体保险线上核保模型”横空出世，帮助保险企业突破瓶颈

“团体保险线上核保模型”为平安养老险在行业内尝试创新和突破的成果，通过系统自动识别和分析企业客户特征及其提交的方案信息要求，分场景自动从后台成本数据库中匹配出相应的成本，从而实现线上精准快速报价。从实践效果来看，“团体保险线上核保模型”已实现从线下作业到全流程线上化、从手工计算到系统自动运算的转变。

相较于以往智能核保只能输出承保或拒保两种结果，“团体保险线上核保模型”通过灵活的系统模型控制和系统可反算的设置，可100%输出核保解决方案，而且在产品端可支持企业客户多样化、个性化方案需求，根据个性化需求进行定价，需求和定价两端均进行适配，实现了技术上的突破创新。

团体保险加速智能化 下一个万亿蓝海来临

当前，我国正进行新一轮的医疗体制改革，国家大力提倡发展商业保险作为多层次医疗保障制度的重要组成部分，为广大群众提供更个性化、多样化的保障需求。其中，团险的作用尤为突出。

但相关数据研究显示，在目前健康险市场5 400余亿元规模中，团险产品市场占比仅为30%，而个人保险产品占比为70%。对比美国健康险市场分布，8 400余亿美元的市场规模中，团险产品占比高达80%，由此可见国内团险市场海量的增长空间。而保险科技的快速发展和应用，正在深刻影响团险的传统发展模式并强力驱动团险数字化转型，平安养老险作为国内首家专业养老保险公司，基于积累多年的团体保险核保经验，积极研究创新，凭借领先的科技优势，应用人工智能、平安云、区块链、大数据等新型技术，把金融科技广泛用于承保、核保、定价、理赔等各业务流程和服务环节，实现了团体保险全流程线上化、智能化，大大提升了核保报价效率，降本增效。

以其首创的“团体保险线上核保模型”为例，该创新模式为团险行业延展应用提供可能，未来可通过高效、快捷、灵活的方式，在销售管理和企业服务方面发挥更大的价值；同时也为行业创新发展提供了有益的尝试，为积极构建社会、企业、行业、保险公司的良好服务生态圈起到促进作用，助力多层次社会医疗保障体系建设，提升运营效率，降低社会成本，加快提升保险业保障服务能力。

（资料来源：https://www.cet.com.cn/wzsy/cyzx/2736361.shtml。）

引导问题4：在实际的业务操作中，哪些情况的准客户需要进行体检核保？

______

______

______

______

知识要点：

第三次风险选择——体检医师核保

体检医师的核保是“第三次风险选择”，是体检医师从保险医学的角度出发，对被保险人的健康状况进行的风险选择。

理论上，体检医师角色定位于懂保险的体检医师或保险公司的体检医师，因此赋予体检医师较多的核保职责。实际工作中，目前体检大多在医院进行，进行体检的医师很少会按照保险公司赋予的职责工作。

为了弥补体检医师核保职责的欠缺，保险公司一般会由公司内勤进行陪检，陪检人员进行被体检人身份审核，同时将体检过程中发现的异常，通过陪检报告书向核保人员反馈。

引导问题4：核保员核保的一般程序有哪些？每一个程序需要审核哪些资料？

核保人员核保是“第四次风险选择”，是指核保人员根据业务人员的报告和投保单再次进行审核，判别是否可以承保或者以何种方式进行承保的过程。核保员核保的一般程序如下。

（1）收集客户基本资料。投保资料是核保人员准确核保的重要依据，一般核保员需要了解的基本投保资料有：________________________________

____

____

（2）基本风险因素的审核。主要内容有：________________________

____

____

（3）核保人员认为有疑问的投保件，有必要进一步收集资料。需要进一步收集资料的主要情况如下：________________________________

____

____

（4）查定核保手册和核保指导用书并确定承保条件。

引导问题5：生存调查一般包含哪些内容？

____

____

____

____

____

知识要点：

第五次风险选择——生存调查

生存调查是“第五次风险选择”，是指在保险合同成立前后，由保险公司调查人员收集被保险人的各项资料，为承保决定提供依据的风险调查过程。生存调查作为核保的重要环节，特别是在新《保险法》实施后，有必要加强，以便做好承保风险管控。生存调查主要有保险合同成立前的调查和保险合同成立后的调查。

1. 保险合同成立前的调查

进一步收集资料，辅助核保人员做出可否订立保险合同和承保条件的决定。针对保额较大或有疑问的保件，为了避免投保人、被保险人过失未如实告知或故意隐匿，不如实告知，需要进行生存调查。

2. 保险合同成立后的调查

保险合同成立后，调查人员可在客户申请复效、变更、加保等项目时进行生存调查，或者进行抽样跟踪观察。如有疑问或核保结论不正确，可对已成立的保险合同做相应的处理。

目前各公司一般采取承保前调查，调查未发现异常的，可予以承保。在不可抗辩条款引入《保险法》后，有必要提高承保后调查的比例，以便在两年内发现异常，主动解除保险合同。

引导问题6：生存调查的方法有哪些？分别有哪些优缺点？

知识要点：

生存调查的方法

根据调查的对象划分，生存调查分为直接调查法和间接调查法。

（1）直接调查法。通过与投保人或被保险人直接面晤的方式，了解被保险人的健康状况、经济状况，并听取受访者的告知。

（2）间接调查法。通过与被保险人生活圈中人群的接触，调查被保险人的身体状况和经济条件是否符合投保条件的要求，特别是在健康核保时，可以通过去被保险人就诊过的医院向医生咨询，或调阅被保险人的既往病史，以便比较客观、准确地掌握被保险人过去的健康状况。

四、人身保险核保结论

引导问题1：人身保险的核保结论包括哪些？分别对应什么样的被保险群体？

通过前面五次风险选择，保险公司得出核保结论，将申请保险的被保险人分成可保体和非保体两类。可保体是指保险公司可以接受的危险体，可保体又分为______________和______________。非保体是指至少此次投保时，因危险过大或危险程度难以确定而不能被保险公司所接纳的被保险人群体，非保体又分为______________和______________。

知识要点：

核保结论是对一份投保申请所做出的最终审核决定，核保结论一经确定就意味着保险公司与投保者就依此结论开始执行各自的权利和义务，故核保人员在做结论时一定不可草率行事，本着对公司及投保客户负责的态度，尽可能做出准确的核保决定，最大限度地达到控制风险的目的。

引导问题2：标准体和次标准体对应的是哪些健康状况和风险因素的被保险群体？

____

____

____

____

知识要点：

标准体

标准体又称健康体，是以标准保险费率承保的被保险人群体的总称，是投保时最佳的核保结论。人寿保险的标准费率是由精算部门依据预定死亡率厘定的。预定死亡率一般来自保险公司既往的经验数据，即经验生命表。一般来说，寿险公司90%以上的被保险人属标准体，可以按照标准保险费率承保。

在核保实务中，运用数理查定法确定个体的死亡率，将它与标准死亡率进行对比，超过标准死亡率一定数值内的保险体可认为是近似标准体，可采用标准保险费率承保标准体的范围，该范围因寿险公司的实力在市场所占的份额及经营策略的不同而有所差异。

引导问题3：次标准体承保的附加条件包括哪些？分别对应有什么风险情况的次标准体？

____

____

____

____

知识要点：

次标准体

对于次标准体的承保，常常通过增收特别保费、限制保险金给付等条件或交叉运用以弥补其超过的危险度，使之成为可保体，在核保上称为条件承保。附加条件包括以下几种。

1. 征收额外保费

征收额外保费一般包括加龄法和增收特别保险费法。

（1）加龄法。

加龄法对于递增性或恒常性危险，按被保险人的危险程度将其年龄加算一定年数，以加龄后的年龄为标准收取保险费。

（2）征收特别保险费法。

征收特别保险费法根据被保险人的危险程度，查定核保手册计算出额外死亡率，再结合被保险人的年龄、险种、保险期限、缴费方式、寿险和意外险的构成等换算出额外保险费的金额并予以加收。

2. 附加特别约定或批注

附加特别约定或批注是对于某一种危险加以限制而不附加其他承保条件的方法。

3. 削减保险金

削减保险金是指保险合同成立后，一定时期内发生的保险事故，保险公司对保险金削减一定比例后支付。

4. 缩短保险期限

对于递增型危险，随着保单年度的增加，额外危险程度加深，为了避免在高危险期间承担过高危险，保险公司可以采用缩短保险期限的方法。

引导问题4：延期体对应的是哪些健康状况和风险因素的被保险群体？

____

____

____

____

____

知识要点：

延期体

当准被保险人的危险程度不明确或不确定，无法进行准确合理的风险评估时，核保人员常采用暂时不予承保及延期处理的方式，这类人群在核保中称为延期体。

引导问题 5： 为什么在采用拒保方式处理保件时要谨慎，会对被保险人造成什么影响？

____

____

____

____

____

知识要点：

拒保体

拒保体是指准被保险人的预期死亡率严重超过了通常可以接受的范围，其危险程度严重超过了可采用附加条件承保的次标准体的危险程度。拒保体并不是指单个被保险人的高死亡率，而是针对具有这种危险程度的被保险人群体，由于预期死亡率极高，风险太大，为了维持风险经营的安全稳定性及维护广大客户的公平利益而采用拒保方式作为核保结论的一类人。

引导问题 6： 除上述的核保结论外，还有可能出现建议投保其他更适合的险种或投保人主动撤单等情况，这是因为什么？

____

____

____

____

____

【专栏 5-2-3】

银保监会：保险公司不得在保险事故发生后以不同于核保时的标准重新对被保险人的有关情况进行审核

2022 年 12 月 30 日，银保监会发布《银行保险机构消费者权益保护管理办法》（以下简称《管理办法》），该办法自 2023 年 3 月 1 日起施行。

对于《管理办法》体现出的新特点、新要求，银保监会相关负责人表示，《管理办法》治理群众反映强烈的乱象和突出问题，明确划定行为红线。《管理办法》积极回应消费者和社会舆论反映强烈的问题，依法设立禁止性规定，精准树立监管“高压线”。比如：规定不得未经消费者同意单方开通收费服务，不得在协议约定外变相额外收费；不得通过格式合同不合理加重消费者责任等。针对不当催收、暴力催收问题，规定实施委外催收前应当告知债务人，不得采取暴力、恐吓、欺诈等不正当手段实施催收。

针对“核保空心化、理赔核保化”问题，规定保险公司及时审慎核保，不得在保险事故发生后以不同于核保时的标准重新对保险标的或者被保险人的有关情况进行审核。针对“理赔难”，规定不得拖延理赔、无理拒赔。

（资料来源：https://www.bbtnews.com.cn/2022/1230/462387.shtml。）

五、人身保险承保流程

引导问题1：人身保险承保工作中最主要的环节是什么？其目的是什么？

____

____

____

____

____

知识要点：

人身保险承保

人身保险承保，是保险经营的重要环节，是保险人在投保人在提出要约请求后，经审核认为符合承保条件并同意接受投保人申请，承担保险合同规定的保险责任的行为。

人身保险承保，是相对于人身保险业务中投保人的投保而言的，包括从接到投保人填写的投保单开始，经过人身保险核保的一系列步骤和流程，由人身保险公司决定按照一定的条件接收投保人的风险转移，并收取保险费、出具保险单、建立保险基金、案卷归档的全部过程。

引导问题2：人身保险承保流程包括哪些工作？每个流程分别起到什么作用？

____

____

____

____

____

知识要点：

人身保险承保流程

人身保险承保流程包括核保环节中递交投保申请、初审和核保作业等内容，还包括审核检验后接受任务、收取保险费、缮制保单与复核签章、递送保单与签收保单、资料归档、新单回访等承保工作流程。

引导问题3：保险公司收取保险费有哪些方式？分别有什么注意事项？

知识提示：

我国保险承保业务环节中，习惯性做法是客户递交投保单等投保资料后，核保通过之前，保险公司就先委托银行进行保险费扣划或者现金收取保险费，此时只能称为暂收首期保险费。投保人前往公司柜面缴纳保险费或者通过保险销售人员缴纳保险费的，保险公司将出具统一印制的暂收款收据。个人出具的任何凭证都没有法律效力。禁止销售人员使用临时收据、自制凭据、复印收据、投保单、外部购买凭据和白条等作为收取人身保险保险费的凭据。通过银行转账方式缴纳保险费，经保险公司认可账户扣款信息，将按照客户预留的有效手机号提供转账成功的告知。

暂收款收据上应当背书载明，此仅为暂收收据，并对保险合同何时成立，在保险单签发前发生保险事故怎样处理做出约定；或者在保险合同条款中明确约定，合同自签发正式保单之日起成立并生效，以避免出现理赔纠纷。

待核保完成后，对核保通过且已足额缴纳保险费的投保件进行保险单签发处理，并出具正式保险费发票，送达客户并收回暂收款收据。核保结论若为拒保或延期，应及时通知，并退还投保人首期保险费。

引导问题4：核保结论若为同意承保，保险公司未及时签发保险单或其他保险凭证会有什么后果？

知识要点：

缮制保单和复核签章

核保结论若为同意承保，保险公司应及时签发保险单或其他保险凭证。因为这涉及保险合同当事人的权益，也关乎保险人的法定的义务。

缮制单证是在接受业务后印刷保险单或保险凭证等的程序。保险单或保险凭证是载明保险合同双方当事人权利与义务的书面凭证，是被保险人向保险人索赔的主要依据。因此，保险单证质量的好坏，约定事项的明确与否，往往直接影响人身保险合同的顺利履行。缮制保险单的要求有：单证相符、保险合同条款明确、数字准确、复核签章、手续齐备。

每种人身保险单证上都应该要求复核签章，如投保单上必须有投保人的签章；保险单证还要求交叉复核签章，如验险报告上必须有具体承办业务人员及负责人的签章；保险单上必须有承保人、保险公司及负责人的签章；保险费收据上必须有财务部门及负责人的签章；批单上必须有制单人与复核人的签章等。

有些保险公司将保单制作进行外包，保险公司只需对制作好的保单进行清分，并下发至分支公司。这节省了保险公司的人力资源，提高了出单效率。

【专栏 5-2-4】

未及时出具保险单的保险索赔纠纷案

案情简介：

某年 5 月 6 日，林某与其妻王某在寿险营销员的动员下，投保终身寿险并缴纳了首期保险费，林某的保险金额为 100 万元，保险费为 6 000 元，其妻王某的保险金额为 50 万元，保险费为 4 000 元，两项保费合计 10 000 元；受益人均为法定。6 月 20 日，林某夫妇外出游玩，路上偶遇大雨，其所乘坐的轿车与一辆卡车相撞，两人不幸身故，留下林某的老母亲徐某及 4 岁幼儿伟伟。

7 月 1 日，徐某持其子林某遗留的两张保费收据向保险公司提出 150 万元保险金全额给付的申请。然而，保险公司以投保人未体检、投保单未加盖“同意承保”章，而仅仅是公司行政章，保险合同尚未成立为由拒付。但考虑到本案的特殊性，决定按照两投保人无须体检的最高保额共计 40 万元赔付。双方协商未果，徐某向法院提起了诉讼。

分析：

本案涉及的问题其实就是保险合同是否成立并生效的问题。

（1）保险公司预收保险费，在承诺期限内保险公司又保持沉默，法律上应推定接受投保人的投保要约，从而保险合同成立。因为，一方面保险公司收受首期保险费，享受着保险合同的权利；另一方面又无故无限期地拖延时间签发、交付保险单，一旦在此之前发生伤亡事故，投保人所面临的只能是“保险合同尚未成立、保险公司不予赔付”的结局，这对投保人而言是绝对不公平的。因此，保险合同是否成立应探究当事人的真意，不拘泥于投保人是否持有保险单。即使保险人没有签发保险单，只要从定的事实可推定其意思，也可认为保险合同业已成立。

（2）从法理上分析，该保险合同不成立也是不合理的。投保人填写投保单是保险合同成立的第一个阶段，即要约。只有当保险公司做出承保承诺后，保险合同方能成立。在一般合同中，受约方只要无意与要约方签订保险合同，便无须做出承诺。然而，寿险合同则不同，在寿险合同中，保险公司作为受约方，不管其是否接受投保人的投保要约，都必须做出答复。如果保险公司预收保费，又在承诺期内保持承诺，则各国法律通常推定保险人已经接受投保人的投保要约。本案中保险公司的承诺期限是5天，既然5天的承诺期限已过，就应当认为保险合同是成立的。因此，本案中，即使保险人没有签发保单，也应视为保险合同已经成立，保险公司应按照合同约定承担保险金的赔付责任。

（3）我国《保险法》第十三条第一款规定："投保人提出保险要求，经保险人同意承保，保险合同成立。保险人应当及时向投保人签发保险单或者其他保险凭证。"而本案中的保险公司应该及时出具保险单据未及时出具，即违反了这一规定。《关于适用〈中华人民共和国保险法〉若干问题的解释（二）》第四条更是明确规定："保险人接受了投保人提交的投保单并收取了保险费，尚未做出是否承保的意思表示，发生保险事故，被保险人或者受益人请求保险人按照保险合同承担赔偿或者给付保险金责任，符合承保条件的，人民法院应予支持；不符合承保条件的，保险人不承担保险责任，但应当退还已经收取的保险费。保险人主张不符合承保条件的，应承担举证责任。"本案中，被保险人是意外死亡，并非不符合承保条件，因此，保险人必须按合同约定进行赔付。

结论：

由以上分析可知，本案原告的要求是合理合法的，被告保险公司必须按合同约定对法定受益人进行保险金的给付。

（资料来源：许飞琼. 经典保险案例分析100例［M］. 北京：中国金融出版社，2020.）

引导问题5：递送保单时要着重检查保单的哪些信息？

____

____

____

____

____

知识要点：

递送保单

递送保单要及时。就投保人的购买心理而言，只有在拿到保单并进行初步研读后，心里才会踏实下来。所以，在签约之后、保单制作完成之前，代理人应及时和投保人就保单状态进行沟通，打消客户等待的担心和顾虑；一旦保单制作完毕，要及时向客户递送保单。

递送保单有以下六个环节：

（1）检查保单有无错误。

（2）将投保人资料输入计算机或写入档案卡，以便做好售后服务等工作。

（3）准备保单和需求表。在保单封套内放一张名片，把保险条款特别重要的地方用彩笔勾出来。准备好包括现有保单在内的全盘保障计划，制定综合需求计划表，以便在交付保单时，顺便说明已实现的保障部分，及提示日后需追加的保障部分。

（4）电话约定递送保单的时间。

（5）递交保单。递送保单时，可先向投保人表示祝贺，然后就保障范围和条款进行解释。在解释时，既要呈现保单的功能，也要注意提及除外责任和保全知识等。

（6）承诺将提供的售后服务，并请来客户转介绍准客户或做服务推介。

保单递送给投保人后，经投保人本人确认无误，应当签收保单，由投保人在签收回执上亲笔签名，并由送单工作人员交回公司存档。

引导问题6：签收保单并认真阅读保险条款后，发现保险产品并不是很适合自己。若反悔不想投保，可以解除保险合同吗？

知识要点：

签收保单

投保人在签收保险单时，应注意以下事项。

（1）仔细审核保险公司提供的整套保单材料。一般保险产品的保单材料都包含保险单、保险条款、投保单（副本）、送达回执、客户服务指南、首期保险费发票等。长期保险产品的保单材料还有现金价值表，提供减额交清功能的产品还有减额交清保额表。

（2）逐条核对保险单及首期保险费发票上的所有项目。如有错误，及时通知保险公司予以更正。

（3）认真阅读保险条款和有关说明。收到保险单后，应注意了解保险合同的生效时间、保险期间、每年的缴费时间，并认真阅读保险责任、责任免除、现金价值表以及退保约定等内容。

（4）妥善保管整套保险单材料。保险单及有关单证票据务必妥善保管，注意防水、防潮、防蛀。若保险单材料丢失，应及时到保险公司挂失补办。

（5）了解保险单的相关规定。

保险单证以及组成保险合同的各项资料，要求保险公司立卷归档，妥善保管。案卷资料按照保险监管部门的要求至少要保存10年，对于保险金额巨大和影响寿险公司经营管理的重要案卷资料，则根据公司内部档案资料管理的规定，至少保存20年。

存档资料分为两类：一类为实物资料，一类为电子资料。实物资料在承保结束后由当地分公司或中心支公司档案人员进行归档保管。电子资料由扫描人员进行扫描上传，以备总公司核保人员调阅电子档案。对另外增加的资料，实物资料归入原投保单档案中，扫描资料归入原投保单的电子档案中。

引导问题7：新单回访应该包括哪些内容？

____

____

____

____

____

知识要点：

新单回访

保险公司应当建立回访制度，指定专门部门负责回访工作，并配备必要的人员和设备。保险公司一般在犹豫期内对合同期限超过一年的人身保险新单业务进行回访，并及时记录回访情况，发现问题，及时纠正处理。

保险公司回访过程中发现存在销售误导等问题的，应当自发现问题之日起15个工作日内由销售人员以外的人员解决。

【专栏5-2-5】

新单回访忌“应付”

经典案例：

刘女士反馈投保时业务员未讲清楚保险权益，要求全额退保，终因新契约回访客户无任何异议，而无法满足其诉求。根据监管机关的规定，对合同期限在一年以上的人身保险新单业务，保险公司必须在犹豫期内对投保人进行电话回访。消费者在接到回访电话时，一定要认真对待。如果对保险条款、保障范围等有疑义，务必在电话中向工作人员说明，否则，如果日后发生保险纠纷，消费者的正常维权将会受到很大影响。

风险提示：

《人身保险业务基本服务规定》第十五条规定，人身保险新单业务回访应包括以下内容：①确认受访人是否为投保人本人；②确认投保人是否购买了该保险产品以及投保人和被保险人是否按照要求亲笔签名；③确认投保人是否已经阅读并理解产品说明书和投保提示的内容；④确认投保人是否知悉保险责任、责任免除和保险期间；⑤确认投保人是否知悉退保可能受到的损失；⑥确认投保人是否知悉犹豫期的起算时间、期间以及享有的权利；⑦采用期缴方式的，确认投保人是否了解缴费期间和缴费频率。

《人身保险新型产品信息披露管理办法》第二十四条对投资连结保险投保人的回访应当包括以下内容：①确认投保人是否购买了该保险产品以及投保人是否在投保单上亲笔签名；②确认投保人是否知悉犹豫期的起算时间、天数以及犹豫期享有的权利；③确认投保人是否知悉保险责任和责任免除；④确认投保人是否知悉投资连结保险的投资回报是不确定的，实际投资预期收益可能会出现亏损；宣传材料上的利益演示仅基于假定的投资预期收益，不代表未来的实际预期收益；⑤确认投保人是否知悉费用扣除项目及扣除的比例或者金额；⑥确认投保人是否知悉退保可能产生的损失。

小贴士：

新契约回访不仅是监管部门对保险公司的一项规定，而且是保险公司本着对客户负责的态度，在最短时间内解决可能存在的保单品质问题的良好时机，是对双方都有利且防范可能发生风险的前置性举措。因为我国保险市场不甚完善，销售行为亟待改善，所以保险公司回访是对客户权益的一种保护，可以弥补业务员人员在展业中的小漏洞，使保险消费者消费得更加明白，保险权益受到更好的保护，有利于净化保险市场，维护金融市场秩序。我们的保险消费者一定要用心对待保险公司的电话回访，以便后期更好地维护自己的权益。

（资料来源：https://finance.hebnews.cn/2021-09/27/content_8624991.htm。）

任务要求及步骤

任务一

分析以下案例中的所需要考虑的核保风险因素以及不同类型险种的核保处理要点，完成核保分析报告。

案例 1

被保险人，男性，42 岁，职业为企业总经理，无投保经历。保险计划如下：终身寿险 50 万元，重大疾病保险 20 万元。个人告知如下：吸烟，每天 2 包，约 15 年；不饮酒；既往有咽炎病史 5 年，近 2 年晨起后咳嗽，8～10 次/年，无家族病史。

体检报告：一般检查：身高 172 厘米，体重 62 千克，血压 128/70 mmHg，普检（-）。

实验室检查：血常规（-）；尿常规（-）；两对半（-）；肝功能、肾功能等均正常。特殊检查：心电图（ECG）、胸片、腹部B超均未见异常，肺功能轻度异常。

生存调查资料如下：被保险人外观体健，为当地有名的夜总会总经理，应酬较多，每天吸烟约2包，有15年吸烟史。自述吸烟多，有慢性咽炎，近2年晨起咳嗽，8~10次/年，不需要服药治疗，偶尔服消炎药治疗数天即愈。年收入约20万元。

案例2

被保险人，女性，52岁，已婚，职业为农民。投保人为被保险人的女儿。受益人为被保人的女儿。保险计划及投保经历如下：投保寿险10万元，重疾险10万元，年金险3万元。无既往投保经历。投保人与代理人为朋友，代理人与客户共同设计保险计划。被保险人无烟酒及其他特殊嗜好。财务告知内容：被保险人年收入3万元，来源为农作物收入，投保人年收入10万元，来源为工薪。

健康告知如下：无异常健康告知。首次规则体检A项：BMI 28，血压三次165/105mmHg、160/ 100 mmHg、160/ 100 mmHg，眼底动脉硬化I期；因体检超重合并高血压，加查血糖、血脂、胸片，结果显示总胆固醇6.8 mmol/L（2.8~5.8 mmol/L），余项正常；填写问卷否认高血压病史。

异常情况小结包括血压升高、胆固醇升高、超重、眼底动脉硬化。

案例3

被保险人，女性，27岁，职业为酒吧服务员。无投保经历。保险计划：定期寿险50万元、意外伤害保险100万元，身故受益人为其父母。

个人信息如下：未婚，年收入4万元。4个月前因意外从4楼摔下，住院半月，痊愈。

体检报告如下：身高156厘米、体重49千克、血压120/70 mmHg、普检（-）、常规（-）ECG（-）。

生存调查信息如下：直接调查显示被保险人外观正常，性格偏内向。当问及投保动机时被保险人回答，四月前擦窗玻璃时不小心从4楼坠下，只受一点轻伤，住院十余天即痊愈。而且现在酒吧上班，经常上夜班，上下班又很远，所以意识到保险的重要性。

侧调显示被保险人5年前从一个贫困的山区来该市打工，曾在多家酒店工作，月收入3 000元。3年前谈了男朋友，4个月前男友提出分手，一气之下，从住所4楼跳楼自杀，但外伤不严重。被保险人是通过同事找的保险代理人自动投保，多次向业务员了解条款后才确定本保险计划。

步骤1：填写保险计划栏。

步骤2：填写被保险人的基本信息栏。

步骤3：填写被保险人的健康告知栏。

步骤4：填写体检资料栏。

步骤5：填写核保分析相关因素栏。

步骤 6：填写核保结论（初步）。

步骤 7：将核保分析报告填写完成后提交。

任务二

在实训软件中完成人寿保险业务系统下定期寿险项目核保业务“核保员—核保”的操作，如图 5-2-1 所示。

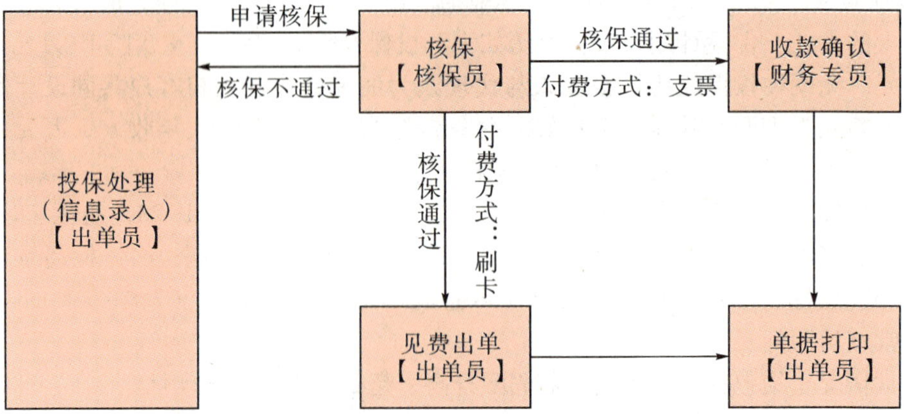

图 5-2-1　投保流程图

1. 核保

步骤 1：登录以渔有方实训平台（www.iyyyf.com），在完成上一节任务实训业务“出单员—投保”的信息填写的基础上，切换角色为“核保员”，在“投保申请”的“未处理”中找到前一项目申请核保的保单申请单号（投保单号），点击“编辑”按钮，如图 5-2-2 所示。

图 5-2-2　切换核保员角色

步骤 2：进入“核保处理”页面，核对已填写信息与案例内容是否对应正确。

步骤 3：核对完成后，选择核保意见（“通过”或“不通过”），输入备注信息，点击“确认”按钮，完成核保，如图 5-2-3 所示。

图 5-2-3　“核保处理”页面

步骤 4：切换角色为“出单员”，查看“已申请核保”项目，保单状态为“预核通过”，如图 5-2-4 所示。

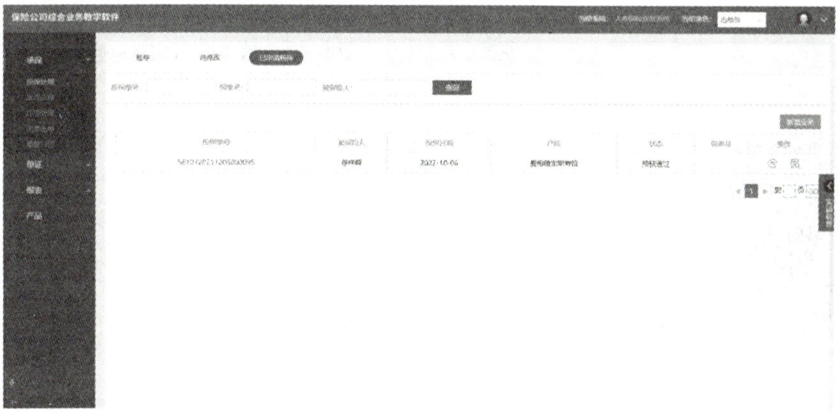

图 5-2-4　投保单“预核通过”状态

2. 缴费确认

步骤 1：选择“见费出单”，在“投保缴费”中找到刚才确认核保通过的保单申请单号，点击“缴费处理”按钮；若学生在投保处理时，险别及缴费方式中的付费方式选择“支票”，则需切换角色至“财务专员”，在“收款—投保收款”中进行缴费确认，两种操作中完成任一种即表示完成缴费，如图 5-2-5 所示。

图 5-2-5 “缴费处理”界面

步骤 2：确认弹窗中保单信息是否正确，确认无误后点击弹窗下方“缴费确认”按钮，完成一次缴费确认操作，如图 5-2-6 所示。

图 5-2-6 保单缴费确认

步骤 3：回到“投保处理”界面，再次查看“已申请核保”项目，缴费确认操作完成一次后，保单成为有效保单，如图 5-2-7 所示。

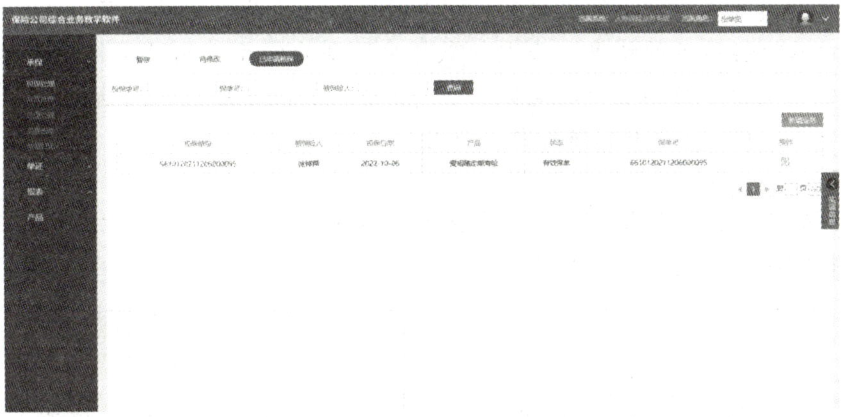

图 5-2-7　投保单“有效保单”状态

步骤 4：部分寿险产品（如定期寿险、终身寿险、定期重疾险、终身重疾险等）可选择“年交”或“趸交”的缴费方式。“趸交”保单为一次性缴费，操作一次缴费处理即可完成此保单的全部缴费；“年交”保单为分期缴费，每进行一次缴费处理操作即完成一期缴费，缴费期数递增，首期缴费完成后保单即生效为有效保单。总缴费期数为保单中所选择的缴费年限，完成全部期数的缴费处理后才能完成此保单的全部缴费。保单缴费期数选择界面如图 5-2-8 所示。

图 5-2-8　保单缴费期数选择

注意事项：

（1）核保处理中，若核保意见选择“不通过”，则需返回“出单员—投保”界面处理，在“待修改”中找到该保单信息，点击“编辑”按钮，修改相关信息后，重新申请核保。

（2）缴费日期不能晚于保险起期。核保通过后，请及时完成缴费，否则可能出现缴费日晚于保险起始日的情况。若进行缴费时遇到此提示，此保单将无法继续处理，请返回“投保处理”界面重新新建保单。（注意：项目练习每次只能新增一条保单业务，若需重建，请先提交当前练习再重新进入项目。）

任务三

在实训软件中完成人寿保险业务系统下定期寿险项目承保业务“单据打印”的操作。单据打印流程图如图 5-2-9 所示。

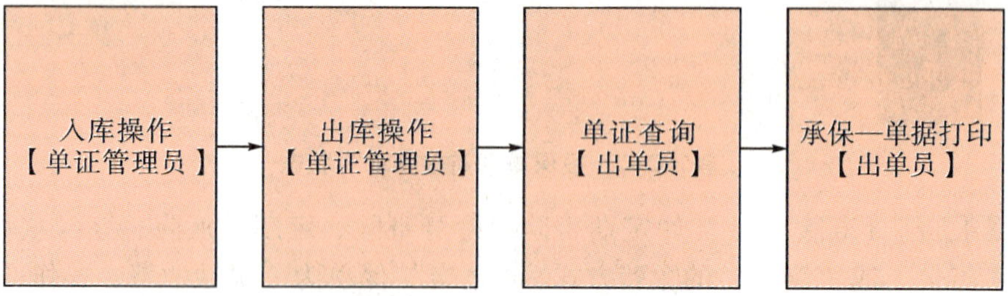

图 5-2-9　单据打印流程图

1. 单证入库

步骤 1：在完成任务二的基础上，切换角色至“单证管理员”，选择“单证入库”。

步骤 2：选择需要发放的单证类型，在“共计”输入框中输入发放数量，点击“单证分配”按钮。

步骤 3：点击“入库确认”，确认入库即可。例如图 5-2-10 即发放 10 份定期寿险保单的设置。

图 5-2-10　单证入库

2. 单证出库（图 5-2-11）

步骤 1：选择单证管理员中的“单证出库”。

步骤 2：选择需要发放的单证类型，并点击“查询”按钮进行筛选。

步骤 3：勾选需要出库发放的单证（可多选），点击“出库确认”按钮，在弹出框中确认出库发放的对象并确认即可。

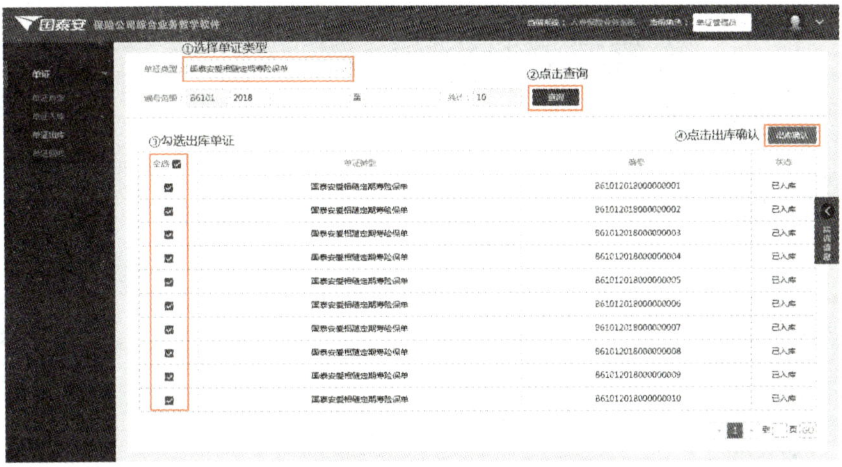

图 5-2-11　单证出库

3. 单证查询（图 5-2-12）

步骤 1：角色切换至“出单员”，选择“单证—单证查询”选项。

步骤 2：在单证查询中，选择需要打印的单证类型，点击“查询”按钮进行筛选。

步骤 3：在查询出来的所有单证中，找到状态为“未使用”的单证，复制其“编号”。

图 5-2-12　单证查询

4. 单据打印

步骤 1：选择出单员中的“承保—单据打印”选项。

步骤 2：选择需要打印的保单类型。若需打印保单、发票，请选择“保单”。

步骤 3：若需打印批单、批改发票，请选择“批单”。

步骤 4：选择需要打印的单据，及需要打印的单据类型（如图 5-2-13 所示），点击“打印预览”按钮。

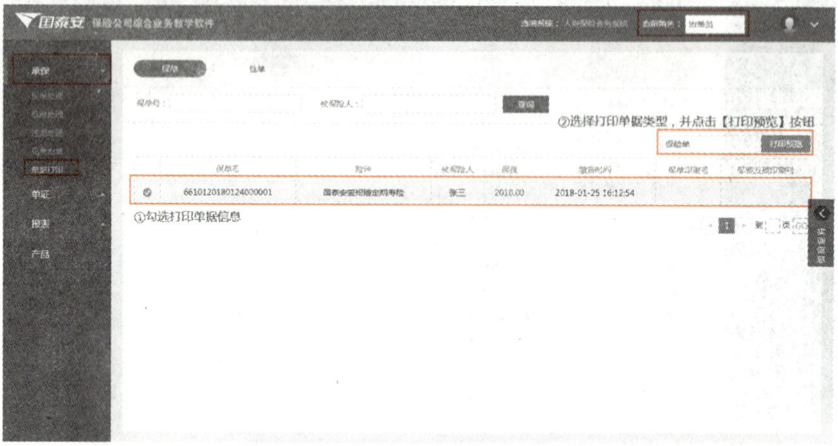

图 5-2-13　单据打印

步骤 5：将“单证查询”步骤 3 中复制的编号，粘贴至弹出框中的“印刷号”输入框中，并点击“打印”按钮，出现打印预览界面，如图 5-2-14 所示。

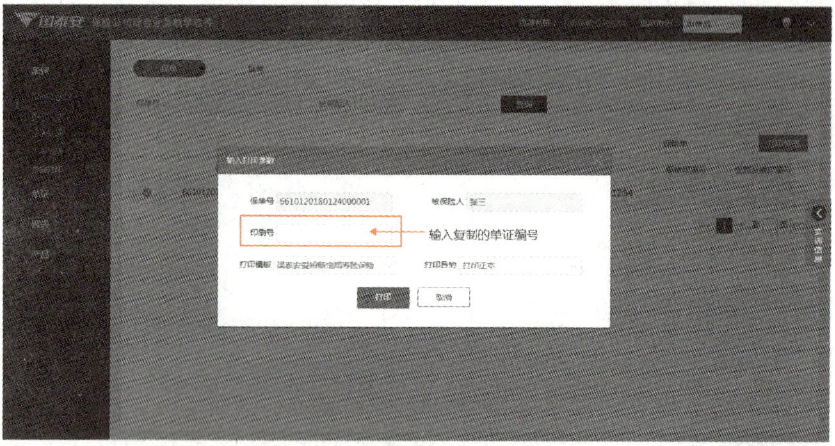

图 5-2-14　输入复制单证编号

步骤 6：确认单据内容无误后，点击预览弹窗右上角的“打印”按钮，将出现浏览器的打印设置界面，若操作电脑连接了打印机，则可实现打印，如图 5-2-15 所示。（前述所有步骤操作可参照系统中的实训演练视频。）

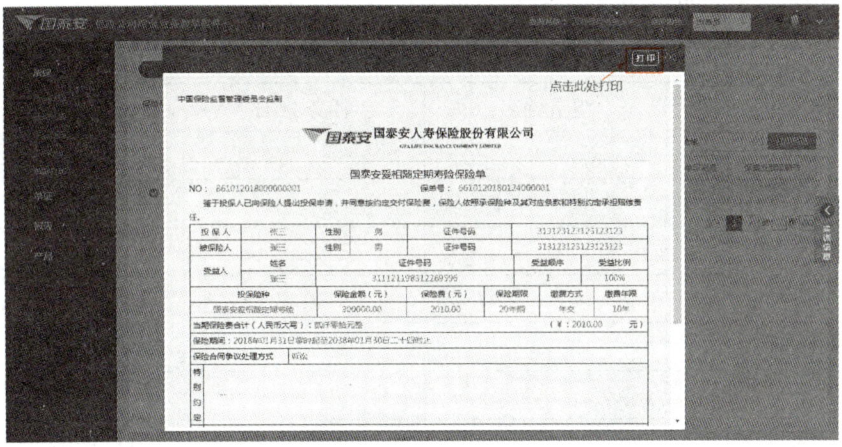

图 5-2-15　打印保险单

注意事项：

（1）初始状态下，出单员角色中无任何可使用的单证，需由单证管理员发放。单证管理员一次可发放多份单证，下一次出单员再打印同类型单据时，直接从单证查询开始即可。

（2）查询单证时可以看到单证包含“已使用”和“未使用”两种状态，当单证编号被使用为印刷号确认打印一次之后，状态将由“未使用”变为“已使用”，已使用的单证无法再作为印刷号进行单据打印。

（3）实训系统暂无一键下载单据功能，若学校电脑未连接实体打印机，则可通过安装 PDF 阅读器的方式，将单据打印或另存为 PDF 文件。

小组计划与分工

小组计划与分工如表 5-2-1 所示。

表 5-2-1　小组计划与分工

任务内容	组员姓名	任务分工	评价

分析与总结

附件：

核保分析报告

核保员：

保险计划	
被保险人	
健康告知	
体检资料	
核保分析一	

表(续)

核保分析二	
核保分析三	
核保结论	

项目三 人身保险理赔操作流程

情景描述

消费者常抱怨，保险业务员收取保费时笑脸相迎，随叫随到，甚至不叫也到，可是到了理赔时人难见，脸难看，事难办；保险业务员也有抱怨：不是理赔难，是消费者提供的资料与保险公司要求的手续对接难，同时，保险公司也提出，现场查勘难、调查取证难、理赔控制难、客户沟通难。

作为一个普通客户，保险理赔时需要备哪些材料？

学习目标

- 掌握人身保险的报案与索赔申请流程。
- 掌握人身保险理赔的定义和基本原则。
- 熟悉人身保险理赔的流程。

能力要求

- 掌握人身保险理赔作业的流程，并能正确处理赔案。
- 根据给定的理赔案例及资料，结合所学的知识填写报案登记表、理赔申请书等理赔资料。

知识准备

一、人身保险索赔

引导问题1：当人身保险事故发生后，保险公司是否就可以直接进行相应赔偿？

____

____

____

知识要点：

理赔

理赔是指保险事故发生后，保险人在接受客户索赔、进行现场查勘与取证的基础上，查明损失原因，估算损失程度，确定赔偿金额，并给付结案的一系列活动。

引导问题2：保险索赔时报案的方式和主要内容有哪些？

____

____

____

____

____

知识要点：

索赔

保险索赔指当被保险人遭受承保责任范围内的风险损失时，被保险人向保险人提出赔偿的要求。

报案

报案是指在被保险人发生保险事故后，知情人将该事故情况通知保险公司的行为。报案对人的身份没有具体的限制，可以是被保险人本人，也可以是其他知情人，但报案是投保人、被保险人及受益人的法定义务。

报案环节应当引起理赔人员的高度重视。在接待报案的过程中，理赔人员可以了解到事故发生的第一手资料，通过详细询问凭直觉还可以发现案件存在的疑点和调查方向，为今后的理赔工作打好基础，在报案登记过程中接案人应准确记录报案时间，以便判断是否应延迟报案而增加理赔查勘费用。

【专栏5-3-1】

索赔申请时效

根据我国《保险法》的规定，人寿保险以外的其他保险的被保险人或者权益人，对保险人请求赔偿或者给付保险金的权利，自其知道保险事故发生之日起2年内不行使而消灭。人寿保险的被保险人或者受益人对保险人请求给付保险金的权利，自其知道保险事故发生之日起5年不行使而消灭。

投保人、被保险人或者受益人知道保险事故发生后，应当及时通知保险人。故意或者因重大过失未及时通知，致使保险事故的性质、原因、损失程度等难以确定的，保险人对无法确定的部分，不承担赔偿或者给付保险金的责任，但保险人通过其他途径已经及时知道或者应当及时知道保险事故发生的除外。

引导问题3：向保险公司申请保险金时应该准备哪几类文件？

引导问题4：案件登记立案工作包括哪些内容？

知识要点：

案件立案条件

（1）保险事故确已发生。

（2）事故者是保险单上的被保险人或投保人。

（3）在保险合同有效期内发生保险事故。

（4）理赔申请在《保险法》规定的时效之内。

引导问题5：案件调查对于理赔工作有什么样的作用？

知识要点：

案件调查

案件调查是寿险理赔作业的一个组成部分，但不是寿险理赔的必经程序。对于单证齐全、证明材料充分、保险责任明确的案件可以不调查；对于某些赔案来说，案件调查是必须经过的一个重要流程。

引导问题6：案件审核各步骤都有哪些注意事项？

知识要点：

案件审核的步骤

（1）保单状况的审核。

（2）被保险人和保障范围的审核。

（3）索赔材料和事故性质的审核。

（4）确定损失并理算保险金。

（5）确定保险金给付受领人。

二、人身保险理赔流程

引导问题1：保险理赔的原则是什么？

____

____

____

____

知识要点：

理赔的意义

理赔指保险事故发生后，保险人对被保险人所提出的索赔案件的处理，被保险人遭受灾害事故后，应立即或通过理赔代理人对保险人提出索赔申请，根据保险单的规定审核提交的各项单证，查明损失原因是否属保险范围估算损失程度，确定赔偿金额，最后支付结案，如果损失系第三者的责任，则由被保险人向保险人移交向第三者追偿损失的权利。

人身保险公司在理赔工作中，为确保理赔质量，防止和控制理赔工作的错赔、乱赔、滥赔的现象，提高人身保险公司的信誉，要求严格遵循理赔的基本原则。

引导问题2：保险理赔的方式有哪些？

____

____

____

____

引导问题3：保险理赔的程序及其内容是什么？

____

____

____

____

知识要点：

人身保险理赔程序

（1）立案查验。

（2）审核证明和资料。

（3）核定保险责任。

（4）履行赔付义务。

保险人按照法定程序履行赔偿或者给付保险金的义务后，保险理赔就告结束。如果保险人未及时履行赔偿或者给付保险金义务的，就构成一种违约行为，按照规定应当承担相应的责任，即“除支付保险金外，应当赔偿被保险人或者受益人因此受到的损失”，这里的赔偿损失，是指保险人应当支付的保险金的利息损失。为了保证保险人依法履行赔付义务，同时保护被保险人或者受益人的合法权益，明确规定，任何单位或者个人都不得非法干预保险人履行赔偿或者给付保险金的义务，也不得限制被保险人或者受益人取得保险金的权利。

【专栏 5-3-2】

东航失事客机由多家险企共保 数十家保险公司启动应急预案（节选）

2022 年 3 月 21 日，东航一架波音 737 客机在执行由昆明飞往广州的航班任务时，于广西梧州上空失联。目前，已确认该飞机坠毁。机上人员共 132 人，其中旅客 123 人、机组 9 人。

事故发生后，广西银保监局启动一级响应，保险业启动紧急预案。广西银保监局表示，已成立省、市两级应急处置小组，要求辖内 44 家保险公司启动一级响应，全面开展排查。梧州银保监分局、中国人寿、人保财险等相关负责人已赶赴当地。

人保、平安、太保等联合承保

《金融时报》记者获悉，此次东航失事飞机由中国人保首席承保，平安产险广东分公司共承保机身一切险及责任险，中国太保产险也已核查确认跟单承保中国民航联合保险机队航空保险。

作为首席承保公司，中国人保集团党委高度重视，立即落实重要指示。人保财险第一时间启动重大事故理赔应急机制，成立专项领导小组和理赔、业务、支持等工作组，与中国民航局、东航进行对接，由人保财险副总裁带队的专家小组启程赶赴现场，指导开展后续工作。中国人保表示，将继续密切关注事故进展，竭尽全力做好应急服务，积极配合做好后续理赔服务工作。

针对此次坠机事件，首都经贸大学保险系副主任李文中表示，根据规定，所有飞机都需投保飞机保险，其保险责任一般包含机身险，针对飞机在飞行或滑行中以及在地面上发生的造成飞机及其附件的意外损失或破坏；地面第三者责任险，针对飞机或从飞机上坠入、坠物造成的第三者人身伤亡或财物损失；旅客法定责任险，针对乘客在乘坐或上下飞机时发生意外造成旅客的人身伤亡或所携带和已经交运登记的行李、物件的损失等。其中，只有地面第三者责任险是法律规定强制投保，但是通常情况下，航空公司只要投保飞机保险都会包含这几项责任，除非特别约定将某些责任剔除。

重庆理工大学副教授、中国财经数据创新研究院高级研究员王文涛表示，空难是一种具有“小概率、大损失”特征的风险，其特征和破坏性符合巨灾属性。面对空难可能产生的巨额损失，保险公司通常采用组建保险共保体和再保险等方式分散风险，但依然面临寿险、航空意外险的赔付压力。因此，王文涛建议，加快建立国家航空巨灾保险制度，设立国家航空保险基金和再保险基金，为航空公司和保险公司面临的航空巨灾风险提供保障。

数十家险企推出紧急应对举措

东航坠机事故发生后，多家保险机构第一时间启动重大突发事故应急预案。据记者不完全统计，中国平安、中国太保、中国太平、新华保险、泰康保险、阳光保险、富德生命人寿、工银安盛人寿、弘康人寿、中邮人寿等60余家险企推出了应急服务举措。

中国平安第一时间成立了应急小组，同时采取了客户排查、急难救援等应急举措，旗下各保险子公司立即开通绿色理赔通道。针对乘客家属，中国平安推出心理疏导计划，为客户家属提供全程陪护的应急服务。

中国人寿寿险公司总分联动立即开展出险客户排查等相关工作，制定六项服务举措。中国人寿财险公司成立了应急领导小组，总、省、市、县公司联合应急工作小组开展出险客户排查和理赔工作。

中国太保旗下中国太保产险、寿险公司会同云南机构第一时间启动机身险、团意险、航意险等相关险种核查，同时开通绿色理赔通道，理赔调查人员24小时应急待命，紧急采取7×24小时受理报案咨询、主动排查客户信息、简化理赔资料等五项应急服务举措。中国太保表示，后续将注重人文关怀，竭尽全力做好事故各项理赔服务工作。

中国太平表示，旗下太平人寿总公司联合广西、云南、广东分公司第一时间启动重大突发事件应急预案，积极配合政府部门及监管单位提供灾害救助、应急服务及排查工作，并开通24小时急难事故理赔服务专线“95589”，启动理赔绿色通道，全力提供保险服务。

李文中认为，当前保险公司除了已经采取的服务举措，最重要的就是要做好资金准备，如果有幸存者需要及时垫付抢救治疗费用，也可将相关情况及时与再保险公司沟通以获得资金支持。救援结束后，保险公司作为专业风险管理者，可以继续协助相关部门查明事故原因，为今后类似事件处置储备经验。

（资料来源：https://www.financialnews.com.cn/bx/bxsd/202203/t20220323_242337.html。）

三、人身保险理赔资料

知识要点：

被保险人或者受益人履行了出险通知义务后，必须提交必要的理赔单证，如表 5-3-1 所示。

表 5-3-1　人身保险理赔类型及应备单证

<table>
<tr><th>理赔类型</th><th>应备单证</th><th>单位代码说明</th></tr>
<tr><td>意外医疗（门诊）</td><td>1～5、6、8、10、11</td><td rowspan="8">1.保险合同
2.索赔申请书及申请人身份证明原件
3.索赔委托及受托人身份证明原件
4.申请人与出险人身份关系证明原件
5.赔款给付方式协议书
6.意外事故证明
7.死亡证明、户口注销证明
8.医疗诊断证明书和门诊/急诊病历
9.出院小结或住院病历
10.医疗费用收据或发票原件和费用明细清单
11.医疗费用分割单/第三方给付凭证
12.残疾鉴定书
13.出险人病理检验、血液检验及其他科学方法检验报告
14.其他证明和资料</td></tr>
<tr><td>意外医疗（住院）</td><td>1～5、6、9、10、11</td></tr>
<tr><td>意外全残/残疾/全残豁免/失能</td><td>1～5、6、8、9、12、14</td></tr>
<tr><td>意外身故</td><td>1 ～5、6、7、14</td></tr>
<tr><td>疾病住院医疗</td><td>1～5、9、10、11</td></tr>
<tr><td>疾病全残/残疾/全残豁免/失能</td><td>1～5、8、9、12、14</td></tr>
<tr><td>疾病身故</td><td>1～5、7、14</td></tr>
<tr><td>重大疾病</td><td>1～5、6、9、12、13、14</td></tr>
</table>

不同理赔单证类型的说明如表 5-3-2 所示。

表 5-3-2　理赔单证说明

单证类型	单证类型说明
索赔申请书	可通过网站下载、柜面领取，以及找服务人员领取。索赔申请书由保险金受益人本人签字，医疗、残疾、失能、重大疾病保险金受益人为被保险人本人，身故为指定受益人或法定继承人；申请人如为无民事行为能力人或限制民事行为能力人，应由其法定监护人申请，同时应出具法定监护证明。如有受托人则需在“索赔申请书”对应授权委托栏填写；申请权利人在委托人处签字
申请人与出险人身份关系证明原件	申请人与出险人身份关系证明原件是指由户籍管理部门出具的合法有效证明或者有效的公证证明，如户籍证明、出生证明、结婚证明、其他关系证明公证书
意外事故证明	涉交通事故需提供由交通管理机关出具的“交通事故责任认定书”；涉及安全生产事故的需提供安全监督管理机关出具的安监事故证明；涉及民事伤害事故的需提供公安机关出具的事故处理证明；涉及刑事案件的需提供人民法院或公安机关出具的事故处理证明；涉及特定场所发生的出险事故，如学校、商场、公共场所等，需提供其管理部门提供的事故处理证明
死亡证明	由公安部门、民政部门或本公司认可医院出具的“死亡证明”
医疗诊断证明书	须加盖公司认可医疗机构的有效签章，如诊断章、医务科、急诊章等；同时在多个医院就诊需同时提供多个医院的诊断证明
门诊/急诊病历	医院就诊时提供的“门诊手册”及处方
医疗费用收据或发票原件	有国家财政税收部门印章的正规有效医疗费用收据或报销发票原件及费用明细清单、出院小结或住院病历

表5-3-2(续)

单证类型	单证类型说明
医疗费用分割单/第三方给付凭证	先期在社保、第三方给付情况下需要提供医疗费用分割单/第三方给付凭证，须提供已报销机构签章认可，列明原始金额、已报销金额的分割证明原件和医疗费用收据复印件，并附费用明细清单
残疾鉴定书	事故发生后接近180天时联系理赔部门，到公司认可的鉴定机构进行鉴定
出险人病理检验、血液检验及其他科学方法检验报告	由本公司认可医院出具的、用以明确诊断的检验报告，如异常心电图、肌电图、心肌酶检查报告单、骨髓象报告单、病理报告单、肾功能检查报告单、CT和核磁共振检查报告单等
其他证明和资料	投保人或受益人所能提供的与确认保险事故的性质、原因、伤害程度等有关的其他证明和资料

【专栏5-3-3】

保险科技有助于缓解保险理赔中的痛点、难点

2022年11月25日，由中国保险学会指导，中国网财经、中国社会科学院保险与经济发展研究中心联合主办的“2022年度十大温暖理赔案例发布会暨进一步提升保险理赔服务满意度研讨会”成功举办。

在主题研讨环节，中国社会科学院保险与经济发展研究中心主任郭金龙表示，近年来迅猛发展的保险科技正在不断实现与理赔流程的融合，促进了行业理赔效率持续提升，有效缓解了理赔工作中的诸多痛点、难点。

他表示，保险科技的运用极大地提升了客户的体验感和满意度；保险科技促进保险行业理赔效率持续提升；保险科技提升了保险行业的反欺诈能力。目前，我国的保险理赔新科技运用仍处在起步阶段。未来，借助于更深层次地运用大数据、人工智能等技术，保险公司理赔服务效率和精准度将不断得到提升。

以下为发言实录：

保险理赔是保险业务中的一个重要环节，长期以来存在诸多痛点、难点，理赔难、理赔慢、理赔烦的问题，始终是保险消费者关注的焦点和揪心问题。近年来迅猛发展的保险科技正在不断实现与理赔流程的融合，促进了行业理赔效率持续提升，有效缓解了理赔工作中的诸多痛点、难点。

一、保险科技的运用极大地提升了客户的体验感和满意度

通过引入大数据、人工智能、云计算等技术手段重塑保险理赔服务环节，可以实现理赔信息数字化采集和理赔全流程无纸化，从而使客户免于往来奔波和提供各类资料，极大地提升保险理赔体验。近年来，保险科技在保险理赔服务中扮演着越来越重要的角色，客户能够切实感受到保险理赔工作越来越贴心周到，如理赔更为便捷、赔付时间更短等。例如，蚂蚁保联合保险公司推出了一项高品质的理赔服务“安心赔”，可以理赔全流程协助用户，保证理赔申请简单快速，并确保理赔结论清晰公正。这不仅提升了消费者的理赔体验，同时也帮助了保险公司降本增效。一是对消费者的理赔需求能“一帮到底”，消费者对理赔有任何疑问，可随时发起咨询，并且可以线上完成

理赔申请，如果对理赔结论不认可，可申请纠纷援助；二是理赔全流程的“速度保障”，与保险公司约定申请理赔的审核时效，当超过约定时效，可申请加急处理，同时还对医疗险、门诊险等不同的险种承诺具体时效。“安心赔”背后依托的是蚂蚁保独有的“理赔大脑”技术能力。运行数据显示，“理赔大脑”最多能识别107种医疗、理赔凭证，将保险产品的理赔核赔效能提升70%。“理赔大脑”系统由智能指引平台、智能互动报案、智能审核系统、智能调查系统、智能通知平台组成，全流程优化客户的理赔体验。

二、保险科技促进保险行业理赔效率持续提升

2021年12月底中国保险行业协会发布的《保险科技“十四五”发展规划》（以下简称《规划》）提出，到2025年，我国保险科技要增强优质高效保险服务能力，推动行业理赔自动化率超过40%。数据显示，目前，保险行业平均理赔自动化率已达21.48%，精准快速理赔在科技赋能下初显成效。例如，2021年，中国人寿寿险公司智能化处理理赔案件超过1 390万件，同比增长23%，智能化作业占比达70%，小额理赔时效0.13天；2021年，华安保险通过视频系统处理线上查勘定损案件28.4万件，同比增加3.8万件。视频查勘案件极速赔（赔款当天支付）占比超过30%。为了提升客户线上理赔服务体验，华安保险不断升级理赔作业中心，目前已实现智能调度、客户操作可视化、后台主动呼叫、OCR自动识别、相片智能分拣、案件信息一键转录等功能。

三、保险科技提升了保险行业反欺诈能力

保险欺诈一直是行业面临的巨大挑战之一。我国财险公司的综合赔付率均值约为60%，而每年保险行业因为欺诈导致的损失高达10%~15%。这不仅破坏了正常的保险展业活动，而且侵犯了保险人和保险消费者的合法权益。以大数据、人工智能为代表的科技为保险行业提升风控能力带来了新契机。基于海量全方位的用户数据及第三方场景数据，通过建立实时的反欺诈规则引擎及关联图谱分析，保险公司能够甄别欺诈骗保行为，判断案件的真实程度。

2021年3月，银保监会发布《关于做好2021年大数据反保险欺诈工作的通知》及《大数据反保险欺诈手册》（2021版），旨在运用大数据、人工智能等高科技手段对车险、意健险、农险、保证保险等重点领域的欺诈行为重拳出击。该措施对采用大数据等技术防范保险欺诈风险，遏制保险欺诈扩展的势头，维护市场秩序，保护保险公司和保险消费者权益，发挥了重要作用。

未来，人工智能、区块链、大数据、云计算等科技与保险价值链各环节的融合将进一步加深，保险业务流程逐步向数字化、线上化、智能化转变，从而有助于改善理赔体验、提升保险业务经营效率。目前，我国的保险理赔新科技运用仍处在起步阶段，未来，借助于更深层次地运用大数据、人工智能等技术，保险公司理赔服务效率和精准度将不断得到提升。而且，在保险科技的支持下，保险公司还将拥有更多更加智能的客户服务工具，其服务范围和能力也将延伸到更多领域，从而让保险服务内涵变得更加丰富，让广大客户从保险服务中更有获得感和幸福感。

（资料来源：http://finance.china.com.cn/news/special/wnlpxs/20221125/5906448.shtml。）

任务要求及步骤

任务一

进入各家寿险公司网站，了解至少三家保险公司的理赔流程，并列出理赔时所需的资料及相关注意事项。

步骤 1：进入各家寿险公司官方网站、移动客户端或其他官方平台。

步骤 2：了解各家寿险公司理赔流程，并对比是否有差异。

步骤 3：列出至少三家保险公司理赔申请时应备资料及相关注意事项。

任务二

在实训软件中完成人寿保险业务系统下定期寿险项目理赔业务“接报案专员—接报案”“查勘员—立案”“核赔员—核赔”“查勘员—结案”和“财务专员—付款”的操作，如图 5-3-3 所示。

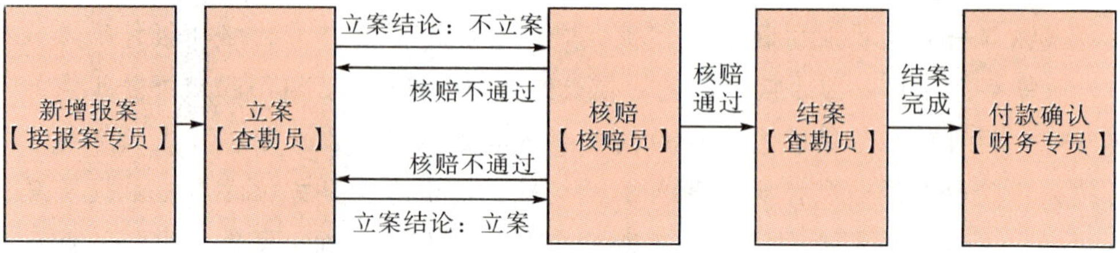

图 5-3-3　理赔流程图

1. 接报案专员—接报案

步骤 1：登录以渔有方实训平台（www.iyyyf.com），在完成上一节任务“核保员—核保”和“出单员—单据打印”的信息填写的基础上，将角色切换至“出单员”，选择“报表”，在列表中找到需要进行理赔操作的保单，复制其保单号，如图 5-3-4 所示。

图 5-3-4　复制理赔保单号

步骤 2：角色切换回“接报案专员”，点击右上角“新增报案”按钮，进入报案信息填写页面，如图 5-3-5 所示。

图 5-3-5　新增报案

步骤 3：将步骤 1 中复制的保单号粘贴至报案页面中的“保单号”输入框内，此时系统将自动生成报案号以及对应理赔案例，如图 5-3-6 所示。

图 5-3-6 进入接报案业务

步骤 4：点击右侧的“实训信息”按钮，根据其中的案例内容，找到对应信息，完成接报案页面各字段的填写，如图 5-3-7 所示。

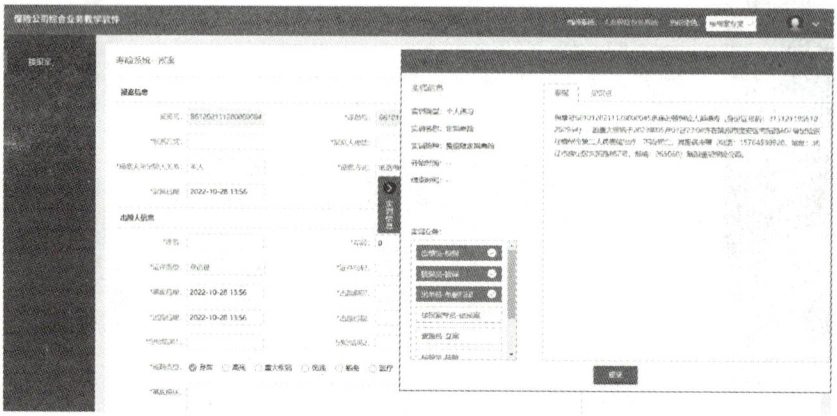

图 5-3-7 填写接报案信息

步骤 5：完成所有信息填写后，点击“提交”按钮，进行下一步立案操作。

2. 查勘员—立案

步骤 1：在完成上一项目的基础上，切换角色为“查勘员”，进入如图 5-3-8 所示界面。

图 5-3-8 切换查勘员角色

步骤 2：成功完成接报案并提交的数据，将自动流转至查勘员角色的“立案”列表中。

步骤 3：在“立案—待处理”页面列表中，找到待立案的理赔保单信息，点击“编辑”按钮，进入立案处理界面，如图 5-3-9 所示。

图 5-3-9 进入立案处理界面

步骤 4：立案处理页面一般包括基本信息、损失信息、立案结论、影像信息、核赔信息等，点击各模块右上角的 按钮，启用编辑，完成相关信息填写后，点击 即可保存该模块信息。（基本信息为必填项，必须完成并保存基本信息后才能进行后续操作。）

步骤 5：点击“实训信息”按钮，根据其中的案例内容，找到对应信息，完成立案处理页面各字段的填写。

步骤6：损失信息添加。寿险损失信息即“人伤信息”，分为伤者信息和损失险别信息两部分。首先依据案例完成伤者信息填写，再在损失信息列表中添加与伤者信息匹配的险别信息。关于损失险别信息的添加，输入对应险别、费用等信息后，点击右侧⊕即可，如图5-3-10所示。

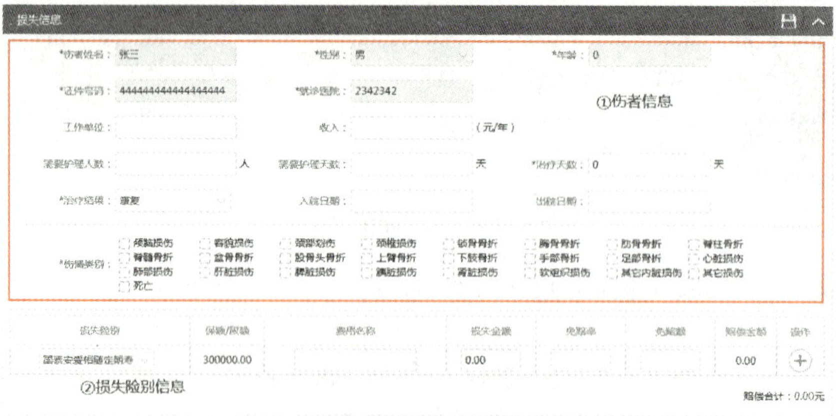

图5-3-10 损失信息添加

步骤7：上传影像信息。影像信息的记录与上传是查勘环节至关重要的一个步骤，所有险种在理赔查勘环节都必须上传影像信息。选择附件类型，点击“选择图片”按钮，在本地选定图片文件后，点击“上传”按钮即可完成一个附件的上传，如图5-3-11所示。已上传的图片可下载或删除。（目前实训软件仅支持图片上传操作，对上传的图片内容不做客观评分。在此步骤中，可从本地任意选择图片附件上传）。

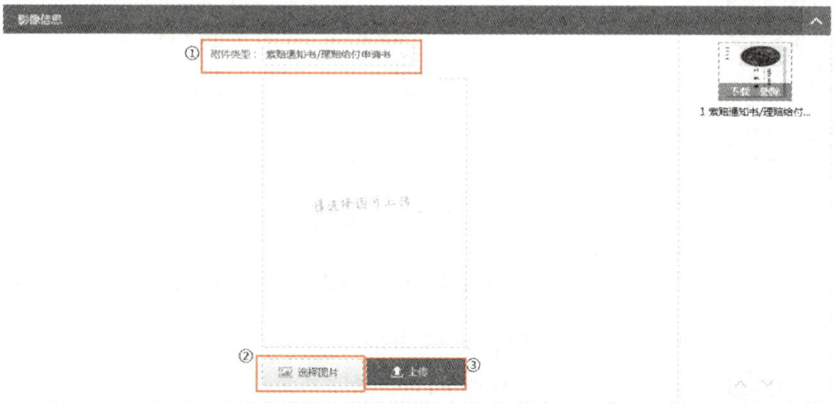

图5-3-11 上传影像信息

步骤 8：完成所有信息填写后，点击“提交”按钮，进行下一步核赔操作。

注意事项：

（1）立案处理操作一旦提交后，查勘员无法直接修改立案信息。如需修改，请切换至“核赔员”角色，并选择核赔意见为“不通过”，将保单打回后，再回到查勘员—立案—待处理处进行修改。

（2）部分必填字段内容无法在案例中找到对应答案的，表示该字段为实际业务场景中需要重点关注的，但非本系统业务的考核点，可任意填写合理范围内的值，不影响实训成绩。

3.“核赔员—核赔”的操作

步骤 1：在完成上一项目的基础上，切换角色为“查勘员”，对案件点击“操作”，进入如下界面，如图 5-3-12 所示。

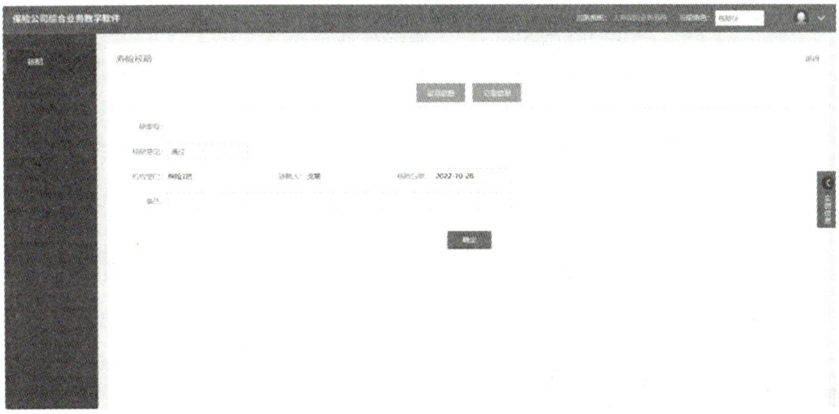

图 5-3-12　进入核赔业务

步骤 2：完成立案操作并成功提交后，理赔数据自动流转至核赔员角色。

步骤 3：在“核赔—待处理”页面列表中，找到待核赔的理赔保单信息，点击“编辑”按钮，进入核赔处理操作台页面。

步骤 4：在核赔处理页面中，分别点击“报案信息”“立案信息”可依次对前面理赔各流程中的已填写信息进行查看，核对其与案例内容是否对应正确，如图 5-3-13 所示。

步骤 5：核对完成后，选择核赔意见（“通过”或“不通过”），输入备注信息，点击“确认”按钮，完成定损核赔，进行下一步结案或修改操作。（若核赔意见选择“不通过”，则需返回查勘员—立案处理，在“待修改”中找到该保单信息，点击“编辑”按钮，修改相关信息后，重新进行申请核保；若核赔意见为“通过”，则可进入结案操作。）

图 5-3-13　核赔处理页面

4. 查勘员—结案

步骤 1：在完成上一项目的基础上，切换角色回“查勘员”。

步骤 2：核赔通过后，成功提交的数据，将自动流转至查勘员角色的“结案”列表中。

步骤 3：在“结案—待处理”页面列表中，找到待结案的理赔保单信息，点击“编辑”按钮，进入结案处理操作台页面，如图 5-3-14 所示。

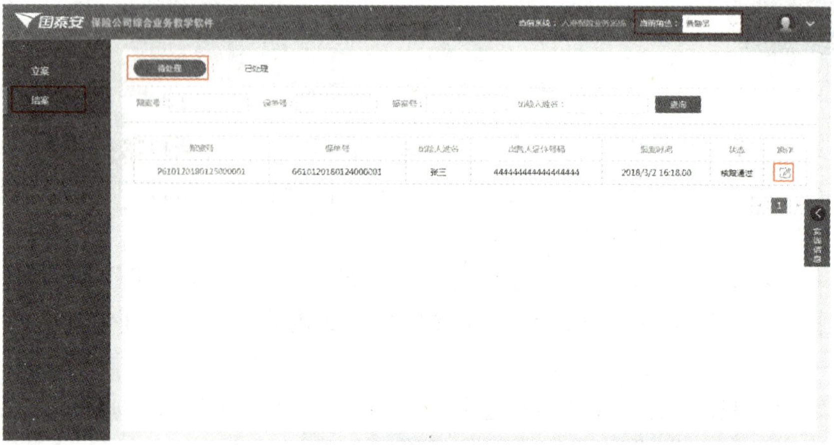

图 5-3-14　进入查勘员结案业务

步骤 4：正确填写结案日期，点击“确认结案”按钮即可完成结案，如图 5-3-15 所示。

图 5-3-15　进入结案处理

步骤 5：完成结案的理赔保单数据，涉及金额赔付的（结案处理中“赔付金额”>0 的）保单，需要进入下一步赔付操作，完成赔付后全部理赔业务操作才完成；赔付金额为 0 的，完成结案后即可完成全部理赔业务操作。

5. 财务专员—付款

步骤 1：在完成上一项目的基础上，切换角色为“财务专员”。

步骤 2：点击“付款”按钮，进入“寿险理赔付款”界面，如图 5-3-16 所示。

图 5-3-16　“寿险理赔付款”界面

步骤 3：点击“付款处理”按钮，再点击“付款确认”按钮，即完成实训业务“财务专员—付款”，如图 5-3-17 所示。

图 5-3-17　付款确认

步骤 4：完成以上任务后，人寿保险业务系统下定期寿险的相关业务操作全部完成，点击“提交”按钮结束考试并查看分数，如图 5-3-18 所示。

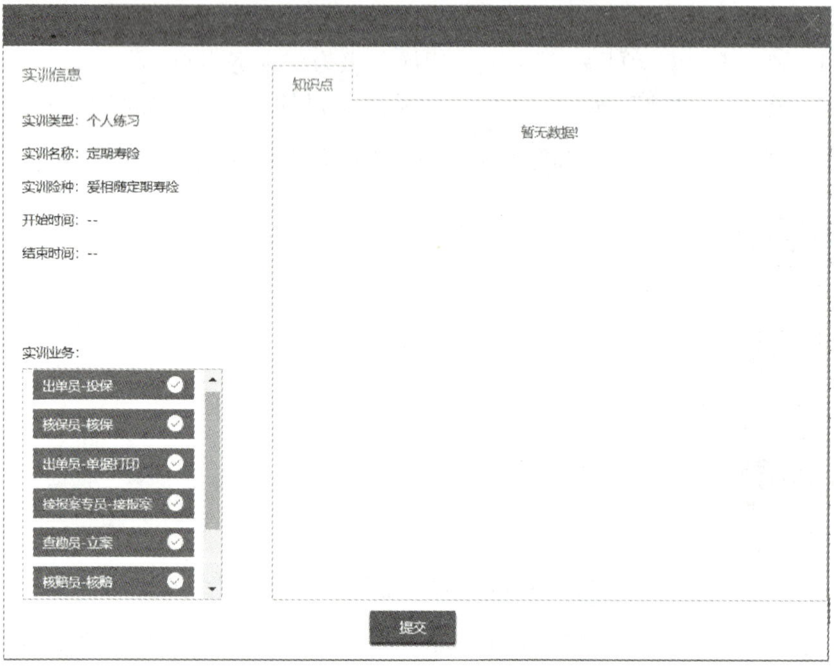

图 5-3-18　定期寿险实训业务提交界面

小组计划与分工

小组计划与分工如表 5-3-3 所示。

表 5-3-3　小组计划与分工

任务内容	组员姓名	任务分工	评价

分析与总结

项目四 人身保险保全服务

情景描述

张先生投保终身寿险 10 年后，一家人由原来生活的 A 市搬到了 B 市，同时张先生的电话号码也变更了。并且由于家庭经济原因，需要从保险公司进行保单抵押贷款，以上事项该到哪里办理？办理方式有哪些？

学习目标

- 掌握人身保险保全服务的内容。
- 理解人身保险保全服务的要点。

能力要求

- 掌握人身保险保全服务的基本作业。
- 掌握人身保险保险服务的附加价值服务。

知识准备

一、人身保险保全服务的内容

引导问题 1：人身保险保全服务主要包括哪些事项类别？

知识要点：

人身保险保全的意义

人身保险合同的保全是指保险公司为了维护已生效的人身保险合同的持续有效，根据合同条款约定及客户要求而提供的一系列服务。保全的目的是保证人身保险合同的完整性和时效性，从风险控制角度看，保全是对保险标的承保后、理赔前的风险进行管理的过程。

保全可以提高续期保险费的续缴率，减少退保。保全可以密切与客户的关系，开拓准客户。保全可以满足客户不断变化的保险需求。

引导问题2：保单内容的变更这项保全服务包括哪些可变更内容？可采用哪些方式办理？

____

____

____

____

____

知识提示：

保险合同内容的变更

保险合同内容的变更，包括投保人信息的变更，被保险人重要信息的变更，受益人的变更等。保险合同内容变更需由变更人提出申请并应及时通知保险公司，以办理相关更改手续。

【专栏5-4-1】

保险合同变更注意事项

客户可以委托销售人员或他人到公司客户服务中心办理客户信息变更。委托他人办理时，要填写“授权委托书”，并备齐上述所需资料，交给受托人。受托人凭授权委托书、本人身份证件及上述所需资料到公司客户服务中心办理有关手续。

为保证保险公司与客户的顺利联系，维护客户的权益，请客户在通信地址或电话发生变更时，及时以电话或书面形式通知保险公司；否则，可能无法收到保险公司发送的重要通知。

若客户办理本项业务是在当期保费转账期间，该项变更将不能立即生效。新授权转账账号或撤销转账账号，将自下一次保险费转账时发生效力，此前公司仍按原有授权账号划转续期保险费。

银行自动转账变更为现金缴费客户可拨打公司客服电话，提供相关信息即可直接变更。

引导问题 3：投保人提出复效申请时必须满足哪些条件？

____

____

____

____

____

知识要点：

保险合同复效流程

（1）到寿险公司客户服务中心，作为投保人，需要携带本人有效身份证件。

（2）填写“个人保险合同变更申请书（非付费类）”及“补充告知问卷”。

（3）保险合同复效审核期间，提供相关资料或进行体检。

（4）保险公司同意复效的，投保人需要在规定的时间内补交齐欠交的保险费及利息。

（5）保险合同恢复效力。

【专栏 5-4-2】

带病复效的保险拒赔案

案情简介：

某年 5 月 1 日，谢某在某保险公司为自己投保了一份定期重疾保险，约定缴费期间 20 年，指定其妻子李某为受益人。保险合同约定：①在被保险人罹患肺癌等 20 种指定疾病时，被保险人或其委托人可以申请保险公司给付重大疾病保险金；②在被保险人身故时，保险公司向其指定受益人给付死亡保险。谢某按期缴纳了第一年、第二年的保费，此后一直未缴纳保费。第四年 4 月 1 日，谢某向保险公司申请恢复保险合同效力，并于次日补缴了第三年、第四年的两期保费和复效利息，但未在复效申请书上向保险公司告知其第三年就已患肺癌的事实。第四年 9 月 7 日，谢某因肺癌去世。受益人李某持相关索赔材料向保险公司申请给付死亡保险金遭拒，遂诉至法院。

不同观点：

第一种观点认为，保险公司不应赔付。理由是，投保人申请复效时不仅未履行如实告知义务，而且是故意不履行如实告知义务。如果谢某没有患病，估计其不会恢复合同效力。现投保人及被保险人谢某已患肺癌，对合同进行效力恢复，很明显是希望得到一笔赔付金。因此这种带病复效行为，很显然违反了《保险法》对于诚信原则的规定，绝对不能赔付。

第二种观点认为，保险公司应该赔付。复效是合同效力的恢复，不是签订新合同，法律并没要求合同效力恢复时再一次如实告知，而且保险公司也不曾询问。

【分析】

本案争议的焦点是保险合同中止后，投保人在申请复效时，需不需要再一次履行如实告知义务。分析如下：

(1) 保险合同复效的性质。复效，即保险合同由于投保人主观或客观原因被中止后，在规定的期间（一般为两年）内，由投保人书面提出复效申请，经保险公司审核后符合保险合同规定的重新生效条件，同意恢复保险合同效力，并由投保人补交合同中止期间的保险费及利息与其他相关费用的过程。我国现行《保险法》第三十七条规定：合同效力依照本法规定中止的，经保险人与投保人协商并达成协议，在投保人补交保险费后，合同效力恢复。但是，自合同效力中止之日起满二年双方未达成协议的，保险人有权解除合同。可见，复效后的保险合同是复效前的保险合同的继续，并非重新签订一个新的合同。况且中止的保险合同复效后，中止期间仍计入保险期间，保险期间视为从未间断。如本案投保人第四年申请复效后、这份重疾险保险合同的责任有效时期还剩余 16 年。由此可见，合同复效即原有保险合同效力的恢复。保险合同复效的意义在于使保险单不致因投保人偶然遗忘或经济困难未能按期缴费而导致合同失效，给予投保人保持合同效力的一次机会，以弥补合同解除给未来生活或长期投资利益带来的损失。

(2) 投保人的如实告知义务。我国现行《保险法》第十六条对投保人的如实告知义务有明确规定，即“订立保险合同，保险人就保险标的或者被保险人的有关情况提出询问的，投保人应当如实告知”。很明显，投保人的如实告知义务是限定在合同订立阶段的，而不是合同成立两年后中止的合同再复效时。而且，我国采用的是询问告知，即保险公司询问投保人，投保人就其可知的事情告知，保险公司不询问，投保人可以不告知。本案投保人在申请复效时，保险公司并没有对其进行询问，投保人当然就没有如实告知的义务。即使询问，投保人不告知，其也不违背《保险法》第十六条的规定。

(3)《关于适用〈中华人民共和国保险法〉若干问题的解释（三）》第八条对于保险合同复效有明确规定：保险合同效力中止后，投保人提出恢复效力申请并同意补交保险费的，除被保险人的危险程度在中止期间显著增加外，保险人不可拒绝合同复效。保险人在收到恢复效力申请后，三十日内未明确拒绝的，应认定为同意恢复效力。从本案看，谢某向保险公司申请恢复保险合同效力时，虽然确实隐瞒了其已患肺癌的事实，即被保险人的危险程度在中止期间显著增加，但保险公司既没有询问被保险人谢某中止期间的情况，也在收到投保人谢某恢复合同效力申请后 30 日内未明确拒绝，还收取了谢某补交的中止期间的保险费与利息。因此，应认定为保险公司同意投保人谢某提出的合同复效申请，即本案的保险合同复效成功。正因为合同效力的恢复成功，合同复效后发生的保险事故，保险人应当以保险合同成立时的约定承担保险责任。

【结论】

由以上分析可知，对于投保人的如实告知义务，《保险法》第十六条虽然有明确规定，但将该义务限定在合同订立阶段。因此，不同观点中的第一种观点显然是引用法律不当。此外，虽然不排除本案投保人故意欺诈保险金的主观恶意，但保险公司在复效时的工作不严谨，导致本可以解除合同却同意了投保人复效的申请并使合同复效成功。因此，不同观点中的第二种观点在此案中是比较正确的。

复效期内、期后发生的保险事故，保险公司理所当然要予以赔付。

（资料来源：许飞琼. 经典保险案例分析 100 例［M］. 北京：中国金融出版社，2020.）

引导问题 4：以上案例对于保险公司复效审核的相关要求及规定有何启示？

引导问题 5：如果由于意外投保人的合同遗失，或者合同被污损，可以到保险公司进行补发换发吗？办理时有哪些注意事项？

引导问题 6：张先生从北京到上海来工作，请问在北京买的保险关系能转到上海吗？应该在哪个城市办理相关手续？

知识提示：

保险关系转移流程

（1）携带相关资料到公司客户服务中心。

（2）公司审核出具“保险关系转移确认书（兼批单）”（客户联）。

（3）携带相关资料到转入地客服中心办理转入手续。

（4）若转移至外省，公司将出具新保险合同。

引导问题7：投保人提出解除保险合同的相关要求及规定有哪些？

投保人于签收保险合同后的__________内提出解除保险合同，投保人所交的保险费予以全额返还。在__________后，投保人提出解除保险合同，需提前____日通知保险公司，并提交__________、最后一次保险费缴费凭证、解除保险合同申请书、投保人身份证。保险人应当自收到解除合同通知之日起____日内，按合同约定退还保险单的__________。

引导问题8：哪些险种有保单贷款的功能？

____

____

____

____

____

知识提示：

保险合同借款流程

（1）投保人携带保险合同、本人有效身份证件，到保险公司客户服务中心填写“借款申请书”。

（2）经保险公司审核同意，将确认后的“借款申请书”（客户联）交给客户存执，同时保险合同原件将质押在保险公司保存。

（3）领取款项。

保险合同借款流程

（1）客户携带“借款申请书”（客户联）、现金或银行存折（卡）到公司客户服务中心办理。

（2）保险公司将计算还款本息。

（3）客户还款后，公司将退还保险合同原件。

【专栏5-4-3】

保险合同贷款注意事项

仅对于有借款服务内容的保险合同，在保险合同有效期内，可以以不超过申请借款时保险合同现金价值余额的一定比例（一般为70%~80%）向公司申请借款。

可选择的领取和还款方式有现金和银行转账方式，一般建议选择银行转账方式，还要同时提供本人银行账户复印件，以保证转账的准确性。

借款时间一般不超过6个月，在借款到期之前及时还款。若未及时偿还借款，所有借款利息将被并入原借款本金中，视同重新借款。累积到一定额度时将有可能导致保险合同效力中止。

引导问题9：生存金和年金的领取方式主要有哪几种？

____
____
____
____
____

知识要点：

生存给付时提供的保全项目

生存给付是在保险合同有效期内，被保险人生存至保险期满或约定的年龄、约定的领取时间，保险公司按合同约定，向生存受益人给付期满保险金或年金。保险公司在生存及期满给付前通知保户按时领取保险金。生存给付领取时所需提交的资料有生存保险金领取申请书、保险单、最近一次保险费的缴费凭证、生存受益人的身份证明等。

引导问题10：附加价值服务有哪些项目？

____
____
____
____
____

知识要点：

附加价值服务

附加价值服务是保险公司针对一定层次的客户（一般指公司的VIP客户）所提供的与保险业务无直接关系的额外服务。

保险公司开展附加价值服务的主要目的是增进保险公司对客户具体服务需求的了解，加强投保人与保险公司之间的联系和沟通，提高客户的满意度和忠诚度，从而有效提升保险公司的市场竞争力。

【专栏5-4-4】

增值服务成保险业新标配（节选）

2021年3月，巨量引擎联合中国平安发布的《用户健康+保险行为数据报告》显示，在购买行为方面，健康管理服务与保险产品的配套协同在市场上更受客户的青睐，“保险+健康管理”模式未来将成行业新标配。

伴随着风控技术的加强、保险机构服务意识的提升，保险服务已经不仅聚焦于事后救援、补偿，而是逐步向事前干预、事中指导、事后补偿的全链条布局，如在健康领域，健康管理、诊疗等配套服务正在逐步丰富。保险专家表示，风险管理能力和增值服务水平正日益成为保险企业的核心竞争能力。未来，消费者在投保时不仅要关注保费、保额和保险责任等保障内容，而且要比较险企提供的增值服务，明确增值服务的条款与费率情况。

健康险：就医绿色通道服务最受青睐

2021年2月21日，华泰人寿“康乃馨女性终身重大疾病保险”正式上市。作为女性专属产品，华泰人寿与专业第三方机构合作，为“康乃馨女性终身重大疾病保险”的被保险人提供了丰富的增值服务，满足了客户健康管理的需求。

据了解，该产品不但提供院前120急救指导，为客户提供全方位医疗咨询服务、医疗急救建议等服务，而且能为客户快速定位出险地点对应的急救机构，协助会员呼叫及安排救护车辆，并直接支付或事后报销院前120救护车的费用。此外，增值服务中的重大疾病绿色通道能为客户提供重疾预防、治疗、康复医疗咨询，重疾二次诊断安排，快速办理住院手续、安排治疗床位，协助专家迅速安排手术等。

与“康乃馨女性终身重大疾病保险”一样，平安e生保长期医疗保险除了延续平安人寿“产品+”策略，在保险保障之上还提供“e生Run服务”。客户身体健康时，可享受线上健康管理服务，通过获取健康积分，兑换续年优选体费率，最高续费优惠可达20%。客户患病住院时，则可享受全程住院医疗服务。住院前提供全国1 951家医院（其中87%为三甲医院）推荐、评估病情、医疗救援、心理咨询服务。住院后安排医疗专家进行24小时住院医疗跟踪，帮助客户分析病例，全程提供医疗资讯及治疗建议。此外，对于指定的二级或二级以上公立医院，e生保还提供符合保险责任范围内的医疗费用垫付和代理保险理赔申请服务。

在平安e生保之前，支付宝联合人保健康、中再寿险共同发布的终身医疗险——“好医保·终身防癌医疗险”也大打增值服务牌，其提供的服务包括就医绿色通道、支持外购药并直付、住院费用垫付等。值得一提的是，对于医院没有引进的防癌药品可支持外购药，到指定药店购买肿瘤药品，不需要客户自己垫付，保险公司直接支付。

保险专家指出，对于消费者来说，看病难、看病贵的最直接体现就是生病时挂不上号、找不到住院床位、高昂的医疗费用一时拿不出来。就医绿色通道和就医垫付、直付解决了上述治疗过程中的痛点。

与上述增值服务相比，二次诊疗也是一项非常实用的增值服务。二次诊疗是指患者在罹患重疾并获得诊断（第一医疗意见）的基础上，再寻找另外的专业渠道做出第二次诊断，并由该专科医生或病理专家签署发出诊断报告和治疗建议。保险公司提供的二次诊疗服务，包括专科医院和专科医生的预约，帮助患者获得更好的治疗意见。

此外，运动健康、法律援助、积分奖励等也是健康险常见的增值服务，但这些服务的实用性明显偏低。

旅行险：境外救援服务必不可少

随着新冠病毒感染疫情对于旅行的影响逐步降低，不少人开始计划到境外旅行。初到一个陌生的国度，碰到紧急情况时的救助尤为重要。

各大险企推出的境外旅行险产品一般都涵盖全球救援服务。该服务主要通过24小时多语种的救援热线，提供包括将被保险人运送到医院、提供就医信息、提供最近的使馆信息等服务。其中，境外紧急救援与医疗项目主要包括：安排住院并垫付医疗费用、转院治疗、转运回国、安排子女回国、遗体或骨灰运送回国安葬、行政援助事宜等。

以安盛天平财险为例，近日该公司向关联方安盛旅游援助服务（北京）有限公司采购汽车道路救援、境内外紧急救援、医疗协助等服务提供给保险消费者，以期整合全球优势资源，并发挥本地专长，从而向用户提供保险保障解决方案。从救援服务内容来看，其主要覆盖目前安盛天平主打的车险、旅游险等业务。

安盛天平财险相关人士指出，目前保险机构的相关产品一般都有境内外救援、医疗紧急援助等相关服务，消费者在选购时，要选择国际救援实力强的机构。需要提醒的是，部分国家对境外险种、保障额度，甚至保险公司也有限定范围。

规避七大“危险雷区”

虽然各大险企推出的增值服务提升了消费者的投保体验，但在使用过程中，也容易出现个人隐私泄露等侵害消费者权益的现象。为此，银保监会2020年9月发布了《关于规范保险公司健康管理服务的通知》，明确圈定出七大“危险雷区”，包括不得自行开展属于医疗机构执业许可范围内的服务；不得安全性不确切或明确存在安全性问题；不得涉及伦理风险或存在伦理问题；不得使用未经医学证实的技术和方法；不得使用无法客观评价或结果不可靠的检测方法；不得提供与客户健康需求明显不相关联的服务，以及其他不合适的服务等。

（资料来源：https://www.ccn.com.cn/content/2021/03-17/1847222030.html。）

引导问题11：一般什么情况下保险公司会遭到客户的投诉？

____

知识要点：

投诉服务

当投保人、被保险人和受益人通过电话、信件及亲访等途径向寿险公司客户服务部门投诉时，客户服务部门应该立即提出适当的建议或解决办法，努力与保户达成和解，让保户真正体会到自己的权益受到了保护。同时客户服务人员应该对保户的每一件投诉资料进行整理分析，并提供给相关部门做研究改进之用。投诉制度建立的目的就是不断规范保险公司的内部管理，努力提高保险公司的服务水平。

【专栏 5-4-5】

《中国保险业风险评估报告2022》：销售误导仍是人身险公司受到行政处罚和消费者投诉的主要原因

2022 年 9 月 20 日，中国保险保障基金有限责任公司发布的《中国保险业风险评估报告 2022》显示，操作风险方面，合规经营理念有待加强。主要体现在以下方面：一是违规支付手续费及佣金问题较为突出。部分公司以高费用激励争抢份额，通过虚列营业费用、虚挂中介业务、虚列营销人力等手段套取资金用于支付超额手续费或给予投保人保险合同以外的利益，助长分支机构为达成考核指标违规经营之风，破坏市场正常秩序。二是销售误导仍是人身险公司受到行政处罚和消费者投诉的主要原因。2021 年，监管机构共收到的人身保险公司相关投诉中，销售纠纷投诉占比 43.62%。三是中小公司、基层分支机构合规管理不足。部分中小保险公司处罚金额占比高于其市场份额，且保险公司三、四级基层分支机构受到的处罚增多。保险公司基层分支机构合规意识仍较为薄弱，合规建设投入不足，内控制度执行不到位。

（资料来源：http://m.bbtnews.com.cn/pcarticle/452475。）

二、人身保险保单保全应备文件

知识要点：

客户向寿险公司提出各项变更申请需有相应的文件并填写“变更申请书”。一般来说，保全应准备的文件主要有：投保人身份证明、保险合同原件（补发保险单除外）、最后一次保险费缴费证明、被保险人身份证明或户口簿等。如为他人代办，附代办人身份证明等，具体的资料参见表 5-4-1。

表 5-4-1　个人保险保全项目应对资料一览表

<table>
<tr><th>服务项目</th><th>申请人</th><th>应备资料</th><th>应备资料代码说明</th></tr>
<tr><td>通信地址/住所/电话变更</td><td>投保人或被保险人</td><td>2,6</td><td rowspan="31">1.保险合同
2.保险合同变更申请书(个人)
3.补充告知问卷(个人)
4.投保要约补充告知/确认申请书
5.最近一期保险费缴费凭证
6.投保人身份证
7.被保险人身份证
8.代办人身份证与委托书
9.相应附加医疗险补充协议
10.恢复保险合同效力申请书
11.解除保险合同申请书(个人)
12.借款申请书
13.生存保险金/利差/红利领取申请书(个人)
14.保险合同补/换发申请书
15.保险关系转移申请书
16.保险费自动转账付款授权书
17.投保要约补充告知/确认书
18.被更正/告知人身份证
19.被保险人户籍证明
20.受益人身份证
21.职业变更证明
22.领取借款时的付款收据
23.资料交接凭证
24.存折首页复印件
25.污损保险合同
26.护照
27.户籍部门出具的变更证明
28.投保人若死亡的证明，继承人共同同意变更何人为投保人说明
29.就诊资料</td></tr>
<tr><td>性别/生日变更</td><td>投保人</td><td>1,2,3,6,8,18</td></tr>
<tr><td>姓名/文字变更/证件类别及号码变更</td><td>投保人</td><td>1,2,6,8,18,27(姓名更改)</td></tr>
<tr><td>职业变更</td><td>投保人</td><td>1,2,6,8,18,21</td></tr>
<tr><td>投保人变更</td><td>原投保人</td><td>1,2,6,8,新投保人6,新投保人3,28</td></tr>
<tr><td>受益人变更</td><td>投保人或被保险人</td><td>1,2,6,7,8</td></tr>
<tr><td>保险合同复效</td><td>投保人</td><td>1,3,6,8,10,29</td></tr>
<tr><td>续期缴费转账授权/变更/撤销</td><td>投保人</td><td>2,16</td></tr>
<tr><td>终止附加险</td><td>投保人</td><td>1,2,6,8</td></tr>
<tr><td>增加附加险</td><td>主险投保人申请，同时被保险人在申请书上签名</td><td>1,2,3,9</td></tr>
<tr><td>附加险加保</td><td>投保人、被保险人(增加有死亡责任附加险)</td><td>1,2,3,6,8,9</td></tr>
<tr><td>附加险减保</td><td>投保人</td><td>1,2,6,8</td></tr>
<tr><td>犹豫期解除合同</td><td>投保人</td><td>1,5,6,8,11</td></tr>
<tr><td>解除合同</td><td>投保人</td><td>1,5,6,8,11</td></tr>
<tr><td>借款</td><td>投保人申请，同时被保险人在申请书上签名</td><td>1,5,6,8,12,23</td></tr>
<tr><td>还款</td><td>投保人</td><td>12,22,23</td></tr>
<tr><td>生存金、年金、满期金、红利领取</td><td>生存受益人</td><td>1,5,8,13,19,20,24</td></tr>
<tr><td>保险合同补/换发</td><td>投保人</td><td>6,14,25(污损补发才需要)</td></tr>
<tr><td>保险关系转移</td><td>投保人申请，同时被保险人在申请书上签名</td><td>1,5,6,7,8,15</td></tr>
<tr><td>出国告知</td><td>投保人申请，同时投保人(若出国则为被保险人、受益人)、被保险人、受益人都须由本人亲笔签名</td><td>1,2,6,8,18,26</td></tr>
<tr><td>垫缴还款</td><td>投保人</td><td>1,2,6,8</td></tr>
<tr><td>保险费垫缴方式变更</td><td>投保人</td><td>1,2,6,8</td></tr>
<tr><td>减少保险金额</td><td>投保人</td><td>1,2,5,6,8</td></tr>
<tr><td>利差返还/红利领取方式变更</td><td>投保人</td><td>1,2,6,8</td></tr>
<tr><td>变更期缴保险费缴付方式</td><td>投保人</td><td>1,2,5,6,8</td></tr>
<tr><td>变更领取年龄/领取方式</td><td>投保人申请，同时被保险人在申请书上签名</td><td>1,2,6,8</td></tr>
<tr><td>减额缴清</td><td>投保人</td><td>1,2,5,6,8</td></tr>
<tr><td>保险金额增加权益</td><td>投保人申请，同时被保险人在申请书上签名</td><td>1,2,5,6,7,8</td></tr>
<tr><td>健康/职业补告知</td><td>投保人申请，同时被保险人在申请书上签名</td><td>1,3,6,8,17,18</td></tr>
<tr><td>投保单的补签名</td><td>投保人申请，同时被保险人在申请书上签名</td><td>1,4,6,7</td></tr>
<tr><td>可转换权益</td><td>投保人申请，同时被保险人在申请书上签名</td><td>1,2,5,6,7,8</td></tr>
</table>

三、人身保险保单保全服务注意事项

引导问题：办理相关保单保全业务，有哪些注意事项？

（1）除退保外，其他的保全项目必须以保险单________为前提，如果保险单失效应先申请复效。

（2）申请保险单各项保全，____________必须在签章栏内签章，并填写身份证号；如申请投保人、受益人变更的，同时须由______________签章，若被保险人为未成年，应请其法定____________代签。

（3）涉及退费、退保及生存金领取金额较大的，应请客户亲自办理，不能______。

（4）委托办理，受托人需携带本人及委托人________，并在申请书上签名，填上其身份证号码，涉及内容变更及投保人变更、受益人变更等内容时，需同时出示投保人及被保险人的委托书。

（5）凡涉及续期收费的保全项目，如缴费类别变更、缴费方式变更、保险金额变更等，若当期________已交，则不得于本期办理变更。

（6）寿险公司的保全人员接受各项变更申请后，应认真审核申请人的资格及相关______，如果变更对客户权益有重大影响，如变更保险金额等，应事先向客户解释清楚，避免引起未来不必要的纠纷，变更项目应完整，避免操作失误。

任务要求及步骤

任务一

利用各保险公司网站，熟悉各保险公司的一些变更操作。

（1）进入中国人寿网站，找到“个人保险合同变更申请书（非付费类）”，并填写相应信息。

（2）进入中国人寿网站，找到“银行自动转账授权书”，并对其进行填写。

（3）进入中国人寿网站，找到“授权委托书”并填写。

（4）进入中国人寿或其他保险公司网站，找到“借款申请书”，熟悉并填写相关内容。

（5）进入中国人寿或其他保险公司网站，找到“个人保险合同变更申请书（付费类）”，熟悉并填写相关内容。

任务二

案例分析

案例 1

李某的父亲作为投保人为李某的母亲购买了一份终身死亡保险，缴费期限为 10

年，每年缴纳 2 000 元，后李某的父亲因病身故，此时保险费已经缴纳三期，李某在父亲死后向保险公司提出终止保险合同的要求，并退还保险费。

请问：李某的退保要求是否合理？如果购买的保险是一份养老保险，那么李某是否有权利提出退保？

案例 2

张先生和李女士 2008 年 5 月结婚，2008 年 10 月，张先生作为投保人为妻子购买了 2 份重大疾病终身保险，保险金额 2 万元，缴费期限 20 年，年缴保险费 1 420 元。2011 年 3 月，张先生和李女士离婚，离婚时并未就保险合同进行分割处理。2011 年 10 月，李女士持保险单到保险公司提出变更投保人为自己的申请，否则进行退保。请问：被保险人是否有权利申请变更投保人？是否可以要求退保？保险单如何分割？

任务三

附加价值服务对比。

利用各保险公司网站与平台，了解各保险公司的附加价值服务，对比各自的特色，并提出相应改进建议。

任务四

在实训软件中完成定期寿险项目寿险批改业务操作，可操作典型寿险险种的保单信息批改。批改流程图如图 5-4-2 所示。

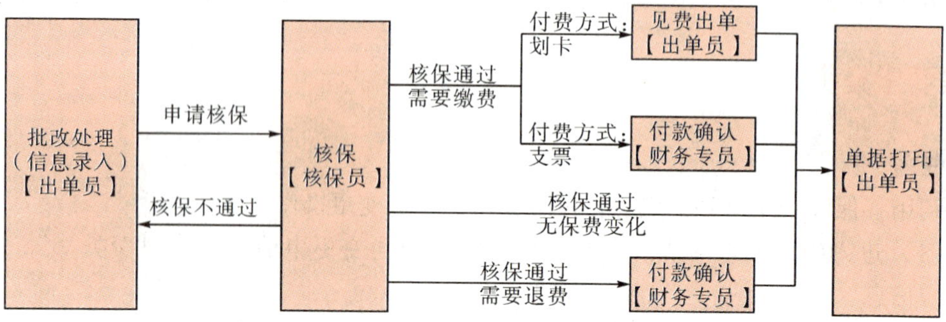

图 5-4-2 批改流程图

1. 批改处理

步骤 1：登录以渔有方实训平台 www.iyyyf.com，进入实训系统，点击右上角“当前角色”下拉框，选择“出单员”角色。

步骤 2：选择“报表”，在列表中找到需要进行批改操作的保单，复制其保单号，如图 5-4-3 所示。

图 5-4-3　选择"报表—保单"

步骤 3：选择"承保—批改处理"，在批改处理列表页面点击右上角"新增批改"按钮，进入险种批改处理业务操作台，如图 5-4-4 所示。

图 5-4-4　承保—批改处理

步骤 4：启用编辑基本信息，将步骤 2 中复制的保单号粘贴至批改页面基本信息中的"保单号"输入框内，此时系统将自动生成对应批改案例，如图 5-4-5 所示。

步骤 5：点击右侧展开实训信息，从案例内容中找到批改原因后，选择批改原因，点击"批改"按钮。

步骤 6：在保单批改弹窗中，按照案例内容，进行相应保单信息的修改。不同的批改原因下可修改的信息不同，且系统中将所有可修改的字段标黄显示（如图 5-4-6 所示），其余置灰的内容不可修改。

图 5-4-5　输入复制待批改保单号

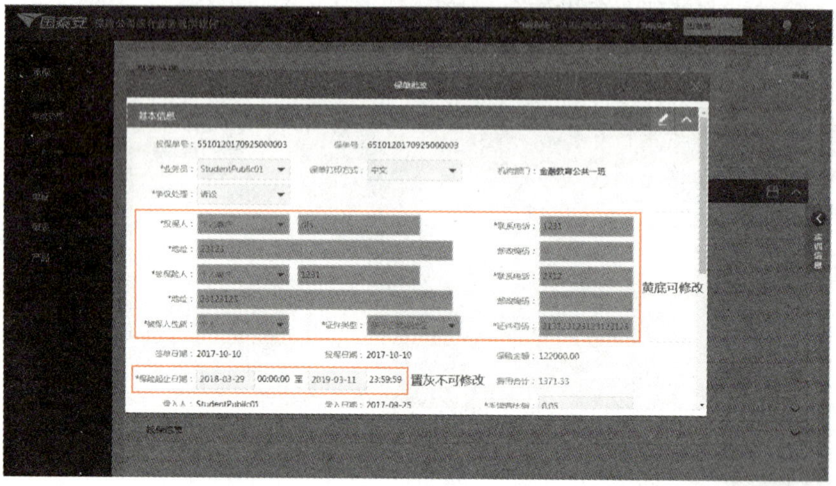

图 5-4-6　保单批改

步骤 7：完成批改信息的修改并保存后，点击弹窗中最下方的“确定”按钮（注：确定按钮在弹窗中，将弹窗滚动条拉至最下方，即可看到），确认批改，所有被修改的批改项目将罗列在基本信息中。

步骤 8：完成其他批改信息，点击“申请核保”，进行下一步核保操作。

2. 核保

步骤 1：切换角色为“核保员”，在“批改申请”的“未处理”中找到刚才申请核保的申请单号，点击“编辑”按钮，如图 5-4-7 所示。

图 5-4-7　编辑批改申请

步骤 2：进入核保处理页面，核对已填写信息与案例内容是否对应正确。

步骤 3：核对完成后，选择核保意见（“通过”或“不通过”），输入备注信息，点击“确认”按钮，完成核保。

3. 批改收付款

步骤 1：批改后，保费变化为正值（客户需追缴保费）时，应进行缴费确认操作，操作步骤与投保处理中的缴费确认操作相同。

步骤 2：批改后，保费变化为负值（需向客户退回部分保费）时，应进行付款确认操作。切换角色为“财务专员”，在“付款”的“批改付款”中进行付款确认。

步骤 3：收付款确认操作完成后，批单成为有效批单。

4. 单据打印

有效批单可选择进行批单单据打印操作，具体操作步骤详见本模块项目二任务三“单据打印”部分的内容。

注意事项：

（1）批改保单时，一旦在批改弹窗中进行了信息修改并保存之后，便无法再更改批改原因，请确认批改原因选择无误后再进行后续修改操作。

（2）一次批改操作只能批改一项批改原因下的内容，若涉及需要修改多项批改（例如需要同时修改投保人信息和标的信息），请分别提单进行批改处理。

（3）核保处理中，若核保意见选择“不通过”，则需返回“出单员—批改”处理界面，在“待修改”中找到该保单信息，点击“编辑”按钮，修改相关信息后，重新进行申请核保。

任务五

在实训软件中完成定期寿险项目退保业务操作，可操作典型寿险险种的有效保单退保。

1. 注退处理

步骤 1：进入实训系统，点击右上角“当前角色”下拉框，选择“出单员”角色。

步骤 2：选择“报表”，在列表中找到需要进行注退操作的保单，复制其保单号，如图 5-4-8 所示。

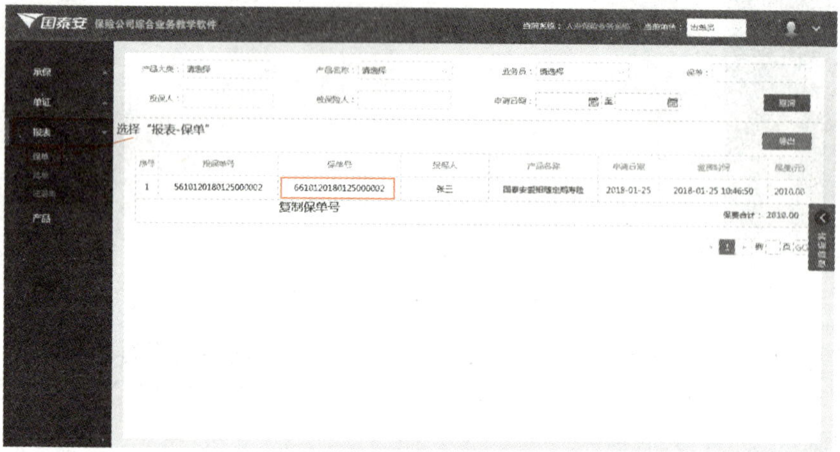

图 5-4-8　复制注退单号

步骤 3：选择“承保—注退处理”，在注退处理列表页面点击右上角“新增注退”按钮，进入险种注退处理业务操作台。

步骤 4：启用编辑基本信息，将步骤 2 中复制的保单号粘贴至注退页面中的“保单号”输入框内，此时系统将自动生成对应注退案例，如图 5-4-9 所示。

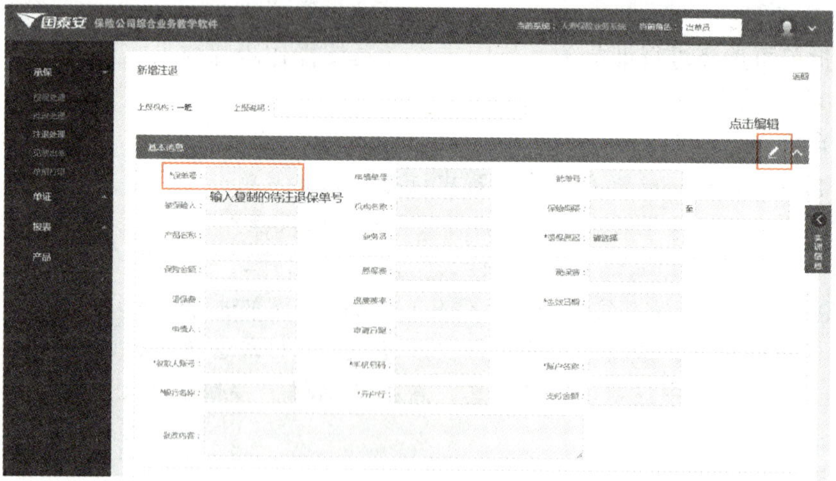

图 5-4-9　输入待注退单号

步骤5：点击右侧展开实训信息，根据其中的案例内容，找到对应信息，完成注退处理页面各字段的填写。

步骤6：完成所有信息填写后，点击“申请核保”按钮，进行下一步核保操作。

2. 核保

步骤1：切换角色为“核保员”，在“注退申请”的“未处理”界面中找到刚才申请核保的申请单号，点击“编辑”按钮，如图5-4-10所示。

图5-4-10　注退申请编辑

步骤2：进入核保处理页面，核对已填写信息与案例内容是否对应正确。

步骤3：核对完成后，选择核保意见（“通过”或“不通过”），输入备注信息，点击“确认”按钮，完成核保。

3. 付款确认

步骤1：核保通过的注退单，需进行付款确认操作。切换角色为“财务专员”，在“付款”的“注退付款”中进行付款确认。

步骤2：付款确认操作完成后，保单正式完成注退，状态变更为有效注退单。

注意事项：

（1）注退成功之后，保单成为有效注退单时，保单正式失效，无法再进行后续理赔操作。请务必确认不需要对该保单进行理赔操作后，再进行注退操作。

（2）核保处理中，若核保意见选择“不通过”，则需返回“出单员—注退”界面处理，在“待修改”中找到该保单信息，点击“编辑”按钮，修改相关信息后，重新进行申请核保。

小组计划与分工

小组计划与分工如表 5-4-2 所示。

表 5-4-2　小组计划与分工

任务内容	组员姓名	任务分工	评价

分析与总结

参考文献

[1] 魏华林，林宝清. 保险学 [M]. 北京：高等教育出版社，2011.
[2] 张晓华. 人身保险 [M]. 3 版. 北京：机械工业出版社，2019.
[3] 杜鹃，万晴瑶. 人身保险学 [M]. 2 版. 上海：立信会计出版社，2022.
[4] 黄素，王蓓. 人身保险实务 [M]. 2 版. 北京：中国金融出版社，2018.
[5] 王媛媛，秦蓉蓉. 人身保险综合实验教程 [M]. 成都：西南财经大学出版社，2015.
[6] 徐英. 人身保险实训教程 [M]. 上海：立信会计出版社，2019.
[7] 李秀萍，姜国斌. 保险实训 [M]. 上海：上海财经大学出版社，2017.
[8] 魏巧琴. 新编人身保险学 [M]. 5 版. 上海：同济大学出版社，2021.